JN411050

모란꽃
피는 뜰

모란꽃 피는 뜰

황유성 에세이

책을 엮으면서

실로 오랜만에 시답잖은 글 50편을 엮어 책으로 내놓는다. 네 번째 에세이집 ≪그들의 9회 말≫을 펴낸 때가 2012년 7월 말이었으니, 이 책은 그 뒤 7년 만에 선보이는 다섯 번째 에세이집이 되는 셈이다.

왜 그렇게 늑장을 부렸을까. 뜸들인 특별한 이유라도 있었나. 이것저것 까닭을 주어 옮기자면 열 개도 넘을 테지만, 분명하고 확실한 이유 가운데 하나는 필자 자신의 나태와 무능 때문이라는 점이다. 뒤늦은 자각이라고나 할까. 산수(傘壽) 언저리에 책을 낸답시고 수선을 피우는 모습이 민망스럽다. 그래도 포기하지 않고 결국은 꾸려낸 점을 누가 알아주기나 할까.

제4장과 제5장은 동우회(東友會·동아일보와 동아방송의 퇴직사원들로 구성된 모임)가 정기적으로 발간하는 회보에 실렸던 글들이다. 그 당시는 '걷고 싶은 힐링로드'라는 이름을 달고 관련사진과 함께 소개했었다. 굳이 장(章)을 나눈 것은, 다른 장들과의 길이나 모양새를 고려한 때문이다. 안내를 곁들인 기행문투라 그에 알맞은 사진과 약도를 덧붙이려는 게 당초의 생각이었다. 그러나 마지막 검토단계에서 빼

버렸다. 문득 우주인의 음식이 떠올라서다.

대저 음식이란 눈과 코 또는 혀로 시각과 후각 그리고 미각을 챙길 수 있어야 제 맛을 아는 법인데, 이런 과정 저런 절차를 다 생략한 채 우주인이 알약이나 시럽 또는 캡슐로 된 음식을 꿀떡 삼키듯 한다면 얼마나 무미건조하고 삭막할 것인가. 책에서 일체의 보조 자료를 제거한 이유다.

어느새 시후(時候)는 서리가 내린다는 상강(霜降)을 지나 입동(立冬)에 바짝 다가서고 있다. 그러다보면 소설(小雪)과 대설(大雪)도 머지않고 이 해도 저물어갈 것이다. 시간이라는 객체는 만인에게 공평해서 제 갈 길을 혼자 뚜벅뚜벅 걸을 뿐이건만, 때로는 다른 사람들보다 턱없이 빠른 존재로 느껴질 때가 있다. 그리고 약간은 조바심이 들며 불안감도 느낀다. 필자가 바로 그런 형국이다. 세월 따라 무엇 하나도 변변히 이룩한 게 없으니 당연하달까.

하여, 필자는 요즘 아주 작은 꿈 하나를 키워볼 생각으로 들떠 있다. 시(詩)를 쓰려는 계획이 그것이다. 그 많은 나이 다 흘려보낸 지금, 무슨 망발이냐고 조소와 핀잔이 쏟아질지 모른다. "시는 무슨…? 써 왔던 수필이나 제대로 쓰지"라는 질책도 따를 것이다.

그러나 목표를 세우고 실천해 나감에 나이가 무슨 상관이며, 장르가 다르다 해서 문제될 것이 무언가. 하물며 에세이를 포기하고 시만 쓰겠다는 것도 아닌 마당에….

철학자 안병욱은 그의 에세이에서 말한다.

“산다는 것은 내가 나와 항상 싸우는 것이다. 용감한 나, 부지런한 나, 강한 내가 나약한 나, 게으른 나, 안일한 나를 이겨야만 인생의 승리자와 성공자가 될 수 있다”고.

그래, 해 보는 거다. 비록 ‘승리자나 성공자’는 못 될지언정, 꿈틀거리며 노력한다는 평가쯤은 들어야 마땅치 않겠나.

‘책머리’를 쓸 때마다 스스로에게 약속한 게 있었다. “책이 나오면 머리도 쉴 겸 훌쩍 여행을 떠나겠노라”고. 하지만 여행은 고사하고 숲속 고찰(古刹)이나 바닷가의 백사장 한번 찾아본 바 없는 뒤풀이로 끝날 뿐이었다. 이번엔 못다 한 약속 지킬 수 있으려나?

인터북스의 김미화 사장님과 좋은 에세이집을 만드느라 수고한 조연순 편집팀장에게 감사의 말씀 드린다.

2019년 10월

저자 황 유 성

차례

제2장 어미소의 새끼사랑

제3장 포레스트 검프

제4장 숲길에 넘치는 피톤치드 향

제5장 가을은 익어가고

제6장 로저 와그너 코랄의 프리마 돈나

제7장 고인돌과 마애불과

제1장

버섯이야기

- 한련, 그리고 접시꽃
- 버섯 이야기
- 모란꽃 피는 뜰
- 들깻잎
- 감나무의 집념
- '라쇼몽'과 신포도
- 임진강 참게(蟹)
- 개가 될 수 없는 개

한련, 그리고 접시꽃

어제 동네 꽃집에서 빨강과 노란빛깔의 한련 두 포기를 더 사들였다. 엊그제 산 빨강 노랑 주황색 세 포기로는 어딘가 정원이 휑뎅그렁한 느낌이 든 데다, 색색으로 갓 피어난 한련꽃들이 너무 아름다워 그냥 지나치기가 어려웠기 때문이다. 이들 다섯 포기의 한련꽃들은 햇빛이 잘 드는 곳, 옥향나무와 앵두나무 사이에 심었다. 모과나무 감나무 살구나무 산수유나무 등이 드리운 그늘로 칙칙하고 어두웠던 정원이 화려한 한련 때문에 밝고 환한 모습으로 바뀐 기분이다.

한련은 한 해살이 만초(蔓草·덩굴져서 벋어나가는 풀)로 관상용 화초의 한 가지라고 국어사전은 풀이하고 있다. 그러나 요즘에는 꽃에서 풍기는 독특한 향기와 혀끝에서 느끼는 쌉쌀함 또는 개운한 뒷맛으로 비빔밥이나 샐러드 등에도 많이 쓰이는 모양이다. 음식의 맛과 향기는 물론이고 외관을 돋보이기 위해서 사용된다는 얘기다. 말하자면 웃기 같은 구실로.

원산지가 남아메리카 페루라는 한련은 전체 길이가 1m 가량. 잎은 어긋나기로 자라는데, 둥근 방패모양이어서 연잎을 연상케 한다. '물이 아닌 뭍에서 자라는 연꽃'이라는 뜻으로 '한련(旱蓮)'이란 이름을 얻은 이유다. 6월 초에 개화하여 8월 초까지 피고 지기를 거듭한다. 꽃의 생김새는 연꽃과 전혀 딴판이다. 잎겨드랑이마다 긴 줄기가 나와 한 개의 꽃이 달리는데, 꽃마다 다섯 장의 꽃잎을 달고 있다. 꽃잎끼리는 서로 살짝 걸쳐진 모습이다.

코를 대고 냄새를 맡아 본다. 진하지도 연하지도 않는 곱상한 향기가 매혹적이다. 좀처럼 꽃에서 코를 떼기 어렵게 만든다.

한련화의 꽃말은 애국심이라고 한다. 애국심? 얼핏 들어서는 이해가 안 간다. 저 가녀린 몸, 아름다운 꽃빛깔, 고혹적인 향기를 지닌 한련화 어디에서 나라를 사랑하는 마음을 읽을 수 있을까. 하지만 나이 17세에 맨몸으로 일제에 항거하여 귀중한 목숨을 초개같이 버렸던, 나라와 민족을 위해 자신을 희생시켰던 유관순 열사의 다음 얘기를 들으면 고개가 끄덕여진다.

> 학교 교정과 교회 앞마당에서 그리고 나를 가둔 이 감옥에서조차 이 꽃을 보는구나. 혼자 덩그마니 남겨진 줄 알았는데, 저 꽃이, 저 붉은 한련화가 나와 함께 있다니! 이제 외로움은 견뎌낼 수 있을 것 같구나.

한련화는 접시꽃과 더불어 어머니가 아주 좋아하시던 꽃이었다. 방학을 맞아 고향 파주를 들르게 되면 집 마당 한쪽에는 으레 키가 훌쩍 큰 접시꽃과 덩굴을 이룬 한련이 나를 맞이하곤 했다. 어머니는 한 해도 거르지 않고 한련과 접시꽃을 정성스레 돌보고 가꾸셨다. 어떤 매력에 끌려 어머니는 해마다 그들을 보살피고 사랑하셨을까.

어머니는 열여덟 살에 시집오셔서 5남 3녀 8남매를 두신 분이다. 첫 아이 장남 밑으로 딸 셋을 두셨지만 장녀는 병으로 잃으셨다. 3남매 뒤에 어머니는 내리 세 아들을 낳으셨다. 그러나 어렸을 때

셋 모두를 가슴에 묻으시는 변고를 맞는다. 그리고 여덟 번째, 막내로 태어난 것이 필자인 나다. 어머니 나이 마흔셋을 헤아릴 때였다.

진성 재성 문성이라는 이름의 아들 셋을 줄줄이 잃고 어머니는 얼마나 가슴이 아팠을까. 하늘이 무너지고 땅이 꺼지는 황당함을 느꼈을 것이다. 아니, 그보다는 차라리 당신의 목숨을 버리고 싶었는지도 모른다. 그 비통과 절망 속에서도 막내둥이를 세상에 내 놓으실 때의 심정은 감사 이전에 매우 불안하고 착잡했을 것이다. 피었다가 질지언정, 꽃망울 다시 맺혀 새 꽃을 피워내는 한련꽃. 당신께서 왜 한련을 좋아하셨는지 조금은 이해할 법하다.

어머니는 어승화(접시꽃을 그렇게 부르셨다)도 한련 못지않게 좋아하셨다. 어승화, 아니 접시꽃은 어떤 이유로 어머니의 사랑을 받았을까.

접시꽃은 한련과 달리 여러해살이 화초다. 높이는 1~2m 가량으로 줄기가 곧은 게 특징이다. 어른 손바닥크기의 넓은 잎이 어긋난 형태로 줄기에 달린다. 6월 초가 되면 짧은 꽃자루가 줄기와 잎 겨드랑에서 나오고 그 끝에 꽃망울이 맺힌다. 활짝 피어난 모습은 영락없이 접시 모양새다. 접시꽃이란 이름도 그래서 얻었을 것이다. 흰색 핑크색 담홍색 진홍색 등의 단일한 빛깔이 있는가 하면 색동 옷 같은 색깔도 있는 등 다양하다. 꽃 한 송이에 다섯 장의 꽃잎이 붙어있는 것은 한련과 같다.

접시꽃의 또 다른 특징은 층층이로 꽃이 피어난다는 점이다. 다시 말해 한꺼번에 피었다가 지는 것이 아니라, 줄기 아래서부터 맨 끝까지 단계를 밟듯 하나하나 꽃을 피워낸다. 질서를 지키려는 듯 보이는 자세가 미더워 보인다. 또 있다. 저 높은 줄기 끝에 도달할 때까지 접시꽃은 바람이 불건 억수같이 비가 내리든 포기하지 않고 꽃을 피워낸다는 점이다.

지금부터 60년 전, 꽤 오래전의 얘기 하나가 떠오른다. 당시 나는 신촌의 작은누이 댁에 유숙하며 공부하고 있었다. 어느 날 고향 파주에 계시던 어머니가 모처럼 서울에 올라오신 것이다. 저녁식사 후 어머니와 단 둘이서 여러 얘기를 나누다가 내 진로문제로 화제가 바뀌었다. 고등학교 3학년이었으니 당연할 밖에. 나는 평상시에 생각해 둔 계획 그대로를 어머니에게 말씀드렸다.

"취업하려고 그래요."

그러면서 나는 경제적으로 어려운 집안 사정이며, 설사 취업한다 해도 더 공부할 수 있는 기회가 얼마든지 있다는 점을, 주경야독으로도 입신양명(立身揚名)한 사람들이 이 세상엔 얼마든지 있다는 사실을 열심히 말씀 드렸다. 단순한 립 서비스가 아니라 그런 사람이 될 각오였다.

내가 말씀드릴 동안 어머니는 누워 계신채로 아무 대꾸도 하지 않으셨다. 아들의 얘기가 다 끝났는데도 어머니는 침묵만 지키실 뿐이었다. "왜 말씀이 없으신가?" 하고 불안을 느끼는 중인데 갑자기 어머니가 몸을 일으켜 앉으시더니 큰 소리로 꾸짖으신다.

"이놈아, 누가 널더러 집안걱정 하라던!"

그 기세가 너무 엄중해서 뭐라고 한마디 지껄이다간 뺨이라도 호되게 맞을 것 같았다. 나는 그저 숨죽인 채 책장만 넘길 뿐이었다. 하지만 나는 알고도 남는다. 취직이 아닌 진학의 길을 택하라고 어머니가 에둘러 말씀하신 것은 "더 높고 넓은 세상에서 네 이상을 펴야 되지 않겠느냐"는 충고였음을…. 노쇠하신 탓으로 아무 능력도 갖고 있지 않은 어머니였다. 그럼에도 아들을 진학시켜야 되겠다는 생각을 가지셨으니, 철없는 아들의 장래를 두고 어머니는 얼마나 많은 불면과 번민의 밤을 보내셨을까.

접시꽃. 어머니가 좋아하시던 어승화. 희고 붉은 빛깔의 접시꽃은 푸른 대같이 곧게 높이 자란다. 밑에서부터 저 끝 꼭대기까지 포기할 줄 모르고 꽃을 피우는 접시꽃. 그런 점에 매혹되어, 그런 점을 배우라고 어머니는 접시꽃을 키우고 좋아하신 것이 아닐까.

접시꽃의 꽃말은 열렬한 사랑 또는 야망이라 한다. 어머니도 접시꽃을 키우시며 아들에게 꽃말 같은 것을 기대하셨으리. 뒤돌아 보건대, 나는 그저 무덤덤한 삶을 살아왔을 뿐 불꽃같은 야망을 품어 본 바가 없는 듯하다. 어머니에게 부끄럽고 죄송한 일이다.

어머니가 이승을 떠나신지 어느새 43년. 한련화와 접시꽃은 올해도 변함없이 아름답고 고운데, 어머니는 이 꽃들을 어디서 지켜보실까.

2019. 06

버섯 이야기

땡볕더위가 수굿해질 무렵이면 그 옛날 고향 파주에서 즐겨 먹던 버섯 탕 찌개가 가끔 생각난다. 특히 여름 내내 몸과 마음이 지치고 느즈러져 입맛이 뚝 떨어질 때는 더하다. 보리 섞인 밥에 매콤한 버섯 찌개를 한 그릇 뚝딱 들고나면 정신이 번쩍 나고 몸도 개운해질 것 같다.

내가 태어나고 자란 파주 용주골은 임금님께 진상했다는 '파주 게(蟹)'로 널리 알려진 곳이다. 비록 그 명성에는 미치지 못한다 해도 자연산 버섯이 꽤 나는 곳으로 알게 모르게 소문난 데가 또한 용주골이었다. 해서, 절후가 3복(伏) 처서를 지나 백로쯤에 이르면, 집 가까이에 있는 풀무골이나 국도변 비석거리 뒷산에서 기와버섯 싸리버섯 갓버섯 꾀꼬리버섯 밤버섯 닭다리버섯 뽕나무버섯 달걀버섯 등을 따려는 동네 아낙네들을 흔히 볼 수 있었다.

사실 버섯을 딴다는 게 그리 수월한 일은 아니다. 나뭇가지에 찔리고 풀에 긁히면서 산에 올라도, 활엽수 넓은 잎이나 낙엽사이에 숨어버린 버섯을 찾아낸다는 것이 여간 어렵지 않기 때문이다. 게다가 함께 간 사람이 먼저 버섯을 몇 개 딸 경우에는 마음이 급해지면서 허둥대기 마련인 게 사람의 심리다. 모처럼 찾은 버섯조차 독버섯일 때는 또 어떤가. "에이 재수 없다"며 버섯대신 잡동사니 나물로 망태기나 소쿠리를 채우는 일도 있을 것이다. 빈손으로 산을 내려올 수는 없을 테니까….

큰누나 순애(順愛)와 작은누나 영순(永順)은 버섯 따는데 선수였다. 버섯을 찾느라 괜스레 두리번대거나 허둥지둥 여기저기를 헤매는 일이 없었다. 그러면서도 누나들은 금세 여러 가지 버섯들을 한 소쿠리씩이나 가득 따와 함께 간 사람들을 놀라게 했다.

"어머, 참 많이도 땄네. 이런 버섯들이 다 어디서 난거지?"

이런 물음에 누나들의 대답은 짝 맞추듯 한결 같았다.

"어디긴 어디야. 이 산 여기저기서 딴 거지."

하지만, 누나들은 버섯채취의 요령을 잘 알았던 게 아닌가 싶다. 일테면 지난해에 돋았던 버섯이 자리를 옮기지 않고 올해 같은 자리에서 돋아난다든가, 고사(枯死)한 나무나 썩은 풀, 또는 낙엽 밑을 선호한다는 버섯 특유의 습성 등을 꿰뚫고 있었던 거다. '비밀도 재산'이란 말이 있지 않던가. 남이 한두 송이를 딸 때 누나들은 망태기나 소쿠리 가득히 버섯을 딸 수 있었던 이유다.

누나들이 따온 버섯들은 어머니와 형수님의 손을 거쳐 깨끗이 손질된 뒤 물이 끓고 있는 큰 솥에 넣어진다. 버섯 탕을 만들기 위해서다. 고추장과 된장이 풀어지고 애호박 감자 대파가 들어간다. 마늘 대추 생강 등은 없었을까. 하도 오래 전의 일이라 그것까지는 긴가민가하다.

어쨌든, 이렇게 해서 끓여낸 찌개는 버섯 특유의 향기와 더불어 맛이 달고 부드러워 온 식구가 포식하게 마련이었다. 그랬던 옛날이 바로 어제 같은데 어머니와 형수님이 타계하신지 벌써 몇 십 년을 헤아린다. 또 10대의 꽃다운 나이로 버섯을 따던 누나들의 나이도 어느새 90을 넘긴데다 큰누나는 3년 전에 이승을 떠났으니 고향 파주에서 먹던 버섯탕 찌개 이야기도 이제는 희미한 '전설'이 되어간다고 할까.

삶의 터전을 파주에서 서울로 옮긴 것은 내 나이 열두 살 때인 중학 1학년부터다. 그 후 고등학교와 대학, 군복무를 거쳐 직장생활을 하는 동안 버섯찌개는 거의 잊고 살았다. 무엇보다 공해가 점점 심해져 그 옛날 고향 파주에서 먹었던 버섯은 구경조차 하기가 어렵거니와, 특이하고 맛있는 음식들이 주변에 깔려 있는 판에 굳이 버섯찌개를 찾을 필요가 없어진 때문일 것이다. 그래도 여간해서 변하지 않는 것이 사람의 입맛 아닌가. 매운 듯 달콤한 맛에 부드럽고 쫄깃한 식감 그리고 향이 신비로운 버섯찌개가 불현듯 떠오를 때가 있다.

언젠가 충북의 어느 도시를 지날 때였다. 버섯찌개로는 전국에서 첫손가락을 꼽는다는 음식점이 있다기에 묻고 물어 찾아갔다. 이것저것 재료가 풍성해서인지 겉모습이 아주 그럴듯해 보였다. 한데, 정작 맛은 별로였다. 그럴밖에. 자연산 버섯찌개라지만 아무리 뒤적여도 기와버섯 꾀꼬리버섯 갓버섯 등을 찾지 못했으니 당연한 노릇이 아니겠나.

그 뒤에도 서울과 지방 몇 군데를 다니면서 버섯찌개로 유명하다는 음식점을 방문했으나, 고향 파주에서 맛있게 먹던 버섯찌개는 어디에서도 찾을 수 없었다.

그런데 이건 또 무슨 일인가.

지난 4월 중순께였다. 집안 뜨락의 한 귀퉁이에서 이상한 물체를 발견한 것이다. 자라난 모양새가 꼭 버섯 같았다. 아니, 틀림없이 버섯이었다. 그것도 하나가 아니라 30cm의 거리를 두고 또 다른 세 개가 한꺼번에 솟아오른 것이다. 버섯들이 자란 장소는 하나같이 정원석 사이의 비좁은 틈바구니였다. 이 집으로 이사 온지가 얼추 40년 가까이 되지만 전에 없던 일이 발생한 것이다. 물론 오래된 집이라 여러 차례 정원수를 손질하기는 했다. 정리해둔 나무토막에서 가끔 버섯을 발견한 적도 있었다. 그런데, 이번의 버섯들은 썩은 나무둥치나 토막과는 상관없이 땅 속에서 솟아오른 데다, 그 생긴 모습이 아주 괴짜여서 듣고 보기가 처음이라는 점이다.

며칠 뒤 버섯은 8~12cm쯤의 키로 자라 올랐다. 머리 부분은 무딘 원추형으로 색깔은 연한 갈색. 옴팍옴팍 파인 모습이 벌집이나 맷돌 표면을 연상케 했다. 자루의 길이는 3~5cm로 흰색이고 가운데가 약간 부푼 모양새였다. 하여간 특이한 몰골이어서 비주얼(visual)이 아주 우스꽝스러웠다. 어찌 보면 섬쩍지근한 느낌이 들기도 하고….

버섯모양이 희한하거나 화려할 경우는 대체로 독버섯의 확률이 높다는 얘기들을 많이 한다. 저것들도 그런 부류가 아닐까. 아무래도 식용은 아닐 것 같다. 그렇다면 "빨리 다 없애 버려야 되는 게 아닐까"를 생각하다가 인터넷에는 어떻게 나와 있는지가 궁금했다.

먼저, '식용버섯'을 검색했으나 없었다. 이번에는 '독버섯'을 알아봤다. 역시 없었다. 버섯을 전문으로 취급하는 업소라든가 약재상은 잘 알겠지 싶어 서울 제기동의 약재상 여남은 곳에 전화를 걸었다. 버섯이 난 위치와 형태, 크기 등을 설명하면서…. 하지만, 돌아온 답변은 "잘 모르겠다." 또는 "그런 물건은 취급하지 않는다"가 전부였다. 이렇게 딱할 수가 있나. 슬그머니 화까지 난다. 물론 모를 수도 있다. 그러나 알만 한 사람, 알아야 될 사람이 모른다는 것은 직업에 대한 소명의식이나 책임감이 없다고 봐야 할 것이다. 그러면서도 어떻게 가게를 운영할 수 있을까 하는 의문이 들었다.

식품의약품안전처야 당연히 알 수 있겠지. 대뜸 버섯을 관리하는 부서를 찾았다. 그러나 전화를 받은 여직원 얘기가 버섯관리부서는 없고, 상세한 문의는 이렇게 저렇게 하라며 전화를 끊어 버린다. 상대방의 부실한 전화예법을 탓하기에 앞서 맥이 풀리고 부아가 끓어 올랐다. 버섯 하나의 존재를 파악해 내기가 이리도 어렵단 말인가. 세상에 다시없는 희귀물건도 아닌데….

어찌 되었든 꼭 알아내고 말겠다는 오기가 생겨 다시 전화를 걸었다. 이번엔 산림조합중앙회에 속해 있는 산림버섯연구센터였다. 전화를 직접 받은 연구센터의 연구실장은 내 말이 떨어지자마자 의문의 실체를 밝혀준다. “곰보버섯이군요. 식용입니다. 약재로도 쓰이죠. 아주 희귀한 버섯을 따셨네요.”

너무 기쁜 나머지 춤이라도 추고 싶었다. 의문투성이인 버섯이 전문가에 의해 환히 규명됐기 때문이다. 게다가 식용은 물론 약재로도 쓰인다니 얼마나 고마운가. 그래도 혹시 몰라 찍어둔 사진 두 컷을 연구실장에게 보냈다. 즉시 회신이 왔다. 틀림없는 ‘곰보버섯’이란다. 현재 산림버섯연구센터에서도 시험재배하고 있다면서.

인터넷은 이 버섯을 이렇게 정리・소개하고 있다.

> 학명이 Morchella esculenta인 곰보버섯은 영어로 모렐(Morel), 불어로는 봄의 사자(使者)인 모릐(Morille)라 부르고, 중국어로는 양의 위를 닮은 버섯이라 해서 양두쉰(羊肚蕈・양두심) 또는 양두쥔(羊肚菌・양두균)으로 부른다.
>
> 4~5월에 솟아나는 이 곰보버섯은 흔히 전나무 가문비나무 측

백나무 은행나무 근처에서 발견된다. 식용버섯으로 독특한 맛이 있으며, 특히 유럽 사람들에게 인기가 높다.

곰보버섯은 철과 아연성분이 풍부해 빈혈과 소화기 질환을 개선해 주고 갑상선 기능을 향상시키는데도 효험이 있다고 한다. 또 보신장양(補腎壯陽 · 정력을 증강시키고 신장을 튼튼하게 함), 보뇌제신(補腦提神 · 뇌의 기능을 도와 원기를 회복시킴)에 효능을 발휘한다는 것이다.

현대의학은 곰보버섯이 암 종양의 성장을 억제시키는 성분을 지닌 것으로 밝혀냈을 뿐 아니라 급 만성 염증해소에도 탁월한 효과를 보인다 했으니 그 약효의 광범위성을 짐작할 만하다.

이밖에도 곰보버섯은 감기를 예방하고 가래를 삭여주며 소화를 도와준다 했던가. 그러고 보니 곰보버섯은 그냥 버섯이 아니라 만병을 다스리는 명약인가 보다. 영생불사(永生不死) 같은 귀물을 한 방울의 땀도 들이지 않은 채 거저 얻었으니 천복(天福)이란 바로 이를 두고 말함인가. 게다가 가문비나무나 측백나무 없이 감나무와 뽕나무 사이에서 채취한 것도 큰 행운일 터다.

집 뜰에서 딴 곰보버섯은 현재 2층 베란다의 응달 한 구석에서 말려지고 있다. 냉장시키면 효능이 떨어지고, 건조된 것이라야 향도 더 나고 약효도 좋다는 얘기를 들어서다.

그 많은 호화 주택 가운데 하필이면 북가좌동 좁은 뜨락에 뿌리를 내린 곰보버섯. 신(神)들의 식재료라는 곰보버섯이 나를 찾아온 참뜻이 어디에 있을까가 자못 궁금하다.

2019. 05

모란꽃 피는 뜰

1976년 초봄.

지금 살고 있는 북가좌 1동으로 이사할 때의 얘기다. 단층이 아닌 2층 새 집이었고, 전체 면적도 이전 집보다는 거의 두 배나 되어 여간 흡족하지 않았다. 하지만, 겉보기만 그랬을 뿐, 여기 저기 허술한 데가 왜 그리 많던지 늘 신경을 곤두서게 했다. 무엇보다 스티로폼이라고는 단 한 장도 쓰지 않아 겨울이면 아래 위층 여섯 개의 방과 부엌 마루 등은 온몸이 땡땡 얼 만큼 추웠다. 수도나 전기같이 일상생활에 꼭 필요한 시설이나 자재들도 부실해서 툭하면 터지고 깨진 것을 수리하느라 바빠야 했다.

"아무리 집장수가 지었기로 이렇게 날림일 수 있을까." 화가 솟구쳤지만 어쩔 도리가 없었다. 애당초 집 선택을 제대로 못한 내 자신의 잘못도 있으려니와, 그 당시 변두리의 단독주택이라는 게 대부분 그러했기 때문이다. 게다가 주택난이 심해 터 잡고 땅을 파기 시작하면 바로 집 매매가 될 때라 그저 그러려니 여길 뿐이었다.

정원도 마찬가지였다. 잡석 몇 덩어리와 단풍나무 향나무 사철나무 등 값싸고 볼품없는 것 이외에 변변한 꽃나무나 유실수 하나 심어 있지 않았다. 그런데 유독 눈에 띄는 게 있었으니 바로 한 그루의 모란이었다. 아래층 안방 밖의 추녀 밑에는 작은 화단이 따로 마련돼 있는데, 모란은 바로 그곳에서 봄볕을 받으며 잎을 틔우고 꽃봉오리를 만드는 중이었다.

모란을 처음 본 것은 중학생 때였던 것 같다. 장소는 창덕궁이던가. 아니, 경복궁인지도 모르겠다. 어른 손바닥 크기의 모란이 군락을 이루듯 무더기로 피어 있는 모습이 무척 아름답다고 느낀 것이다. "저렇게 큰 꽃도 있나?" 꽃송이가 꽤 크고 탐스럽다는 것이 먼발치에서도 가늠되었다. 그러나 실물 모란에 대한 추억은 단지 그 뿐, 그 뒤로는 모란을 대할 기회가 단 한 번도 없었다. 그러니 내 집 뜰에서 모란이 자란다는 게 전혀 뜻밖일 뿐 아니라 사실로 믿어지지 않은 것이다. 무슨 횡재라도 한 기분이라고나 할까.

화단 위의 모란 꽃망울은 모두 다섯 개. 녀석들은 경쟁하듯 날로 부풀어 올랐다. 그러던 어느 날, 큰 꽃망울 하나에서 변화가 일어났다. 봉오리를 감싸고 있던 꽃받침 하나가 배쭉하게 삐져나온 것이다. 접힌 딱지의 한 귀퉁이를 살짝 풀어낸 모습이라면 이해가 될까. 꽃받침 사이로 조심스럽게 안을 들여다봤다. 빛깔이 궁금해서다. 진홍색. 내가 바라던 색깔 그대로였다. 고맙기도 해라. 넙죽 절이라도 하고 싶었다.

이튿날 아침, 모란은 나머지 꽃받침을 모두 제치고 함초롬히 피어났다. 황홀할 만큼 곱고 우아한 자태로. 그리고 알 수 없는 기품가지 느끼게 하면서. 꽃 향은 어떨까. 가까이에 코를 대고 냄새를 맡아봤다. 오래 전 누나들이 사용하던 코티 분 향내와 비슷했다. 아니, 그보다도 더 은은하고 매혹적인 냄새가 코언저리에서 맴돌았다. 모란은 신라 선덕여왕의 고사(중국에서 선물로 받은 모란그림에 벌 나비가 없자, 당시 공주였던 선덕여왕이 "이 꽃은 향기가 없을 것이라"고 예단했다는)를 그대로 믿어 향기가 없는 것으로 아는 이들이 많지만, 아니었다. 정반대였다. 잠자는 영혼을 흔들어 깨우듯 고혹적 향기를 지닌 꽃이 모란이었다.

한데, 이것은 어느 누구의 시샘일까.

마당 작은 화단에서 홀로 자라던 모란, 해마다 5월이 될 때마다 큰 기쁨을 주던 모란이 아뿔싸, 어느 해 말라 죽어 곁을 떠나 버리고만 것이다. 그 쓸쓸함과 헛헛함을 어떻게 표현하면 좋을까. 너무 아쉽고 서운했다. 그리고 화가 나기도 했다. 식구들 모두가 한 달 반가량 해외를 다녀오느라 집을 비웠으니 갈증 심한 3, 4월에 얼마나 모란은 혼자 애를 태우고 고생했을까. 지금도 그 때를 생각하면 아무런 대책도 세우지 않고 훌쩍 집을 비운 것이 못내 후회된다. 그래도 좀 살아주지, 이게 뭔가.

그 후 두 해가 지나서인가. 종로 6가 화훼시장에서 모란 한 그루를 사들였다. 나무 덩저리나 꽃빛깔도 옛날 모란과 같은 것으로 골랐다. 먼젓번 모란이 강렬한 인상을 남긴데다, 관리부실로 죽게 만든 미안함 때문인지 모른다. 이번엔 볕 잘 들고 통풍이 좋으면서 눈에도 잘 띄는 모과나무 근처에 심어 주었다.

이듬해에는 담홍색과 흰색 모란을 더 샀다. 한 그루 가지고는 허전하다고 느껴서다. 그 다음해는 경기도 화전의 꽃시장에서 흰색 모란을 또 샀다. 먼저 구입한 흰색 모란은 일본산이었는데, 꽃이 큰 대신 모양새가 마음에 들지 않아 국산 재래종을 사게 된 것이다

어디 그 뿐인가. 집 마당에는 위의 모란 말고도 세 그루가 더 있다. 모두가 지난해와 올해 이웃으로부터 분양받은 것들이다. 이들은 아직 우리 정원에서 꽃을 피워내지는 못했다. 어떤 것은 한두 개

봉오리를 달고 있었지만 뿌리가 약한 탓인지 제풀에 시들고 말았다. 어쨌든 정원에 있는 모란의 수는 일곱 그루다. 정원이 넓은 것도 아니고, 넓다 해도 이미 다른 수목들로 포화상태를 이룬 상황인데 어쩌자고 이렇듯 무모하게 모란을 들여놓은 것일까. 그 이유를 자신 있게 말할 수는 없어도 이것만은 분명하다.

모란꽃의 생명은 아주 짧다. 생생한 모습을 볼 수 있는 것은 사나흘밖에 안 된다. 그 짧은 기간을 위해 모란은 그리도 크고 아름다운 꽃을, 말과 글로 표현할 수 없는 자태와 향기를 만든다는 점이다. 부지깽이보다 허약해 보이는 가지와 볼품없는 줄기 끝에 얹혀서…. 맞다. 바로 이런 자세와 의지 그리고 집념과 노력이 내가 뒤늦게나마 모란을 아끼고 사랑하는 이유가 아닐까 한다.

중국 당나라의 시인 유우석(劉禹錫 · 772~842)도 어지간히 모란을 좋아했던 모양이다. '술 마시며 모란을 본다(飮酒看牧丹)'라는 시를 감상해 보자.

今日花前飮(금일화전음 · 오늘 꽃 앞에서 술 마시다보니)
甘心醉數杯(감심취수배 · 기분 좋아 몇 잔술에 취했네)
但愁花有話(단수화유화 · 다만 걱정되는 것은 꽃이 하려는 말)
不爲老人間(불위노인간 · "어르신 위해 핀 건 아니오"라고 할까봐)

아무려면 모란이 이사람 저사람 구별하고 피어날까. 술 마시는 노인이라 모란이 싫어할지 모르겠다는 것은 순전히 시인의 기우일 터다.

모란. 화려하고 복스러운 자태로 꽃 중의 꽃 화왕(花王)이라 불리는 모란의 꽃말은 부귀(富貴)다. 해서, 이부자리나 신부의 예복 또는 병풍 등에 모란은 수놓아져 있다. 어디 그뿐인가. 고려청자의 상감무늬, 나전칠기의 모란당초(牧丹唐草), 뒤주 위의 항아리에도 모란은 그려져 있다. 다른 어떠한 꽃보다 우리 생활에 깊숙이 들어와 있음을 알 수 있다.

조지훈은 그의 시 '고사(古寺)'에서 '피는 모란이 아닌, 꽃 지는 모란'의 고즈넉한 모습을 이렇게 그려내고 있다.

목어(木魚)를 두드리다
졸음에 겨워

고오운 상좌 아이도
잠이 들었다.

부처님은 말이 없이
웃으시는데

서역만리(西域萬里)길

눈부신 노을 아래
모란이 진다.

내년엔 마당 이곳저곳에서 일곱 그루의 모란이 현란한 꽃을 피워낼 것이다. 나도 이번엔 꽃피는 모란의 황홀만이 아니라, 눈부신 노을 아래 지는 모란에도 관심을 가져 볼까 한다. 해서, 이 풍진 세상 번뇌를 버리고 심오한 선(禪)의 세계에 젖어볼 수 있도록.

어서 5월이 왔으면!

2019. 06

들깻잎

어머니와 형수가 살아계실 때만 해도 고향 파주의 안용주골(흔히 '안말'로 불렀다. 안쪽 마을이란 뜻이다.) 밭에는 늘 콩을 심었다. 면적이 600평 쯤 될까. 산 밑자락에 있는 밭이라 흙보다는 잡석이 많은 박토인데도 콩은 잘도 자라 주었다. 바로 옆자리에 붙어 있는 고래 답(畓)이 가뭄 때문에 애를 먹일 때도 콩밭은 끄떡없었다. 물론 까닭이 있다. 양지바른 데 자리 잡은 지리적 장점에다가 어머니와 형수의 보살핌이 극진했던 때문이다. 두 분은 매우 부지런하셔서 밭에 잡초가 자랄 틈을 주지 않았다.

서울에서 중학교에 다니다가 여름방학을 맞아 고향 집에 있을 때다. 어느 이른 아침 콩밭에 김을 매러 가시는 어머니와 형수를 따라 안용주골에 간 적이 있다. 두 분이 갖춘 연장이라고는 달랑 두 자루의 호미뿐. 그럼에도 손길이 어찌나 빠르던지 그 많은 이랑의 잡풀과 잡석들을 금세 다 정리하시는 것이었다. 마치나 마술을 보는 느낌이었다.

콩밭매기가 어디 한두 번에 끝날 일인가. 어머니와 형수는 잡초가 자라는 낌새가 보이면 곧바로 호미를 들고 나서셨다. 그러니 콩은 아무런 장애 없이 튼실하게 잘 자랄밖에. 부근에는 비슷한 크기의 다른 집 콩밭도 여럿 있었지만, 언제나 더 많은 양의 수확을 보인 것도 두 분의 근면과 정성 때문일 것이라고 생각한다.

그런 콩밭이 어머니가 돌아가시고 몇 해 뒤에는 형수까지 세상을 뜨시자 알뜰히 관리해 나갈 사람이 없어 막막했다. 결국 남에게 임대를 주기로 했다. 그해의 수확량은 예상한 그대로였다. 예년의 반도 안 된 것이다. 너무 화가 났지만 어쩔 수 없었다. 경작자를 바꾸기가 쉽지 않을뿐더러, 땅을 놀려서는 안 된다는 생각이 들었기 때문이다. 그런데 더 큰 문제는 그 다음해에 일어났다.

갑자기 콩 대신 들깨를 심어야겠다고 임차인이 알려온 것이다. 들깨가 이문도 높고 여러 가지로 장점이 많다는 주장이었다. 어머니와 형수가 그렇게 알뜰히 정성을 다해 가꾸시던 콩밭이 아닌가. 홀연 깨밭으로 바뀔 것을 생각하니 괜스레 무슨 잘못이라도 저지르는 마음이었다. 찜찜하기가 이를 데 없었지만 좋은 방도를 찾기 어려웠다. 기껏 한다는 얘기가 "밭이나 잘 관리해 주시오"였다.

한데, 남에게 맡겨진 밭 관리가 오죽할까. 콩이든 들깨든 매한가지였다. 언젠가 가보니 농약을 담았던 포대가 함부로 널려 있고, 약을 치지 않은 곳은 잡초가 키를 넘고 있었다. 그 기막힌 모습을 본 뒤로는 간혹 고향을 찾아도 깨밭을 찾은 적이 거의 없다. 그 뿐이 아니다. 어쩌다 간혹 밥상에 오른 깻잎장아찌도 입에 대지 않았다. 왠지 들깻잎조차 괘씸하고 밉살스런 생각이 들어서다.

그런 깻잎이, 그렇게 외면을 받아온 깻잎이 새로운 존재로 인식하게 된 계기는 좀 엉뚱하다. 1979년에 일어난 10.26사태와 관련이 있기 때문이다. 듣자니 그날 궁정동 안가에서 마련한 밥상에 들깻잎이 올랐다는 거다. 꿀에 재운 인삼이나 송이버섯 또는 편육이나 전(煎) 등 이름 있는 토속 반찬들 가운데 흔하디흔한, 그래서 별 볼일 없는 들깻잎이 대통령 밥상에 오르다니, 그것은 흔한 말로 '신선한 충격'

이었다.

하기야, 어린 시절 몹시 가난한 환경에서 자란 탓에 비름나물이나 콩나물밥도 자주 찾았다니 들깻잎이 상에 올랐다 해서 이상할 것은 없다. 향수어린 입맛은 누구에게나 있게 마련이니까. 어쨌든, 못마땅하게만 여겨왔던 들깻잎이 독특한 계기로 인식의 반전을 갖게 된 것은 사실이다.

들깻잎과 관련해서는 전혀 다른 얘기 두어 가지가 더 있다. 그 첫 번째는 이렇다.

20여 년 전, 뒤늦게 붓글씨를 배우겠다고 서예학원을 다닐 때다. 이 학원의 회원은 열 명 정도로 글씨 연습이 끝나면 서로 집으로 초대해 차도 대접하고 국수도 삶아 내놓는 등 친교를 다져 왔다.

그런 어느 날, 학원에서 무슨 얘기 끝에 들깻잎이 화제에 오른 것이다. 들깻잎이라면 누구 못지않게 할 말이 넉넉한 입장 아닌가. 해서, 고향 파주에 들깨 밭이 있다는 얘기부터 이러저러한 이유로 들깻잎을 탐탁하지 않게 여긴다는 얘기 등을 늘어놓은 것이다. 그날따라 입담이 술술 풀리고, 회원들도 관심을 갖고 들어주어 여간 기분이 좋지 않았다.

그날의 서예연습은 오후 4시에 끝났다. 붓과 벼루 등을 정리 정돈하고 주차장으로 걸어갈 때였다. 여성회원 한 분이 다가오더니 불쑥 들깨 밭으로 가잔다. 느닷없는 제의에 순간 머뭇대다가 "오늘은 늦었으니 다음 기회에 가자"고 달래듯 대꾸해 주었다. 그런데 그녀는 막무가내였다. "갑시다. 갔다 옵시다." 30대 후반의 그녀는 마치 애인에게 응석이라도 부리 듯 졸라댄다.

얼핏 시계를 봤다. 오후 네 시 반이었다. 왕복 100km의 길을 다녀

오기엔 분명 늦은 시간이었다. 또 9월 말이라 깻잎을 따기에는 좀 늦지 않았을까 싶기도 했다. 물론 장아찌 등 어떤 방법으로 활용하는가에 따라서는 적기일 수도 있겠지만…. 그래도 그렇지. 가까운 재래시장만 가도 헐값에 살 수 있는 깻잎을 따기 위해 먼 길을, 그것도 늦은 시간에 다녀와야 한다는 게 여간 망설여지는 게 아니었다. 또 아내에게는 무슨 핑계를 대야 할 것인가. 그뿐이 아니다. 어둑어둑한 시각에 들깨 밭을 찾다가 고향사람이라도 만나면 무슨 오해를 살지도 모르고, 경우에 따라선 황당한 소문까지 날 수 있다는 생각이 퍼뜩 든 것이다.

결국, '깻잎 따기'는 없던 얘기로 끝나고 말았지만, 먼 훗날인 지금까지도 아쉬운 추억꺼리로 남아 있다. 무엇보다 그녀의 간청을 나중에라도 왜 못 들어 주었는지 미안하기 짝이 없다. 모처럼의 청을 거절당한 그녀는 얼마나 쑥스럽고 민망했을까. 또 있다. 어둠이 깔려가고 사위가 적막한 들깨 밭 속에서 단둘이 작업하다 보면 가슴 떨리는 로맨스인들 없으라는 법이 없지 않을까. 그런 천재일우의 기회를 스스로 마다했으니 그런 바보 멍추가 또 있을까 싶다.

들깻잎에 얽힌 또 다른 얘기를 하나만 더 하자.

아주 최근의 일이다. 가까운 친구 셋이서 함께 점심을 먹는데, 마침 들깻잎 장아찌가 밥상에 올랐다. 차곡차곡 간장에 절인 깻잎은 보기에도 소담스러웠고 특유의 들깨 향이 식욕을 자극했다. 젓가락으로 깻잎 한 장을 떼어내 맛을 보려 했으나 제대로 되지 않는다. 여러 장이 함께 떨어지는가 하면, 깻잎이 찢어지거나 접혀드는 등 엉망이다. 마침내는 포기한 채 다른 반찬으로 젓가락을 옮기고 말았다.

이 딱한 모습을 건너편에 앉은 친구가 보더니 능숙한 솜씨로 한

장 한 장 떼어내 그릇 전에 걸쳐 놓는다. 마치나 천정에 매달린 박쥐 같이. 그런데 나는 왜 안 되지?. 다시 한 번 시도할 참에 옆자리의 친구가 제지하며 말한다. "자네 먹으라고 일부러 떼어 놨는데 그걸 먹지 그래"하며 눈짓한다. 그 말을 받아 "아, 그런가?"하고 먹었더라면 얼마나 좋았을까. 한데, 내 입에서는 전혀 다른 말이 튀어나온 것이다. "그러면 맛이 떨어져!" 이 홍두깨 같은 답변에 두 친구가 어안이 벙벙하여 서로를 바라본다. "생각들 해 보라고. 우리가 갈비를 먹을 때 뼈를 죄 발라놓고 살만 먹으라 하면 갈비 맛이 나겠어?"

전혀 틀린 말은 아닐지 모른다. 하지만, 친구의 호의를 무시하고 같잖은 고집까지 피웠으니 이 무슨 망발인가.

지금도 혹 들깻잎, 특히 장아찌를 볼 때면 옛 생각이 문득 떠올라 혼자 피식 웃곤 한다.

2018. 09

감나무의 집념

며칠 동안 궁리해도 좀처럼 좋은 방안이 떠오르지 않았다. 아니, 며칠이 뭐냐. 이 문제를 놓고 골머리를 썩혀온 게 어디 한 두 해였나. 그동안 아내에게도 여러 차례 물어봤지만 그도 마찬가지, 별 뾰족한 수를 내놓지 못했다. 결국, 베어 없애기로 마음을 굳히고 톱을 찾았다. "올 3월을 넘기면 곤란해." 마음속으로는 계속 내 결단이 옳다고 믿으면서…. 바로 우리 집 감나무에 관한 얘기다.

45년 전 이곳 북가좌 1동으로 이사해 올 때 감나무는 정원에 없었다. 있는 것이라곤 후박나무와 단풍나무가 각각 한 그루, 향나무 여섯 그루, 그리고 대문에서 현관 앞까지 10여 그루의 옥향나무가 보도 좌우에 심어져 있을 뿐이었다. 참, 철쭉 두 그루가 더 있었던 성싶다. 어쨌든 정원은 얼핏 보기에도 엉성해서 볼품이 없었다.

해서, 꽃이 화사한 봄을 맞거나 갖가지 과일이 대롱대롱 매달리는 가을철이 되면 정원을 다시 꾸며야 되겠다는 생각에 좀이 쑤시곤 했다.

그 첫 번째 작업으로 시작한 게 덩치만 크고 볼품없는 향나무를 유실수 로 바꾸는 일이었다. 모과나무 매실나무 살구나무 등 열매가 달리는 나무들 가운데 물론 감나무도 포함되었다. 특히 감나무는 새로 이사한 동네의 상징처럼 단독주택마다 한두 그루씩 지니고 있어,

나 또한 꼭 심어야겠다는 생각을 갖게 했다. 하기야 코발트빛깔의 가을하늘 아래 반들거리는 초록색 잎 사이로 노란열매를 달고 있는 감나무의 모습은 얼마나 볼품 있고 아름다운가. 4방 소방도로 한 귀퉁이에 자리잡은 우리 집에선 더욱 운치 있고 매혹적일 것이라는 생각이 든 것이다.

이사한지 3, 4년 뒤였나 보다. 고향 파주를 다녀오다가 구파발의 한 농원에서 2년생 단감나무 묘목 세 그루를 샀다. 성목(成木)이 아니라 묘목을 택한 것은 이사 온 집에서 오래 살 것 같은 예감이 들었고, 유실수란 오늘 구입해서 내일 따먹을 수 있는 것보다 비바람 맞으며 커가는 모습도 보고, 꽃 피며 열매를 맺는 신비로움까지 느껴 봐야 제값을 하는 존재로 알았기 때문이다.

화단 세 군데에 심은 감나무 묘목들은 햇빛을 잘 받아서인지 특별한 돌봄 없이도 무럭무럭 잘 자랐다. 그 가운데서도 긴 담 쪽의 감나무가 더욱 튼실하게 보였다. 볕이 많은 동남쪽에 자리 잡은 탓일 게다. 그렇게 세 해가 지났을까. 감나무들은 완전히 성목이 되어 꽃을 피우는가 싶더니 드디어 도토리만한 열매를 맺기 시작한 것이다. 그때의 뿌듯한 기분을 어떻게 표현하면 좋을까. 무슨 대단한 경사라도 맞은 듯 느껴지면서 지나가는 사람들에게 자랑이라도 하고 싶었다.

감들은 커가면서 조금씩 다른 모양으로 바뀌어 갔다. 어떤 나무의 감은 둥그렇고 또 어떤 나무의 감들은 동글납작하거나 몽톡했다. 몇 달이 지난 11월 초. 이젠 얼추 익었다 싶어 감들을 따냈다. 대충 헤아려 보니 반접이 미쳐 안 됐다. 나무 수에 비해서는 적은 양이지만 첫해라 그러려니 했다.

맛은 어떨까. 달고 맛있었다. 다만, 옆집과 경계를 이룬 담 쪽 화단에서 자란 감나무의 감은 맛이 떫어 먹을 수 없었다. 특히 아쉬운 점은 따낸 감의 씨알이 아주 작다는 점이었다.

그렇게 다시 한 두 해가 지났을 때다. 화단에 이상 현상이 일어났다. 긴 담 쪽에 심은 흰색 넝쿨장미가 시들시들하더니 완전히 말라 죽어버린 것이다. 탐스러운 모양에 향기가 은은해서 아낌을 받아오던 장미였다. 누구보다 아내가 정성을 다해 돌보고 사랑하던 꽃이었다. 장미가 필 때는 지나는 사람들마다 감탄하면서 사진의 배경으로 삼기도 했는데, 여간 속이 상하지 않았다. 그렇게 싱싱하고 아름다웠던 장미가 무엇 때문에 시나브로 죽었을까. 혹 감나무가 원인은 아닐까. 쑥쑥 자란 감나무 줄기가 짙은 그늘을 드리우니 그 밑의 장미덩굴이 맥을 쓸 수 없었으리라는 의심이 든 것이다.

그 다음해에는 자리를 조금 옮겨 덩굴 흑장미를 사다 심었다. 품종이 오클라호마이던가. 검붉은 색깔에 꽃송이가 탐스럽고 향기가 매혹적인 장미였다. 잘 키우려고 온갖 정성을 기울였다. 그 때문인지 구입한 그 다음해까지 아무 말썽 없이 기대에 넘친 꽃을 피워냈다. 흑장미의 꽃말은 '당신은 영원히 나의 것'이라고 한다. 그러나 새로 들여온 흑장미는 영원히 나의 것이 아닌 '한 해만의 반가운 손님'으로 지내다 정원을 떠났다. 고사(枯死)하고 만 것이다. 낙심하지 않을 수 없었다. 그리고 확신하게 됐다. 백장미 흑장미를 죽게 한 존재는 다름 아닌 감나무라고. 기세 좋게 벋쳐 자란 감나무가지가 무척 원망스러웠다. 어떻게 저 녀석을 처분할 것인지를 걱정하게 된 이유다.

사람의 마음이란 참 간사해서 봄철엔 늘 "저 감나무를 베어버려야 할 텐데" 하는 마음이 들다가도 예쁜 감들이 포도 알 같이 열리는 가을엔 그런 생각이 종적 없이 사라지고 만다. 해서 올봄엔 다부지게 마음을 먹고 톱을 든 것이다. 밑동을 바짝 자르면 깔끔해 보이기는 하되 너무 힘들고 어려울 것 같았다. 또 뒷날에 활용할 일도 있을 수 있기에 1m 50cm의 허리춤에 톱을 갖다 댔다. 문득 식물학자 라울 프랑세(Raoul Francé)가 했다는 말이 생각난다.

"식물도 학대를 받을 경우에는 격렬하게 반발한다. 반대로 친절한 보살핌을 받을 때는 진지하게 경의를 표한다."

때문에, "톱질을 하다가 무슨 해코지나 받지 않을까" 객쩍은 걱정을 하면서 굵기가 15cm 쯤 되는 감나무를 반의 반 가량 잘라가는 참인데 밖에 나갔던 아내가 들어오더니 대경실색한다. 이제 막 싹을 터가고 있으니 올가을이나 넘긴 다음에 베어내자는 거다.

"무슨 소리요! 밉살스런 감나무를 올봄엔 꼭 없애자는 얘기야 당신이 먼저 꺼내지 않았소?"

"그랬죠. 이번 한 해만 그대로 놔둡시다."

아내의 간청에 결국 톱질은 중단됐다. "녀석, 참, 명이 길기도 하군."

그리고 마침내 언 땅이 풀리는 봄이 왔다. 그런데 이건 또 뭔가? 어느 날 예의 그 감나무에서 새싹 두 가닥을 발견한 것이다. 싹의 위치는 톱질한 자리에서 10cm 쯤 떨어진 아래쪽이었다. 설사 톱질 위쪽은 베어 없어져 온전치 못한 모습이 된다 해도, 생명만은 지켜낼 수 있다는 처절한 의지가 새로 돋은 가지에 담겨 있듯 보였다. "이 집 주인들은 믿을 게 못 돼. 걸핏하면 겁주며 말하잖아. 언제 언제면 없애 버리자고." 부아가 난 감나무의 불평도 허공 어디에선가에서 들려오는 것 같았다.

그러나 정작 놀랄 일은 그해 늦가을 감을 수확할 때 일어났다. 감이 무더기로 열린 것이다. 땅에 떨어져 갈라지거나 으깨진 것, 지나가는 행인들에게 맛보기로 건네 준 것, 또 이웃에 선물한 것을 빼고도 두 접 가량이나 거둘 수 있었다. 감나무의 변화는 거기서 그치지 않았다. 따는 시기가 조금만 늦어도 감의 정수리가 갈라터지는 것이 흠이었는데 올해는 대부분이 멀쩡한 모습이었다. 또 있다. 씨알이 전보다 꽤 굵어졌다는 점이다. 부분적으로 한두 개만이 아니라 전체적으로 굵어진 것이다.

감나무는 왜 이렇게 갑작스러운 변화를 보이는 것일까. 죽음이 두려워서인가. 두렵기에 그토록 처연한 몸부림을 치는 것일까. 물론 두렵기도 할 것이다. 하지만 감나무가 보인 변화는 지혜를 곁들인 용기와 집념의 결과가 아닐까 한다. 지혜란 무엇인가. 슬기로운 분별심(分別心)이다. 목숨을 지탱하기 위해 새싹을 틔운 것이라든가, 예년과 달리 크고 달며 많은 열매를 맺게 한 것은 분명 지혜에서 비롯한 것일 터다. 용기란 씩씩하고 굳센 기운. 감나무에게 적극적 기백이 없었다면 주인 면전에서 한 가닥도 아닌 두 가닥의 새싹을 틔울 꿈이나 꿀 수 있었을까. 집념도 그렇다. '마음속에 깊이 새겨 뗄 수 없는 생각'이 집념이라면, 감나무에 있어 가장 절실한 바람은 무엇보다 생명을 유지시키는 일일 것이다. 이 바람을 이루기 위해 감나무는 자나 깨나 온갖 노력을 다한 것이다. 눈물겹지 않은가.

녀석이 하는 짓을 보면 아무래도 올 가을은 물론, 내년 봄과 내후년의 봄과 가을에도 톱은 들지 말아야겠다는 생각이다.

말없이 한 곳에만 붙어산다고 홀대할 뿐 아니라 툭하면 톱이나 꺼내 드는 나를 두고 저 감나무는 어떤 생각을 하고 있을까. 오늘따라 하늘은 높고 푸른데, 공연히 저 녀석 보기가 부끄럽구나.

2018. 11

'라쇼몽'과 신포도
-단독주택을 고집하는 이유

이곳 북가좌동에서 살아온 지도 어느새 40년이 넘는다. 자주 이사하는 요즘 세태와 비교할 때 결코 적은 햇수는 아닌 것 같다.

"그 많은 서울 바닥 중에 왜 하필이면 북가좌동이냐?"

간혹 그렇게 묻는 사람도 있지만, 마뜩한 이유를 댈 수 없기에 대충 얼버무리고 만다. 1968년 9월 병역을 마친 그해 말 동아방송(DBS)에 입사했고, 그 뒤 결혼해서 비교적 땅값 집값이 헐한 곳을 찾다보니 그렇게 된 것일 뿐이니까. 물론 1973년 처음 집을 마련한 이후 한 차례 이사를 하기는 했다. 내 깐에는 새 집에 넓은 평수라 옮긴 것인데, 행정구역만 2동에서 1동으로 달라졌을 뿐 동네 이름은 북가좌동 그대로다.

지금 살고 있는 집의 정확한 지번은 서대문구 거북골로 23길 22(북가좌동). 사방 소방도로의 모퉁이에 건물을 앉힌 데다 남향판이어서 반듯하고도 환하다. 마당도 꽤 넓은 편이라 이웃들이 다 부러워한다. 그러나 70년대 초 부동산값이 하루 다르게 뛸 무렵 집장수가 지은 날림집이 오죽하겠는가. 단열재를 제대로 쓰지 않아 겨울만 되면 방 안에서도 두꺼운 내의에 오리털 파커, 그리고 털모자까지를 뒤집어써도 냉기를 이기지 못한다. 그래도 처음 몇 년간을 군 말없이 참아낼 수 있었던 것은 그때까지도 내 집을 마련하지 못한 친구들이 적잖은데다, "젊은 나이에 까짓 추위가 무슨 대수냐"면서 스스로를 다독거린 때문이었을 것이다. 그런데 해가 거듭할수록 그런 마음은 점점 무뎌지고, 마음속으로 늘 이렇게 다짐을 하고는 했다.

"도저히 안 되겠군. 추워서 살 수 있나. 대돈변을 내는 한이 있어도 얼른 아파트를 구해야겠어."

하지만 입맛에 맞는 아파트가 남의 집 강아지 이름이라던가. 돈 자체도 문제려니와 가정과 직장에서의 일상은 왜 그리 바쁘고 어수선하기만 하던지. '얼른'은 고사하고 몇 년씩 해를 넘김으로써 따뜻한 겨울을 아파트에서 보내겠다는 바람을 드티게 만든 것이다. 이사를 어렵게 만든 원인은 또 있다. 어쩌면 그것이 오랫동안 이곳에서 눌러 사는 진정한 이유가 될는지 모르겠다.

잿빛 하늘이 걷히고 남풍이 불어올 때, 언 땅은 풀리고 뜰 안 여기저기에서는 푸른 새싹들이 돋아난다. 정체를 알 수 없는 그 싹들은 날로 자라면서 냉이나 쑥이 되고 질경이나 민들레로 바뀌어 버린다. 무슨 매직 쇼라도 보듯 하는 변화 앞에서 신명은 절로 나고 삶의 의욕 역시 터질듯 부풀어 오른다.

절후가 우수, 경칩을 지나 본격적인 봄을 맞이할 때의 뜨락은 또 다른 변화로 보는 이를 무아지경에 빠뜨린다. 앙증스런 모습의 크로커스가 홀연 잔디사이에서 하양, 보라, 노랑으로 솟아나는 것을 신호로 매화, 살구꽃 그리고 라일락, 튤립, 산앵두, 블루베리, 철쭉, 모란이 화사하게 피어나면서 향기를 뿜어내는 것이다.

이 글을 쓰는 5월 중순에도 앞마당에서는 진보라 빛깔의 난초와 분홍색 아이리스, 그리고 보랏빛 물망초, 아이보리 컬러의 찔레꽃, 흰 작약, 진노랑의 제라늄 등이 다투듯 피어나 일상에 지치고 찌든 영혼을 흔들어 깨우고 있다.

살아생전 어머니가 좋아하셨던 접시꽃과 언젠가 화훼시장에서 사다 심은 도라지와 더덕, 그리고 카사블랑카는 지금 개화를 앞두고 잎이 청청하다. 어디 그뿐이랴. 덩치 큰 모과나무와 세 그루의 감나무도 저리 푸른 잎을 뽐내고 있으니 올여름에도 분명 시원한 녹음을 즐길 수 있을 것이다.

무더위를 피한답시고 흔히 산과 바다를 찾고 있지만, 집 마당에 드리운 그늘 속에서 참외나 수박을 깨뜨리는 맛도 그에 못지않은 피서의 또 다른 방법이 아닐는지. 나뭇가지 속에서 참새들은 지저귀고 꽃향기는 코언저리에서 스멀대는데, 내 경우 굳이 돈들이고 고생하며 바깥나들이를 할 필요가 어디 있겠느냐 싶은 것이다.

백화가 만발한 봄과 여름은 그렇다 치고, 가을의 정원은 쓸쓸해 별 볼일이 없지 않겠느냐고 지레짐작하는 사람이 있을지 모르겠다. 그러나 정 반대다. 가을이야말로 유별난 운치와 가슴 뿌듯한 보람을 만끽할 수 있으니까. 무엇보다 보도 양 옆에 줄줄이 심은 국화는 그 독특한 향내를 이웃까지 퍼뜨릴 테고, 수돗가의 오렌지빛깔 능소화는 장마 뒤의 칙칙한 정원에 활기를 불어넣을 것이다. 잘 익은 모과로는 술을 빚고 대봉과 단감으로는 연시와 곶감을 만들며, 뽕과 두충나무의 잎은 응달에 말려 차를 만들어야 하니 가을의 정원이야말로 늘 바쁘며 풍요롭고 보람차다.

상황이 이러한즉 아파트로 이사하기는 애당초 글러먹지 않았을까. 그도 그럴 것이 겨울 한 철만 좀 참아내면 봄, 여름, 가을이 내 기쁨, 내 보람으로 굴러 오는 데 그걸 마다할 바보 머저리가 어디 있겠는가. 그 뿐이 아니다. 지하철 6호선도 가까이 놓여진데다 월드컵 경기장도 멀지 않아 툰드라 같은 지역이 그야말로 상전벽해의 화려한 변화를 보이고 있으니 이곳 북가좌동을 떠나고 싶은 마음이 점점 줄어들밖에 더 있겠나. 해묵은 단독주택을 쉽사리 떠나지 못하는 이유다.

구로사와 아키라(黑澤明) 감독의 걸작 라쇼몽(羅生門)은 인간의 자기중심적인 이기주의를 흥미 있게 그려낸 영화로, 사람이란 자신의 이해관계에 따라 사고하는 것도 제가끔 달라진다는 메시지를 담고 있다. 자신이 기억하고 싶은 것만 골라 기억하고 때로는 지나간 일조차 자신도 모르게 왜곡해 버리는 인간의 속성, 라쇼몽은 이 미묘한 심리를 저마다 다른 입장에 있는 사람들의 입을 통해 말해준다. 그렇다면 나도 우리 집에서 겪는 엄동의 추위는 까맣게 잊은 채 봄, 여름, 가을의 장점만을 머리에 떠올리고 있는 것일까.

겨울철마다 간절히 원했던 아파트 역시 내게는 이솝우화의 '신 포도(sour grapes)'같은 존재로 여기고 있는 것은 아닌지. 아무리 맛있어 보여도 키 작은 여우의 입에는 닿지 않아, 결국 체념과 자위로 끝날 뿐인 그 포도 같은. 아무려면 어떠리. 더없이 훌륭한 아파트라도 내게는 낡고 불편할망정 꽃피고 열매 열리며 나무 우거진 속에 새소리 들리는 단독주택이 좋은 것을.

2013. 05

임진강 참게(蟹)

내 고향 파주는 예로부터 쌀과 보리 콩 등 오곡(五穀)이 잘 된 지역으로 알려져 있다. 한강과 임진강을 곁에 두고 있어 땅이 기름진데다, 깨끗한 공기, 넉넉한 일조량 등 자연조건이 알맞은 때문일 터다. 요즘에도 '파주 쌀'은 특등미라 해서 인기가 여전하고, 콩 가운데 으뜸이라는 '장단(長湍) 콩' 또한 많은 사람들이 즐겨 찾고 있다. 그러기에 "파주 지역에서 나는 쌀 콩 인삼은 맛과 영양이 우수해 '장단 삼백(長湍三白)'으로 불렸다"는 말이 전혀 거짓이나 허풍으로 들리지 않는다.

어디 오곡뿐이랴. 파주는 중국 송나라 시인 소동파(蘇東破)가 '죽음과도 바꿀만한 맛'이라고 극찬했다는 황복이 있는가 하면, 임금님께 진상(進上)했다는 참게가 잡히는 곳으로도 유명하다.

임진강의 참게는 '진상 게' '파주 게' '임진강 참게' 또는 '옥돌 게' 등 여러 이름으로 불린다. 임진강 참게는 다른 지방의 것과 달리 다리에 털이 없는 게 특징이다. 속살은 고소하고 등딱지 안에 붙어 있는 내장은 말로 형언할 수 없을 정도로 미묘한 맛을 지니고 있어 혀를 놀라게 한다. 오죽하면 "서리 내릴 무렵에 잡히는 임진강 참게는 소 한 마리와도 바꾸지 않는다"고 했겠는가.

내가 어렸을 때는 안말(파주 주내읍 연풍리의 안 용주골) 논에서도 어렵지 않게 게를 잡았다. 이른 아침 논에 가서 논두렁의 물꼬 웅덩이를 살펴보면 신기하게도 어른 주먹 크기의 게들이 엉키듯 꿈틀거리고 있었다. 별다른 도구 없이도 그놈들을 주워 담기만 하면 됐으니, 그 무렵 참게들이 얼마나 많았었는지 짐작할 만하다.

아마 일곱 여덟 살 때의 저녁때로 기억한다. 동네 어른들이 용주골과 대추벌 사이의 연풍내(延豊川)를 가마니로 연결해 막고 그물을 설치하는 등 바쁜 모습이었다. 참게를 잡기 위해서란다. 이튿날 아침 들은 얘기는 엄청났다. 참게를 자그마치 한 가마니나 넘게 잡았다는 것이다. 그날 낮 동네에서 벌였던 참게탕 잔치가 아직도 잊히지 않는다.

참게는 민물에서 잡힌다. 그래서 민물 게로 불리지만, 항상 민물에서만 사는 것은 아니다. 늦가을부터 겨울까지는 바다와 기수(汽水·바닷물과 민물이 섞인 지역)로 이동한다. 산란을 위해서다. 알에서 깬 참게의 어린 것은 봄에 하천을 따라 자신들의 부모가 살았던 곳으로 올라온다. 이들 어린 참게는 가을까지 민물에서 성장하다가 10월 하순 다시 바다로 간다. 이 무렵의 임진강 참게는 통통한 살과 함께 등딱지 속의 내장이 100% 채워진다. 어부들은 바로 이때를 놓치지 않고 참게를 잡는 것이다.

참게 잡이 도구로는 어망과 통발, 그리고 낚시가 있지만 대부분 어부들은 통발을 이용한다. 참게는 야행성인데다 무리를 지어 이동하는 습성이 있어 통발이 훨씬 간소하고 편리하기 때문이다. 참게 잡이는 보통 11월 중순까지 계속된다.

임진강 참게는 흔히 매운탕 요리나 간장게장을 담그는데 쓰이고 저마다 별다른 풍미를 느끼게 하지만, 정말 독특한 맛은 후자에서 나온다. 매운탕은 주재료인 참게 말고도 여러 다른 부재료가 들어가 참게 고유의 맛을 놓치기 쉽지만, 간장게장은 부재료가 전혀 없거나 있어도 단 몇 가지로 단순한 까닭에 임진강 참게의 특이한 맛을 느끼기가 '딱'이기 때문이다.

내가 어렸을 때. 어머니는 이런 방법으로 게장을 담그셨다.

먼저, 살아 있는 참게들을 독에 넣은 뒤 깨끗한 물을 붓고 이틀쯤 기다린다. 참게들이 먹은 흙이나 잡물을 토해내도록 하기 위해서다.

둘째, 게를 건져내 깨끗이 손질한다. 그리고 끓여서 식혀놓은 간장을 그 위에 붓는다. 간장의 양은 게가 잠길 정도다.

셋째, 3~4일이 지나면 간장을 따라서 끓여 식힌 뒤 그 간장을 다시 게에게 붓는다. 이 작업을 사나흘에 걸쳐 두어 번 반복한다.

간장은 오래된 것일수록 좋다. 다만 간장을 끓일 때 마늘 생강 고추 등이 들어갔는지 여부는 모르겠다. 그러나 이들 부재료는 개인 취향에 따라 다를 수도 있을 것이다. 어쨌든 이런 방식으로 담근 게장은 한 달쯤 뒤에 먹기 시작한다. 짭조름하고도 고소하며 달착지근한 가운데 향기가 넘쳐 그야말로 천하 일미다. 그 별난 맛을 제대로 표현할 수 없음이 답답하고 아쉽다.

임진강 참게는 1980년 말부터 좀처럼 찾아보기 어려웠다. 옛날과 달리 논농사에 농약을 빈번히 쓰는 데다 도시의 발달로 임진강의 수질이 악화됐기 때문이다. 하지만, 수질개선을 위한 파주시의 노력과 2015년에 시작한 치어(稚魚) 방류사업으로 최근에는 꽤 잡히고 있다는 얘기다.

과거시험을 준비하던 옛 선비들은 게가 갈대를 움켜쥐고 있는 그림을 무척 좋아했다고 한다. 입신출세하려는 선비들의 간절한 욕망은 단원(檀園) 김홍도(金弘道)의 그림 蟹貪蘆花(해탐노화)에도 잘 드러나 있다. 참게 두 마리가 갈대꽃을 물고 있는 이 그림의 설명은 이렇다.

게가 두 마리인 것은 소과(小科)와 대과(大科)에 모두 급제하게 해달라는 축원을 담고 있다는 것이다. 또 집게발로 갈대꽃을 물고 있는 것은 급제해서 임금님이 하사하시는 음식을 받아먹도록 해달라는 기원으로 풀이한다. 그렇다면 왜 하필 게를 택했을까. 게의 등껍질은 단단한 갑(甲)옷과 같으므로 기왕이면 을(乙)이나 병(丙)이 아닌 갑으로 장원급제를 해달라는 축수인 것이다.

일제 강점기의 유학자이면서 관리도 역임했던 우당(于堂) 윤희구(尹喜求)는 '無腸公子(무장공자)'라는 제목으로 이런 시를 남겨놓고 있다.

滿庭寒雨滿汀秋(만정한우만정추)	뜰 가득 찬 비 내려 물가는 온통 가을
得地縱橫任自由(득지종횡임자유)	제 땅 얻어 종횡으로 마음껏 다니누나
公子無腸眞可羨(공자무장진가선)	창자 없는 게가 참으로 부러우네
平生不識斷腸愁(평생불식단장수)	평생토록 창자 끊는 시름을 모르니

식민지의 백성으로 살아가며 현실과 양심 사이에서 번뇌하는 한 지식인의 고충이 이해된다. 국어사전은 '마음의 중심이 되는 생각이나 태도'를 줏대라 하거니와, 줏대 없는 사람을 가리켜 우리는 '창자 빠진 놈'이라고 경멸하기도 한다. 따라서 게와 같이 창자가 없는 몸이라면 이 꼴 저 꼴 안 봐도 되고, 본다 한들 감정의 동요는 전혀 없으리라는 것이 우당 윤희구의 생각이었던 듯싶다.

이야기가 잠시 엉뚱한 곳으로 샌 듯한데, 끝으로 참게가 우리들 건강에는 어떤 영향을 미치는지를 알아볼 필요가 있겠다.

참게는 단백질과 칼슘 인 비타민 미네랄 등이 풍부해 혈관을 튼튼히 해준다고 한다. 또 성인병을 예방하고 체력을 강화시켜 줄뿐 아니라, 게의 껍질에서 추출되는 키토산은 당뇨병과 간장 질환을 비롯해서 유방암 등 일부의 암 질환에도 좋은 효과를 보이고 있다는 것이다. 이밖에도 참게는 머리를 맑게 하고 정신적 에너지를 충족시키는 역할도 한다니, "상강(霜降) 무렵의 게는 소 한 마리와도 바꾸지 않는다"는 말도 그래서 나온 건 아닐까.

2019. 10

개가 될 수 없는 개

네덜란드를 방문한 해가 1981년이었다. 햇수로는 벌써 40년이 가까워온다. 당시 나는 동아방송(DBS)에서 KBS로 일터를 옮긴지 한 달이 채 안 될 때였다. '언론통폐합'이라는 미증유의 조치로 강제 이적한 입장이라, "어수선한 판에 잘 됐다"는 생각이었지만, 새 직장 사람들에게는 눈치가 보이는 일이었다. 게다가 출장기간이 대엿새도 아니요, 넉 달이나 되니 시쳇말로 찍힌 꼴이 된 것이다.

연수받을 장소는 수도 암스테르담의 동남쪽 30Km에 위치한 힐버숨의 RN(Radio Netherlands) 국제방송사였다. 힐버숨은 RN 이외에 공영방송사인 NOS를 비롯해서 AVRO, TROS, KRO, VARA 등 많은 방송국들이 자리 잡고 있는 방송타운으로 흔히 '미디어의 심장'으로 불리는 곳이다. 4개월여의 체재기간 동안 네덜란드를 상징할 수 있는 풍차 튤립 운하 자전거 등 이것저것 보고 느낀 것이 많지만, 그 가운데 하나로 '개들의 천국'이라는 점도 빼놓을 수 없을 것 같다.

아침 산책길에는 으레 말쑥한 모습의 개가 딸려 있음을 본다. 네덜란드의 토종견인 키스 혼드나 스키퍼기는 물론 푸들 스패니얼 테리어 그리고 품종을 알 수 없는 강아지와 성견 등 종류가 다양하다. 집 안에서는 보통 한두 마리의 개를 키우고 있다는 얘기를 들었다. 네덜란드 사람들이 얼마나 개를 사랑하는지가 짐작된다.

내가 머물러 있던 수리나말란의 호스텔(Hostel) 옆에 70대 초반의 할아버지 내외분이 살고 있었다. 이들 노부부의 하루 일과 가운데 가장 중요한 일은 아침 일찍 개와 함께 산책하는 것이었다. 언젠가는 얘기 끝에 식구가 몇이냐고 할아버지에게 물으니 집에 있는 딸까지 모두 네 식구란다. 그런데 그 네 식구라는 것이 노부부의 손에 들려 있는 강아지를 포함한 숫자였다.

옆에 있던 할머니가 갈색털이 탐스러운 강아지를 가리키며 말을 거든다. "석 달 전 이 녀석은 수술을 두 차례나 받았다오. 소화기관에 이상이 생겼다는 거예요. 혹시 잘못 되지는 않을까 온 식구가 끌탕을 했다니까".

대형 슈퍼마켓이나 쇼핑몰에는 고양이나 개들을 위한 식품 코너가 따로 마련되어 있다. 이름도 알 수 없는 다종다양한 식품들—설령 사람이 먹는대도 아무 이상이 없을 듯한—이 아름다운 포장지나 용기에 담겨 고양이와 개들의 주인을 유혹하고 있다.

문득 서울에 있을 진돗개 케리가 생각난다. 단독주택에서만 살아온 때문인지 모르나, 나는 지금까지 덩치가 큰 마당 개만을 키워 왔다. 애완용 개의 경우 먹이나 미용 등 건사하기가 쉽지 않고, 무엇보다 방범 구실을 제대로 할 수 없다고 생각하기 때문이다.

마당에서 키우는 캐리는 아침저녁 하루에 두 끼 먹는 먹이에도 별로 신경을 쓰지 않아 좋았다. 식구들이 먹다 남은 밥에 국이나 찌개 등을 끼얹어 주면 투정 없이 잘 먹으니까. 또 당시에는 개 전용 사료가 일반화되기 전이기도 했다.

미용에도 전혀 관심 둘 필요가 없었다. 털이 길지도 않으려니와 괜스레 모양을 낸답시고 이리저리 손을 대다간 진돗개 고유의 의젓한 모습을 망치는 일이 될 테니까. 그나저나 요즘엔 애완견을 미용시키는 비용이 몇 십만 원도 부족하다니 될법한 노릇인가.

케리는 내가 타고 다니는 자동차의 엔진소리도 분간해 낼 줄 안다. 퇴근 후 자동차가 집 근처에 이르면 영락없이 낑낑거리며 아는 척을 하는 것이다. 목소리가 아닌 자동차의 엔진소리로 주인을 인식해 내다니 그 얼마나 영특한가. 그럼에도 나는 '케리가 식구'라고 까지는 생각하지 않았다. "동물에게 정 주지 말라"는 옛말을 지켜서가 아니라, 동물은 어디까지나 동물일 뿐 사람이 아니고, 식구는 더더구나 될 수 없다는 생각 때문이다.

하지만, 네덜란드를 다녀 온지 40년의 성상 속에 반려동물에 대한 사회적・개인적 인식은 너무 달라져 깜짝 놀랄 정도다. 우선, 개나 고양이 등 반려동물을 키우는 인구가 1000만 명 규모로 부쩍 늘어났다는 점이다. 다섯 명 가운데 한 사람 꼴로 반려동물을 키우고 있다는 계산이 나온다. 이미 고령화 시대에 접어들었고, 1인 가구가 증가함에 따라 반려동물을 가족으로 생각하는 사람들, 소위 펫팸족(pet family)들은 더욱 늘어날 것이다.

KB금융지주경영연구소가 2017년 5월 남녀 3000명을 대상으로 조사한 결과를 보면 37.1%가 한 달 평균 20만 원 이상을 지출하여 반려동물을 키운다고 한다. 적은 액수가 아니다. 특히, 이름 있는 동물병원에서 혈액이나 소변검사를 포함하여 뢴트겐 초음파 등 여남은 가지의 종합검사를 받으려면 적어도 30~60만 원 정도의 비용이 필요한데도 펫팸족은 이를 당연한 것으로 여긴다는 것이다.

집에서 키우는 개를 내 가족같이 여기는 펫팸족의 극성은 여기서 그치지 않는다. 다 자란 개의 짝을 맞춰 주면서 상대방의 개 주인을 가리켜 서슴없이 '사돈(査頓)어른' 또는 '사부인(査夫人)'이라고 부르는 꼴불견도 최근 TV에서 목격했다. 반려동물의 먹거리는 또 어떤가. 중저가 중심인 국산제품은 찾기 어렵고 비싼 값에 평판도 좋은 수입 제품들이 매장을 휩쓸고 있는 실정이다. 네덜란드에서 듣고 봤던 저들의 알뜰한 개사랑은 차라리 애교 정도로 느낄 정도다.

듣자니 반려동물의 장례비용도 만만치 않은 모양이다. 줄잡아 30만 원은 각오해야 한단다. 화장(火葬)과 봉안(奉安)은 물론이고 화장한 뒤의 뼛가루를 응축시켜 인조보석으로 만들어 주는 업체도 있다니 이러한 개를 어찌 불경스럽게도(?) 범상한 '개'라 부를 수 있겠는가.

현재 우리 집에서는 두 마리의 암캐를 키우고 있다. 하나는 다섯 살배기 흰색 진돗개로 이름은 캐미다. 단정한 용모에 목소리가 우렁차다. 젖 뗀지 얼마 안 된 것을 경기 성남의 모란시장에서 3만원 주고 사왔다. 가끔 정원에는 쥐란 놈이 얼쩡거리는데, 캐미는 고양이보다 날렵하고 능숙한 솜씨로 '서 생원'을 제압한다.

다른 하나는 한 살짜리 애완견. 푸들과 테리어의 튀기인 이 강아지는 머리와 꼬리 부분이 검고 나머지는 흰색이어서 이름이 바둑이다. 동네 아주머니로부터 공짜로 분양받았다. 바둑이를 처음 데려올 때는 걱정을 많이 했다. 캐미가 텃세를 부리거나 심술을 피우지 않을까 해서다. 하지만 기우였다. 캐미는 제 새끼라도 되는 양 바둑이를 돌보고, 바둑이는 어미 대하듯 하면서 졸졸 캐미를 따른다. 때로는 발랑 눕는 자세로 응석까지 부리면서…. "그래, 서로 의지하며 잘 지내다오. 우리 집 마당도 너희들이 지내기에는 넉넉하단다. 마음껏 뛰놀며 건강하거라." 마당 수돗가에 바둑이용 작은 집을 따로 마련해 주며 마음속으로 기원했다.

캐미와 바둑이는 똑같은 회사 똑같은 제품의 사료를 먹고 있다. 큰 개가 먹는 사료를 어린 바둑이가 먹는 게 좀 안 됐지만, 그런대로 곧잘 먹어 주니 고맙다. 그래서 값비싼 사료를 따로 살 걱정은 없다. 10kg 들이 한 포대의 가격은 1만 6천원. kg당 2만 5000원 정도인 수입 제품에 비해 얼마나 헐값인가. 간식으로는 살을 발라낸 명태 뼈다귀를 가끔 준다. 명태는 개들에게 있어 보약이라 하지 않는가. 건어물 시장에서는 대가리만 따로 추려서 kg당 1만 원에 팔기도 하지만, 그 반값의 뼈다귀만 줘도 개들은 좋아서 어쩔 줄 몰라 한다. 얼마나 다행인가. 얼마나 감사한 일인가.

문제는 찬바람이 불고 땅이 얼기 시작하는 겨울이다. 태어난 지 다섯 달에 지나지 않은 강아지가, 애완견인 우리 집 바둑이가 이 추운 겨울을 바깥마당에서 견뎌낼 수 있을까. 방 안에 들여놓고 키울까 하는 생각도 있었지만, 어느 해 겨울 어린 강아지와 함께 안방에서 지내다가 피부병이 옮아 무척 고생했던 기억이 떠올랐다. "그래, 그냥 밖에서 키우자."

대신, 바둑이 집을 바람이 덜 타는 곳으로 옮겼다. 그리고 입던 스웨터를 여러 장 꺼내 보온조치를 해주고 밤낮으로 녀석이 잘 있는지를 점검하고 확인했다. 태어날 때부터 긴 털을 지닌 데다 보온작업이 잘 된 탓인지 바둑이는 유난히도 추웠던 지난겨울을 거뜬히 넘겼다.

좋은 음식을 먹고 안락한 잠자리를 마련 받는다 해도 하루 종일 바깥구경 한 번 할 수 없는 개가 있다면 그 답답한 심사가 오죽할까. 주인의 사랑을 듬뿍 받는 개라도 왈왈 컹컹 짖을 수 없도록 성대수술을 받았다면, 그 개의 처절하고 안타까운 심정을 어떻게 헤아릴 수 있을까. 충성을 다해 주인을 섬겼어도 어느 날 갑자기 유기견으로 전락했을 때 그 굴욕과 배신감은 또 어떨까.

비 갠 아침하늘이 맑고 깨끗하다. 뜰 안의 살구나무와 모과나무 가지에 앉은 참새들의 재잘거리는 소리가 청아하구나. 캐미 바둑이와 함께 동네 산책이나 해볼까.

2018. 04

제2장

어미소의 새끼사랑

제구(祭具)

오늘은 2월 7일.

음력으로는 섣달그믐이다. 바로 내일이 설날이라 미상불 아내는 정신없이 바쁘다. 차례를 준비해야 하기 때문이다. 하지만, 나라 해서 손 놓고 느긋한 건 아니다. 실파를 다듬는 일이나 마늘껍질을 벗겨 짓찧는 작업 또는 밤 껍질을 벗기는 일은 으레 내 몫이다. 아내가 시장을 보면서 빠뜨린 목이버섯이나 파프리카 등 자질구레한 것들을 동네 가게에서 사오는 것도 당연히 내가 할 일이다.

어디 그뿐인가. 짐이 많아 그냥 빠뜨리고 왔다며 "떡집에 갔다 오라"는 아내의 심부름이 불시에 떨어져도 고분고분 들어줘야 한다. 여느 때 같다면야 볼멘소리라도 내겠지만, 몸이 다섯이라도 부족할 만큼 이리 뛰고 저리 뛰는 아내가 아닌가. 해서, 나는 부과된 일을 묵묵히 그리고 성실하게 이행하는 '착한 소년'이 되고 만다. 신경이 곤두선 아내에게 섣불리 불평불만을 해봤자 그 결과는 너무도 빤하기 때문이다.

그런데 내가 해야 할 게 하나 더 있다. 바로 제구(祭具)를 상자에서 꺼내 닦고 훔치며 광을 내는 일이다. 제구란 촛대 향로 술잔 위패함(位牌函)과 같이 차례를 지낼 때 사용하는 여러 기구(器具)를 말한다. 이 제구들을 손질할 때마다 나는 경건한 자세로 정성을 다해 닦고 훔치며 광을 낸다. 그렇게 하는 것이 왠지는 모르지만 돌아가신 아버님 어머님에 대한 예(禮)로서 너무 마땅하다고 생각하기 때문이다. 그리고 제구들은 하나같이 지난날에 겪었던 일들을 낱낱이 기억시킴으로써 때 끼고 먼지 앉은 영혼을 맑고 깨끗하게 만든다.

먼저 향나무로 된 위패함을 한번 보자. 갓머리를 씌운 비석모양의 위패함은 높이 15cm, 너비 8cm에 두께는 0.6cm. 아무런 글자나 무늬 없이 함 전체가 매끈하다. 좌우로 문을 여닫듯 만든 것인데, 그 오른쪽을 열면 지방을 모시는 자리에 콩알만 한 크기의 옹이가 빠져 있다. 얼마나 자연스러운가. 비록 톱질하고 대패로 밀어 만든 제품이지만…. 두말없이 사들인 이유다.

받침대 뒤쪽에는 1986. 9. 10이라는 숫자가 적혀 있다. 이 물건을 구입할 때의 날짜다. 그 무렵 직장인 KBS 본관 앞 여의도광장에서는 86아시안게임을 앞두고 민속장터가 열렸었다. 그때 사들인 게 바로 이 위해함이다. 처음 인연을 맺을 때 물씬 풍겼던 향내는 다 사라졌어도, 이 제구를 보면 40년 전의 세월이 파노라마로 펼쳐진다.

촛대는 70년대 말 종로 5가의 어느 유기점에서 구입한 물건이다. 높이 30cm에 밑받침 지름은 8cm, 2단으로 생긴 모습이 애잔하고 깔끔해 보인다. 양초가 놓일 자리가 비교적 넓어 웬만한 굵기의 양초라면 다 사용할 수 있다. 한때는 네덜란드에서 구입한 구리촛대를 사용했었지만, 크기가 작고 모양새 또한 큰 제상(祭床)에 어울리지 않는다는 생각에 지금은 오로지 이 촛대만 사용하고 있다.

향로는 1983년 홍콩대학(HKU) 유학 중에 우연히 구입한 제구다. 높이 21cm에 너비는 25cm. 손잡이 양쪽의 길이 14cm를 뺄 경우 향로의 실제 너비는 11cm 가량 된다. 우리나라의 향로는 손잡이가 수

직 형태이나, 이것은 마치나 뒤로 쳐진 귀 모양을 한 형태여서 별스런 느낌을 주고 있다. 뚜껑 끝에 달린 손잡이는 화마를 억제하는 상상의 동물로 알려진 해태를 형상화하고 있다. 뿔 돋은 두상에 부릅뜬 눈 그리고 바짝 치켜 올린 꼬리가 보는 이를 압도한다.

향로의 몸통에는 3cm 넓이의 띠가 앞뒤 면에 새겨져 있는데, 독특한 그림이 그 안에 양각되어 있는 형태다. 앞면 그림에서는 상상의 새가 5개의 긴 꼬리를 휘날리며 구름 속을 지나가고, 뒷면은 작은 새 두 마리가 이름 모를 꽃을 희롱하는 모습이다. 이 향로의 몸통을 다리 3개가 떠받치고 있다. 다리 위쪽은 용의 머리를 형상화 시켰는데, 다리 아래의 뭉툭한 발톱도 용의 것인지는 모르겠다.

이 향로를 만난 장소는 홍콩 완차이(灣仔)의 뒷골목에서였다. 독특한 모습에 매혹된 나머지 유학생 입장으로서는 적지 않은 돈을 내고 구입했지만, 지금 생각해 보면 제대로 잘 샀다는 생각이다.

이번엔 술잔을 보기로 한다.

술잔을 구입한 연도는 명확치 않다. 홍콩유학에서 돌아온 해가 1984년 말이었으므로 그 다음 해쯤이 아닌가 싶다. 아내와 함께 안성행 버스에 올랐다. 유기점을 방문하기 위해서였다. 그러나 유감스럽게도 유기점을 찾기가 쉽지 않았다. '안성맞춤'이란 말도 있는데 어쩐 일인가. 묻고 물은 끝에 유기점 한 곳을 찾아내기는 했으나, 손님들이 전혀 없어 가게 안은 썰렁했다.

그런데도 웬 가격은 그리 비싸던지. 내가 예상했던 가격보다 훨씬 웃돌았다. 그냥 되돌아가려다가 "기왕 여기까지 왔으니, 간단한 유기제품이라도 하나 사가야 하지 않겠나"싶어 구입한 것이 지금의 '받침대가 딸린 술잔' 한 쌍이다. 술잔 밑에는 香園(향원)이라는 글자가,

받침대 아래에는 중요무형문화재 제77호라는 글자가 새겨져 있다.

향원은 김근수의 호. 그는 나이 스무 살에 한 유기회사에 외무사원으로 입사해서 유기와 인연을 맺었다고 한다. 유기(鍮器)란 놋쇠로 만든 그릇. 이후 그는 놋그릇 만드는 일에 열과 성을 다한 끝에, 1983년 마침내 중요무형문화재 제77호 유기장(鍮器匠) 기능보유자로 인정을 받는다. 유기장은 놋쇠로 각종 기물을 만드는 사람을 뜻하지만, 유기분야에서 으뜸가는 장인이란 의미도 담고 있다.

혼신의 노력을 다해 그가 빚어냈고 내가 사들인 술잔과 받침대는 모든 면에서 훌륭하다. 디자인은 간결해서 군더더기를 찾을 수 없고, 우아하고 질박한 토속미는 친근감을 갖게 한다. 한 번 닦아낸 술잔과 받침대가 오랫동안 광채를 잃지 않는 것도 장점으로 꼽을 수 있겠다. 또, 잔과 잔이 부딪힐 때 들리는 금속성은 아름답고 영롱해서 천상의 소리를 듣는 기분이다.

종로 5가에서 구입한 촛대와 안성에서 사들인 술잔, 그리고 받침대는 다 같이 간결한 단순성과 투박한 소박미가 장점이다. 게다가 반세기라는 연륜까지 쌓아 놓지 않았나. 일본사람들이 흔히 말하는 와비(侘び・간소하고 차분한 아취) 또는 사비(寂(さび)・예스럽고 아취가 있음)의 미학이 바로 이런 것이 아닐까 싶다.

상자에 보관된 놋 제품은 가짓수야 얼마 안 된다. 그래도 그들을 꺼내 번쩍번쩍 광을 내는 일은 쉽지 않다.

옛날 고향 파주에서 명절을 맞았을 때가 생각난다. 어머니와 형수님은 멍석에 앉아 도란도란 얘기를 나누면서 놋그릇의 녹을 닦아내셨다. 세제가 무엇이었느냐고? 그런 건 없었다. 짚을 태운 재와 짚수세미가 세제라면 세제였을 뿐이다. 물먹은 짚수세미에 재를 묻혀 썩

썩 문지르면 주발이건 대접이건 놋그릇들은 휘황하게 광채를 내곤 했다. 처음엔 "저 많은 것들을 언제 닦아내나" 싶었는데, 잠깐사이에 함지박 안의 산더미 같은 놋그릇들이 금세 닦여지는 것이었다.

한데, 지금은 재도 짚수세미도 없고, 놋 제품을 닦는 일에 신기를 지니신 어머님 형수님도 이승을 떠나고 안 계시다. 짚수세미와 재를 구하기는 더욱 쉽지 않으니 약품이라도 이용해서 녹을 벗겨내야 할 것이다.

음력으로 2월 스무 사흗날은 어머님의 제삿날. 세월은 어찌 그리도 빠른 것인지. 어쨌든 이번에도 제구들의 녹을 말끔히 벗겨내고 번쩍번쩍 광택도 멋지게 내볼 참이다.

2016. 02

꼬마고무신

귀물(貴物)의 사전적 풀이는 '얻기 어려운 귀한 물건'이거나 '귀중한 물건'입니다. 비슷한 낱말로 귀품(貴品 · 귀중품의 준말)이 있습니다만, 뉘앙스에서 많은 차이가 있는 것 같군요. 예를 들어 여기저기 지천으로 굴러다니는 돌멩이를 귀품으로 여기는 사람은 없지만, 어느 누구에게는 그 하찮은 돌멩이가 귀물로 대접받을 수도 있겠기 때문입니다.

우리 집 부엌 한 쪽에 놓인 찬장에는 아주 독특한 물건이 하나 놓여 있습니다. 뭐냐고요? 고무신발입니다. 색깔이 하얀. 성인용이 아니라 서너 살 어린이용으로 만든 작은 신발이지요. 현관의 신발장이나 마루의 장식장 안에 놓는다면 더 어울릴 텐데 왜 하필이면 찬장을 택했느냐고 물으시려는 겁니까. 이유가 있습니다. 독특한 물건을 특이한 장소에 놓아야 눈에 더 잘 띌 것이라는 생각이 들었던 겁니다. 또, 귀한 아들이 신었던 신발이니만큼 얼른 눈에 띄지 않는 신발장이나 잡동사니가 쌓인 장식장보다는 손도 자주 가고 가까이 대할 수 있는 장소에 두고 싶다는 아내의 희망을 받아들여 부엌 찬장을 택하게 된 것이지요.

꼬마고무신의 주인인 아들은 지금 나이 마흔넷의 장년입니다. 나이 서너 살에 그 신발을 신었다면 벌써 흘러간 세월도 거의 40년이 넘은 셈이지요. 어디 세월뿐이겠습니까. 고무로 만든 제품이라 신발은 딱딱하게 굳어 있습니다. 그러니 겉모습만 온전할 뿐 신발로서의 기능을 잃은 지는 오래 됐지요. 그런데도 우리 부부는 그 신발을 신주단지 모시듯 각별하게 대하고 있습니다. 왜일까요? 한 마디로 말해 그 꼬마신발에 얽힌 추억이 깊고 진하기 때문입니다. 이해를 돕기 위해 지나간 이야기를 잠시 들려드려야 할 것 같군요.

1968년 9월 나는 육군 병장으로 만기 제대했습니다. 그해 12월 동아방송(DBS)의 아나운서 모집시험에 합격하여 방송인이 되었지요. 결혼은 1971년에 했습니다. 그리고 다음해 3월 맏아들 세헌이 태어났습니다. 2년 뒤인 1974년에는 북가좌동에 작은 집을 마련해 전세생활을 마감했지요. 지금 생각해 봐도 놀랍기만 합니다. 어찌 그리 빠른 시일에 '내 집 마련'을 해낼 수 있었을까요. 대신에 고생이 여간 심하지 않았습니다. 내 집을 마련한 얼마 뒤까지도 TV세트나 전화기 세탁기 없이 지냈으니 그 곤궁했던 살림을 짐작하실 수 있을 겁니다. 아무리 어려워도 그렇지. 방송국 직원이라면 필수적으로 갖춰야 할 TV세트와 전화기조차 없었다니 거짓으로만 들리실 겁니다. 하지만, 그건 사실입니다. 당시는 지금같이 물건도 흔하지 않았고 또 그게 큰 허물은 아니었지요. 어쨌든 서발 장대로 휘둘러도 별로 걸릴 게 없을 만큼 집 안은 휑뎅그렁했습니다. 아들의 고무신발도 그 무렵의 어느 봄철에 산 것으로 기억되는군요. 그 당시에도 나이키나 아디다스 또는 리복이나 필라 등 외국브랜드의 신발이 있었는지는 모릅니다. 그러나 있었다 하더라도 절약하고 또 절약해야 하는 입장이라 선뜻 구입해 신기지는 못했을 것 같군요.

그런데, 이 얼마나 다행한 일입니까. 아들은 전혀 불평하지 않았습니다. 불평은커녕 무슨 자랑스러운 선물이라도 받은 양 좋아 어쩔 줄 몰라 했지요. 아침에 눈 뜨자마자 제 흰 고무신을 신고 앞마당을 뛰어다니지 않나, 바깥에서 또래의 친구들을 만나서도 전에 없이 신바람 나게 노는 것이었습니다. 별것도 아닌 그 흰 고무신을 신고 말입니다. 그런 아들을 지켜보면서 까닭 없이 기분이 짠하기도 했었죠. 지금도 흰 고무신을 신고 아장아장 앞마당을 걷던 모습이 눈에 선합니다. 찬장 속에 때 묻은 꼬마 고무신이 당당한 모습으로 진열돼 있는 이유입니다. 흔히 추억은 아름답게 각색되기 마련이지만, 무(無)에서 유(有)를 이룩하려 애쓰던 젊은 날의 근면과 성실, 그리고 궁핍한 살림 가운데서도 아들과 더불어 기쁨과 행복을 만끽하던 옛날이 그립다면 주책일까요.

얼마 전 어느 신문에서 읽은 얘깁니다만, 어떤 40대 여성 한 분은 '하루에 물건 하나씩 버리기'를 꽤 오래 전부터 실천하고 있다는 겁니다. "이런 물건 아니고도 잘 살아왔고, 앞으로도 잘 살 수 있다"면서 계속 내다 버렸다는 군요. 그렇다고 눈에 보이거나 손에 닥치는 물건을 마구잡이로 버리는 것은 아니고, 1년 이상 한 번도 손대지 않은 물건들이 바로 폐기의 대상이었고 합니다. 아마도 그분이 '꼬마 신발'을 갖고 있었다면 냉큼 버렸을 테지요..

단지 이 여성은 "추억이 담긴 물건에 대해서는 '이별식'을 거하게 했다"고 합니다. 이별식을 뭘 어떻게 했기에 '거하게'라는 표현을 썼는지 알 수 없지만, 버리는 주제에 무슨 같잖은 이별식이었는지 이해할 수 없군요.

버리는 행위는 그다지 어렵지 않습니다. 생각만 있으면 몇 십 년에 걸쳐 모아둔 물건 모두를 한꺼번에 버릴 수도 있지요. 그러나 버리는 사람은 각오해야 합니다. 물건 하나하나에 묻어 있을 추억과 그리움까지를 버려야 한다는 점을.

얼마 전에 한 지상파 방송사는 '죽어도 못 버리는 사람들…저장강박증'이라는 타이틀로 방송한 적이 있습니다. 사람들이 '쓰레기'로 취급하는 물건까지를 모으는 사람(hoarder)은 자신은 물론이고 주변 가족들의 생활까지 망가뜨릴 수 있다는 거죠. 일테면 방송에서 소개하듯 개 45마리와 고양이 13마리를 키운다거나, 유통기한이 훨씬 지났음에도 음식을 버리지 못하는 입장이라면 심리학에서 말하는 저장강박(compulsive hoarding)에 빠졌다고 봐야 할 겁니다. 내 경우는 어떨까요? 아들이 결혼하기 전에 신고 다니던 신발 모두를 찬장에 진열해 놓았다면 중증 저장강박장애를 앓는 놈 소리를 들어도 마땅할 테지만, 단 한 켤레의 고무신인데다 그것을 사 신겼을 때의 어쩔 수 없는 상황이 설명된다면 입장이 좀 다르지 않겠습니까. 그래도 "그것은 변명일 뿐, 얼마나 괴이쩍은 일이냐"고 여길 사람들은 분명 있겠지만요.

랜디 프로스트(Randy O. Frost)의 저서 ≪잡동사니의 역습≫(원제 · Stuff)에는 우리가 소유한 물건들이 오히려 우리를 소유하면서 일어나는 여러 가지 부정적 사례를 흥미진진하게 그리고 있습니다. 오늘날은 흥청망청 물질이 넘쳐나고 있지요. '저장강박'은 전 세계적인 현상이라고 합니다. 미국의 경우, 저장강박에 빠진 사람이 전체 인구의 5%라니 놀랍군요.

그러나 말입니다. 저장강박장애가 두려워 집 안의 물건을 죄다 버려야 할까요? 그래서, 그 물건을 구입하고 사용할 때의 옛 추억과 그 추억이 빚어내는 그리움 같은 것도 훌훌 털어내야 할까요? 그렇다면 우리가 사는 세상이 얼마나 무미건조하고 삭막해지겠습니까. 물론 그런 세상에서도 그들은 살아남을 겁니다. 버리고 또 버려야 하는 결벽증 환자의 소름끼치는 존재로….

나는 "철저히 버리라"는 말이나 "한번에, 단기간에, 완벽하게 정리하라"는 충고에는 동의하지 않지만, "설레지 않으면 버리라"는 말에는 고개를 끄덕일 수 있습니다. 설레지 않는 물건에는 애틋한 추억이나 그리움도 없을 테니까요. 찬장을 열고 꼬마고무신을 다시 한 번 쳐다봅니다. 속절없이 지나가 버린 세월이지만, 추억이 무지개인 양 피어오르는 느낌이군요.

2016. 01

뒤주

날씨가 무덥다. 잠시 걸었을 뿐인데도 땀이 온몸에 솟는다. 지하철역에서 집까지 걸리는 시간은 6~7분가량. 늘 다니던 골목길이 아니라 불광천 위의 큰 도로를 택해 걷는다. 넓은 개천을 끼고 있는 큰 길은 아무래도 지열이 화끈거리는 골목보다야 덜 더울 것이라는 생각 때문이다. 하지만, 워낙 더위가 심하기 때문일까. 덥기는 그게 그거라 느끼며 문득 앞을 바라봤을 때다. 저 앞쪽 3, 40m 지점에 가구 같은 게 하나 보인다.

좀 더 가까이 다가서 보니 뒤주였다. 뒤주에는 자물통도 없고 장식은 죄 뽑힌 채 플라타너스 가로수기둥에 기대 있었다. 전에도 이 길을 걷다보면 책꽂이며 장롱 의자 등 못 쓰는 가재도구들이 나뒹굴고는 했는데, 이 뒤주 또한 누가 내다버린 모양이다. 찬찬히 살펴보니 뒤주는 장식만 누가 빼갔을 뿐 귀 하나 떨어지지 않고 멀쩡하다. 잘 가꾸면 '물건'이 될 것 같았다. 그렇잖아도 이런 뒤주를 갖고 싶기도 했고….

이렇게 좋은 뒤주를 누가 왜 버렸을까. 또 장식은 왜 뽑아내 뒤주를 병신으로 만들었을까. 쌀뒤주라 해서 꼭 쌀이나 곡식을 저장할 필요는 없을 것이다. 여름 지난 선풍기나 당장 입지 않는 옷가지를 넣는 등 유용하게 사용할 수도 있지 않겠나. 뚜껑이 있는 위쪽도 마찬가지다. 한두 개 목단항아리나 화분을 올려놓는다면 얼마나 운치가 있으랴. 멀쩡한 뒤주를, 그것도 활용도가 높은 뒤주를 내다버린 이유가 무얼까. 어쨌든 내 입에서는 절로 이런 말이 튀어 나왔다.

"감사해라. 작은 수고에 대한 축복이 너무 빨리 내려졌구먼!"

그렇게 말한 까닭이 있다. 방금 전에 이용한 지하철 6호선 새절역에서 나는 어떤 사람이 두고 내린 지갑을 주운 것이다. 지하철은 이미 떠나고 기관실은 반대쪽 끝에 있는데다 나는 다음다음 역에서 내려야 하니 난감하기 짝이 없었다.

지하철 본사에 전화하니 내가 내리는 역의 역무실에 갖다 주란다. 그러마고 대답하며 지갑 안을 들여다봤다. 혹 연락할만한 전화번호가 있지 않을까 해서다. 그러나 신분증 외에 지폐 7천원과 동전 3천여 원 그리고 사진이 한 장 있을 뿐이었다. 할 수 없이 디지털미디어시티역 역무실에 전달했다. 그러므로 비록 대수롭지 않은 일을 했다손 치더라도 선행(善行)에 대한 보답으로 이 좋은 선물이 내게 내려졌으리라는 생각이 든 것이다.

걸음을 서둘러 집에 도착, 옷도 갈아입지 않은 채 뒤주를 이동용 카트에 싣고 왔다. 먼지를 털어내고 걸레질을 하고나니 어디 하나 군데 없이 자태가 곱고 우아하다. 가로 67cm, 세로 41cm에 높이는 76cm, 위판은 가로 세로가 각각 79cm와 52.5cm로 크지도 작지 않아 마음에 꼭 든다. 없어진 장식을 온전히 갖추기만 하면 그런대로 괜찮은 물건이 될 것 같다. 장식이라야 단 두 군데, 자물통이 있는 부분과 그 위쪽의 뚜껑뿐이니 특별히 염려하지 않아도 좋을 것이다. 얼핏 고물상이 생각난다. 거기라면 웬만한 장식쯤 있지 않을까. 근처의 재활용품 수거업체들을 찾아다니며 물어봤다. 그러나 하나같이 없단다.

이번에는 을지로에 있는 철물점을 이 잡듯이 뒤져 알아봤다. 역시 없다는 대답이다. 다만 "황학동에서 고가구 장식을 만들어 판다는 얘기를 들었다"고 어느 철물점 주인이 알려준다. 황학동이라면 두어 번 가본 적이 있잖은가. 이대로 포기하기에는 푹푹 찌는 날씨에 고생한 게 얼만가. 황학동을 가보기로 했다.

지하철 6호선 동묘역에서 내려 청계천을 건넌 뒤, 묻고 물은 끝에 겨우 비좁은 골목 끝에서 현장을 찾아내기는 했다. 그러나 간판도 없을 뿐 아니라 드나드는 사람도 전혀 없어 혹 엉뚱한 장소를 찾아온 건 아닐까 하는 생각이 들 정도였다. 지하로 통하는 길이 있어 조심조심 계단을 밟고 내려간다. 50대로 보이는 한 장인이 망치로 쇠붙이를 다듬고 있다. 일에 열중해서인지 얼굴도 들지 않은 채다. 천정에서는 녹슨 선풍기 날개가 소리 내며 돌아가고…, 땟국이 전 3면벽에는 구리 또는 비철금속으로 만든 각종 장식물들이 먼지를 뒤집어쓰고 철사에 꿰어 매달려 있다. 헛기침을 두어 번 하니까 그때서야 주인이 안경너머로 손님인 나를 쳐다본다.

"어쩐 일이시오?"

"뒤주 장식을 구하러 왔습니다만…."

"사진 가져왔나요?"

아차, 그 생각을 못 했구나. 사진이 없으면 장식구멍이 어떻게 나 있는지 모르고, 그걸 모르면 정확한 치수로 자물통 받침을 만들기 어렵다는 얘기다. 하는 수 없이 붕어모양의 놋쇠자물통 하나만을 사 들고 왔다. 가격은 3만원, 다른 데서 사면 5만 원은 줘야할 것이란다. 예부터 뒤주에는 붕어 형상의 자물통을 사용해 왔는데 그 까닭이 흥미롭다. 붕어는 눈을 뜨고 자므로 재산도 밤낮으로 눈뜬 채 잘 지켜줄 것이라는 믿음 때문이란다.

황학동은 다음날 다시 찾아갔다. 그러나 '장식 집'은 문이 닫혀 있었다. 전날 전화나 명함 등 아무 것도 챙기지 않은 것이 후회됐지만 발길을 되돌릴밖에 없었다. 이 더위에 또 다시 와야 되다니…. 점점 약이 오르면서 자신의 행동에 의문까지 피어오른다. 찌는 더위 속에 지금 내가 무슨 짓을 하고 있는 걸까. 뒤주? 그것이 어쨌다는 건가. 뒤주가 아니면 큰 손해를 입을 어떤 일이라도 있는 건가. 그게 아니라면 하찮은 일로 귀중한 시간을 보낼 만큼 한가하단 말인가.

그런데 마음 한 쪽에서는 질책의 소리가 돋아나 갈등을 빚게 한다.

"버려진 물건 속에서 귀중한 가치를 찾아내려는 당신에게 박수를 보낸다. 한데, 작은 어려움에 실의하고 포기할 정도로 당신은 허약한 의지의 소유자인가."

결국 나는 황학동을 세 번째 방문했다. 주인이 요구한 사진 외에 장식이 있던 자리를 그림으로 나타낸 그림까지 들고. 그런데도 그걸 받아본 사람은 고개를 좌우로 흔들더니, "이런 자료들 가지고는 작업하기 어려워요. 차라리 뚜껑을 가져오는 게 낫겠소."라고 무람없이 말한다. 뚜껑이라니? 그 무거운 뚜껑을 들고 여기까지 왔다 가란 말인가. 부아가 치미는 것을 억지로 참고 아내에게 전화를 걸었다. 장식을 고정시키기 위해 뚫어놓은 구멍과 구멍 사이의 거리를 정확히 재서 알려 달라고.

우여곡절 끝에 장식받침을 만들기는 했지만, 치수가 정확히 맞아떨어질지 걱정이었다. 그 걱정은 한 시간도 안 돼 현실로 나타났다. 장식을 고정시키는 침(針)과 침 사이의 거리를 안쪽이 아닌 바깥쪽에서 재서 나에게 알린 것이다. 이렇게 일이 어그러질 수 있나. 물론 그대로 사용해도 무방하기는 하다. 그러나 핀트가 맞지 않으니 작업이 거칠어질뿐더러 뚜껑이나 몸체에도 상처를 입혀야 했다.

난데없는 헌 뒤주 때문에 신경을 쓰고 고생한 탓일까, 장식을 붙이고 자물통을 채우는 등 그런대로 제 모습을 갖춰내기는 했어도 마음은 그리 달갑지 않다. 그러고 보니 겉보기에 그럴싸한 뒤주를 아무 대가 없이 습득케 한 것은 축복이 아니었는지 모른다, 오히려, 이렇게 더위가 계속되는 날 행여 헐렁한 마음을 갖지 않도록 채근하려는 저 높은 곳 어느 누구의 깊은 뜻은 아니었을까.

그리고 다시 한 번 깨닫는다. "세상에 공짜는 없다"는 사실을.

2014. 08

어미소의 새끼사랑

어미가 새끼를 사랑하고 보살피는 행위는 고등동물 모두에서 볼 수 있는 공통의 현상이다. 특별한 학습과정을 거치지 않아도 어미는 극진히 새끼를 아끼고 돌본다. 이렇듯 어미가 본능적으로 새끼를 사랑하는 기질을 우리말 사전은 '모성애(母性愛)'라 부르고 있다.

젖을 먹여 새끼를 키우는 포유동물은 대체로 모성애가 강하다. 그도 그럴 것이 어미와 새끼는 오랫동안 한 몸으로 지내온 데다, 출산 뒤에도 젖을 물려 생명을 유지시키고, 털과 피부를 늘 맞대어 생활하기 때문이다. 이보다 친밀하고 살가운 관계가 어디 있을까. 경우에 따라서는 이 모성애가 눈물겹도록 깊고 진하여 듣고 보는 이를 감동시키기도 한다.

2015년 4월 어느 날. 전남 무안경찰서 소속의 경찰관들은 차를 타고 관내를 순찰하다가 먼발치에서 흰둥이 개 한 마리를 발견한다. 개는 도로 복판에서 무언가에 쫓기듯 안절부절 못하는 모습이다. 가까이 가보니 흰둥이 옆에 강아지가 쓰러져 있었다. 차에 치어 의식을 잃은 채로…. 바삐 오가는 차들을 마다 않은 채 흰둥이는 강아지가 흘린 피를 핥으며 흔들어 깨운다. 경찰을 본 흰둥이는 강아지를 살려달라는 듯 눈물이 글썽하다. 서둘러 강아지를 도로 밖 안전한 곳으로 옮겼지만 안타깝게도 금세 숨을 거두고 만다. 그래도 흰둥이는 강아지 곁을 떠나지 않고 피에 얼룩진 얼굴을 핥고 몸을 흔들어댄다. 어서 빨리 깨어나라는 듯이…. 흰둥이 개는 죽은 강아지의 어미였다.

2014년 5월, 아프리카 케냐 북쪽의 에와소 나이로(Ewaso Nyiro) 강. 수백 마리의 코끼리들이 강을 건너고 있다. 그 가운데는 나은지가 얼마 안 돼 보이는 아기 코끼리도 여럿 보인다. 어미 곁에서 제법 잘 따라가던 아기 코끼리 하나가 강에 이르자 순간 멈칫한다. 혼자 건너기에는 자신이 없기 때문이다.

이를 알아차린 어미가 몸을 돌려 아기 코끼리 뒤로 간다. 그리고 아기코끼리의 궁둥이를 민다. 어미의 도움을 받은 아기코끼리가 몇 발짝 걷는다. 그런데 아뿔싸! 세찬 물살에 그만 쓰러지고 만다. 깜짝 놀란 어미가 코와 발로 일으켜 세운다. 하지만 얼마를 못 가고 또 쓰러진다. 거센 물결에 휩쓸려 아기코끼리는 둥둥 떠내려간다. 그대로 두면 바위에 부딪쳐 목숨을 잃거나, 포식자인 악어와 사자의 밥이 될 것이다.

이때 어미의 본능적인 모성애가 나타난다. 육중한 체구인데도 재빠르게 달려가더니 긴 코로 아기코끼리를 풍랑에서 건져 바르게 세운 것이다. 어미의 극진한 도움으로 아기코끼리는 무사히 강을 건널 수 있었다.

2012년 7월, 중국 친저우(欽州)의 산냥만(三娘灣). 돌고래 관광을 즐기던 한 관광객은 이상한 모습의 돌고래 한 마리를 발견한다. 2m쯤 되는 돌고래 등 위에 1m 정도의 작은 돌고래가 업혀 있는 것이다. 새끼로 보이는 작은 돌고래는 죽어 있었다. 이 사실을 아는지 모르는지 어미 돌고래는 자맥질을 하며 계속 헤엄을 친다.

파도가 높을 때는 등에 업힌 돌고래가 굴러 떨어지기도 하지만, 그때마다 돌고래는 다시 집어 등 위에 올리느라 애쓰는 모습이 안쓰럽다. 쉼 없는 어미의 자맥질과 부지런한 헤엄, 그것은 아마도 새끼가 빨리 깨어나기를 바라는 안타까운 몸부림이었을 것이다. 이 어미 돌고래의 딱한 모습은 사흘간이나 계속되었다고 한다.

이와 같이 척추(脊椎)를 지닌 고등동물들은 척추가 없는 하등동물과 달리 모성애가 높다는 것이 상식이다. 이 모성애는 동물의 크기와는 별로 관계가 없는 것 같다. '고슴도치도 제 새끼면 함함하다고 한다'는 우리 속담은 비록 덩치가 작고 볼품이 없어도 새끼를 끔찍이 여기는 마음에 차이가 없음을 예시하는 말이다. 바늘 같은 가시가 온몸에 붙어 있어 밉게도 보이련만, 그걸 보드랍고 윤기 있게 여기다니…모성애란 바로 그런 것인가 보다. 토끼같이 유순한 동물이나 쥐같이 연약하고 작은 동물도 제 새끼가 위험에 닥치면 천적인 뱀에게까지 달려들어 응징한다는 얘기를 인터넷은 심심치 않게 전하고 있잖은가.

2011년, 전국적으로 구제역이 만연되었을 때다. 강원도 횡성군의 한 농가에서 일어났던 어미소 얘기는 우리에게 뜨거운 감동을 불러일으킨다.

살처분(殺處分)을 담당한 사람이 어미소를 안락사 시키기 위해 근육이완제인 석시콜린(succicholine)을 주입할 때다. 갓 태어난 새끼송아지가 다가와 젖을 달라고 보챈다. 소마다 약간의 차이는 있지만, 근육이완제 주사를 맞은 소가 숨을 거두는 시간은 10초에서 1분 사이. 하지만 이 어미소는 2~3분이나 버티다가 새끼가 젖을 뗀 뒤에야 털썩 쓰러진 것이다. 영문을 모르는 채 새끼송아지는 어미 곁을 불안스럽게 서성이고…. 죽음을 앞두고도 새끼에게 젖을 물리는 어미소의 안쓰러운 모성애에 현장의 관계자들은 모두가 안타까워하면서 감동했다고 한다.

지난 1월 31일 MBC와 YTN이 소개한 해외토픽은 어미소가 보인 또 다른 모습의 '모성애'일 터다.

도심의 도로 위를 작은 트럭과 검정 소 한 마리가 함께 달린다. 대체 무슨 일일까. 트럭 화물칸에 작은 송아지 한 마리가 누워 있는 모습이 보인다. 심한 상처를 입은 이 송아지는 치료를 받기 위해 서둘러 병원을 가는 중으로 어미소가 곁을 지키면서 따라가는 모습이다. 태어난 지 2개월 된 송아지가 왜 심한 상처를 입었는지는 모른다.

트럭은 도로의 상황에 따라 달리는 속도가 다를밖에. 그러나 어미소는 행여 새끼를 놓칠세라 트럭 바로 옆에 붙어 숨을 헐떡이며 따라가고 있다. 병원에 도착해서도 어미소는 병원을 떠나지 않고, 새끼가 치료를 받는 이틀 동안 상처를 핥아주는 등 극진히 돌보더라는 것이다.

이 뉴스는 바로 전날 영하 7도의 매서운 추위에 탯줄 달린 갓난아기를 아파트 복도에 버린 사건과 오버랩 되면서 "소가 사람보다 낫다"는 얘기를 듣게 해 주었다. 갓난아기를 버리다니! 그것도 탯줄조차 끊지 않은 채로 맵찬 추위 속에 유기하다니! 이런 반인륜적 범죄행위가 어디 있을까. 그러나 우리 사회에는 이보다 더 심한 예가 드물지 않다는 점에 문제의 심각성이 있다.

배고파 우는 11개월짜리 아이를 시끄럽다 해서 주먹으로 때려 숨지게 한 비정의 아비가 있나 하면, 두 살짜리 아들을 훈육한답시고 마구 때려 목숨을 끊은 뒤 바다에 던져버린 20대 부부도 있다.

어디 그뿐이랴. 초등학생인 아들의 시신을 훼손한 뒤 냉동 보관한 엽기적 부모도 있었고, 다섯 살 된 딸이 학대 끝에 숨지자 야산에 암매장한 주범도 그 아비였다. 부모는 큰 울타리 같은 존재로 누구보다 자녀를 아끼고 보살피는 것이 마땅한데도 모진 학대에 죽이기까지 하다니 인간들이 사는 이 세상은 대체 어찌 돌아가고 있는 것일까.

전통적으로 우리나라의 부모들은 자녀사랑이 유별난 것으로 알려져 있다. 자녀의 유아기는 물론, 장성해서 입시를 치르고 직장을 구하며 결혼을 할 때도 부모들은 자녀의 삶에 깊이 관여하는 것을 당연한 역할로 알고 있다. 그럼에도 우리 사회의 한 귀퉁이에서는 아동학대나 살인이 빈번하고, 해마다 증가추세에 있다 하니 우울하고 안타까운 일이다.

최근 통계에 따르면 한 달 평균 3명의 어린이가 친부모의 손에 숨졌고, 이들 가운데 59%가 9살 이하의 어린이와 영유아라고 한다. 2017년에 발생한 아동학대 숫자는 2만 1514건. 아동을 학대한 사람의 77.2%가 부모였다고 하니 놀라운 일이다. 대체 그 까닭을 어디서 찾아야 하나.

대가족제도가 붕괴하고 핵가족제도가 새로이 등장하면서 사회구조와 생활패턴에도 많은 변화가 일어난 것은 사실이다. 모든 가치가 물질적 경제개념으로 파악됨으로써 정서가 메말라가고 있다는 점도 가장 두드러진 변화 가운데 하나다. 핵가족제도 안에서의 인간관계는 지극히 단순하고 직접적이기 때문에 부모와 자녀 사이에 충돌은 잦게 마련이다. 하지만 이를 방지하거나 제어시킬 완충역이 없다는 게 문제다. 자기중심적인 사고 속에 인간의 존엄성을 잃고 자녀를 학대하는 이유일 터다.

아동복지법은 제1조에서 "아동이 건강하게 출생하여 행복하고 안전하게 자랄 수 있도록 아동의 복지를 보장하는 것을 목적으로 한다"고 법을 제정한 취지를 밝히고 있다. 이 법이 풀이한 '아동학대'는 "보호자를 포함한 성인이 아동의 건강 또는 복지를 해치거나 정상적 발달을 저해할 수 있는 신체적 정신적 성적 폭력이나 가혹행위를 하는 것과 아동의 보호자가 아동을 유기하거나 방임하는 행위"를 가리킨다.

아동학대를 저지른 자는 형법이나 아동학대특례법에 따라 처벌을 받는다. 그러나 저지른 범죄에 비해 처벌 수위가 낮아서인가. '솜방망이 처벌'이라는 비난을 받기 일쑤다.

어쨌든 눈물겨운 모성애 부성애는 어디로 가고 아동을 학대함으로써 무슨 법 무슨 법에 따라 처벌을 받아야 하는 현실은 민망하고 서글프다. 죽음을 촌각 앞에 두고도 새끼에게 젖 한 방울이라도 더 먹이려고 안간힘을 썼던 횡성의 어미소, 새끼가 실려 있는 트럭을 놓치지 않으려고 위험한 도로를 허위단심으로 달린 외국 어느 나라의 어미소, 천적의 꼬리를 물어뜯어 새끼를 살려낸 쥐, 교통사고로 숨을 거둔 새끼의 상처를 핥으며 흔들어 깨우던 흰둥이 어미개. 그들은 무슨 법 어떤 규정이 무섭고 두려워서 제 새끼를 위해 그리도 애절하고 용감한 몸부림을 보였을까.

2018. 02

오랜 침묵 깨고

첫 번째 에세이집 ≪저녁놀 푸른 꿈≫을 펴낸 때가 2008년 10월이었다. ≪수필춘추≫의 추천으로 한국문인협회에 등록을 마친지 두 달 만의 일이다. "성공은 또 다른 성공을 유혹한다"던가. 똑같은 시기에 나는 조선일보 '방일영문화재단'의 출판지원을 받아 ≪초창기 한국방송의 특성≫이란 제목의 전문서적도 세상에 내놓을 수 있었다. 난생 처음으로 책을, 그것도 두 권이나 한꺼번에 출간하게 된 것이다.

5년 전에 맞은 뇌경색의 후유증 때문에 약간의 언어장애가 있는데다 보행자세도 바르지 않아 삶이 온통 비분으로만 느끼던 때가 아니던가. 몸도 시원찮은 데다 정신적 고통을 앓는 속에 엮어낸 책들은 여러 모로 마음을 들뜨게 만들었다. 먹지 않아도 배가 불렀음은 물론이고, 아는 사람 누구에게라도 책 자랑을 하고 싶었다. 2008년 11월 7일 모교인 고려대학교 교우회관에서 출판기념회를 가진 것도 스스로의 기쁨과 감격을 주체하지 못한 데서 비롯된 행사였을 것이다.

≪초창기 한국방송의 특성≫은 박사학위 논문을 수정 보완한 것으로, 아직도 미해결 상태인 한국방송의 기점(起點)을 언제로 할 것인가를 핵심 논점으로 다룬 책이다. 한국 방송의 시원(始原)을 밝힌다는 것이 왜 중요한가. 그것은 한국 방송의 정통성을 가려내는 작

업이 될 뿐더러 한국 방송문화의 전통을 확립하기 위해서도 매우 뜻있는 작업이기 때문이다. 해서, 이 책은 방송계는 물론 학계에서도 적지 않은 관심을 이끌어 냈다.

에세이집 ≪저녁놀 푸른 꿈≫은 그동안 신문이나 잡지에 실린 글과 평상시의 생각을 추려서 엮은 최초의 에세이집이다. '살구꽃과 매화가 피는 집'을 비롯해서 '아, 어머니!' '삶이란 저글링게임' '빵따오망(幇倒忙) 등 7장 58편으로 구성돼 있다.

책이 나오자 제목이 특이하다는 얘기를 많이 들었다. 그도 그럴 것이 저녁놀이 진 마당에 푸른 꿈을 꾸다니 그런 패러독스가 어디 있는가. 그럼에도 독자들은 한결같이 '불리한 상황이나 역경을 맞아도 제풀에 무릎을 꿇거나 희망의 끈을 놓아서는 안 된다'는 뜻으로 받아들여 주었으니 얼마나 고마운가. 독자들의 이러한 배려는 필자로 하여금 글쓰기에 대한 기대와 의욕, 그리고 자신과 용기를 갖게 했다.

≪저녁놀 푸른 꿈≫에는 2003년 12월 뇌경색 이후의 참담하고 기막힌 얘기가 군데군데 실려 있다. 그 내용을 서정적으로 기술한 탓일까. 지인들로부터 "그런 일이 있었냐? 몰랐다"고 말한 사람부터, "그만하기가 얼마나 다행이냐." "그 몸에 책까지 내다니, 대단하다. 축하한다" 등 덕담을 건네는 사람까지 다양한 인사를 많이 받았다. 어쨌든 에세이집 발간으로 한국문인협회에 수필가로 등록된 마음의 빚이 어설프게나마 갚은 격이 된 것이다..

독자들의 그 같은 관심과 격려가 자극이 됐을까. 엉뚱한 생각이 가슴과 머릿속에서 모락모락 피어오르기 시작했다. "기왕에 들어선 길, 열심히 계속 써 나가자. 그리고 1년에 한 번씩 에세이집을 출판

하도록 하자"는 다짐이 바로 그거다. 혼자 마음속으로만 약속한 게 아니다. 기회가 있을 때마다 지인들에게 떠벌려댔다. 그런 '떠벌림'이 단지 허풍만은 아니었다. 얼마만큼은 자신도 있었다. 또 남들에게 내 계획을 굳이 알리려고 한 것은 "남도 알았으니 그 계획을 실천하는데 최선을 다해야 하지 않겠느냐"는 자기단련의 효과를 기대했기 때문이다.

두 번째 에세이집은 첫 번째가 발간된 지 1년 뒤인 2009년 11월에 ≪석모도 가는 길≫이란 이름으로, 세 번째 에세이집은 ≪늦게 터진 박수≫라는 제목을 달고 2010년 10월 세상에 나왔다. 1년마다 에세이집을 내겠다는 약속을 확실하고 분명하게 지킨 것이다. 그런데 문제는 네 번째 에세이집에서 시작되었다. 당시의 상황을 ≪그들의 9회 말≫ 은 '책머리에'서 이렇게 밝히고 있다.

> 지난해 말 에세이집 제4권을 내려던 계획이 우물쭈물하다가 시기를 놓친 채 어느새 봄도 아닌 여름의 중턱을 맞는다. 햇수야 좀 뜨막한들 어떠랴만, 정작 염려되는 게 하나 있다. 왠지 에세이 쓰기가 점점 어려워진다는 점이다. '붓 가는 대로 쓰는 것이 수필'이란 말도 있지만 나에게 해당되는 말은 아닌 것 같다. 단 몇 줄을 쓰려는 데도 머리가 지끈거리고 진땀이 난다. 주옥같은 글, 그리하여 만인의 가슴에 감동을 안겨줄 수 있는 '작품'때문이라면 이해가 될 수도 있으련만. 그도 아닌듯하니 스스로 딱할 뿐이다.

결국 네 번째 에세이집은 2012년 7월에야 상재(上梓)할 수 있었다. 본래의 계획보다 무려 9개월이나 늦은 셈이다. 인용문을 보면 '햇수야 좀 뜨막한들 어떠랴'는 말이 있지만, 책이 늦게 나온 것은 글재주가 없기 때문이라는 것이 솔직한 고백일 듯싶다.

그럼, 다섯 번째 에세이집은 어찌 됐나. 유감스럽게도 후속 에세이집은 7년이 지난 지금까지도 깜깜 무소식이다. 왜 그런가. 건강이 문제였다. 필자는 2003년에 뇌병변 장애를 겪은 환자다. 예후가 썩 좋지 않아 신체적 이상이 있다는 점은 앞에서 말한 대로다. 그러니 무언가 신경 쓰는 일을 할라치면 아내가 대경실색한다. 글을 써서 책으로 엮는 일이 특히 그렇다. 복잡한 일에 골몰하다가 뇌경색이 재발하면 어떡하느냐고 태산같이 걱정하는 것이다. 컴퓨터 앞에 2, 30분 앉아 있어도 아내는 무슨 난리라도 맞은 양 펄쩍 뛴다. 티격태격 다투기도 많이 했지만, 그게 모두 내 건강을 위해서라고 생각하니 도리 없이 백기를 들 수밖에….

습관이란 참 묘한 존재인 것 같다. 글 쓰던 일을 멀리하고 나니 왜 그리 가뿐하고 편하게 느껴지던지. 소재를 찾느라 고심할 필요도 없고, 글이 안 된다 해서 스트레스를 받지도 않으니 만고의 태평, 홀가분하기가 그만이었다.

그래도 마음 한 구석에서는 늘 "에세이를 써야 할 텐데"라는 생각이 잔물결인양 일렁댄다. 주변에서 "글 많이 쓰고 있느냐?" "언제 또 책이 나오느냐?"고 물어 올 경우, 일렁이는 물결은 거센 파도가 되어 가슴을 때리고 덮치는 기분이다.

그때마다 스스로에게 말한다. "그래, 다시 쓰자. 써서 다섯 번째 에세이집을 내도록 하자"라고.

"아내의 핀잔이 걱정되지 않느냐"고 묻는 독자가 있을지 모르겠다. 그러나 한 권의 에세이집을 펴낸다는 것은 얼마나 뜻있고 가치 있는 작업이 될 것인가. 더 나아가 필자의 글에 공감하는 독자가 있을 때, 그런 독자가 헬 수 없도록 많아질 때 글을 쓴 사람은 얼마나 신명이 날 것인가. 모르기는 몰라도 아내 역시 핀잔 대신 몰래 미소를 흘리지 않을까. “나 그럴 줄 알았다”면서….

오랜 침묵 깨고 다시 엮는 에세이집 제5권, 구름 한 점 없는 10월의 하늘이 오늘따라 높고 푸르구나.

2019. 10

필사(筆寫)

필사의 사전적 의미는 '베껴 씀'이다. 그래서 손으로 베껴 쓴 책을 우리는 필사본이라 부른다. 인쇄한 책인 인본(印本)이나 간본(刊本)과는 전혀 다르다. 인쇄술이 발달하기 전, 유일한 복사 수단은 필사였다. 하지만 그렇게 얻어진 필사는 비록 내용이 일치한다 해도 저마다 글씨 모양이 달라, 현재 우리가 알고 있는 복사와 다를밖에 없다.

흔히 필사는 글쓰기 실력이 늘어나고, 눈으로 읽을 때보다는 많은 것을 배우거나 느낄 수 있다고 한다. 또 오래도록 기억에 남고 글씨체가 좋아진다는 것을 장점으로 꼽고 있다. 감정이 풍부해지고 따분한 일상이나 지친 삶을 힐링할 수 있다는 것은 또 다른 덤일 터다.

그러나 필사가 지닌 결점도 적지 않다. 무엇보다 시간이 오래 걸리고 공력도 많이 들어 웬만한 끈기나 결의가 아니고는 좀처럼 해내기 어려운 게 바로 필사다.

필사를 하려면 한 글자 한 글자를 옮겨 적어야 한다. 어디 글자뿐인가. 띄어쓰기나 줄 바꿈, 그리고 구두점 하나라도 있는 그대로를 베껴 써야 한다. 여간 신경이 쓰이는 게 아닐뿐더러, 금세 손목이 아파오고 어깨가 결리기도 한다. 베껴 쓰면서 줄곧 "바쁜 세상에 이 무슨 부질없는 짓이냐"는 자책까지 하는 입장이니 필사가 얼마나 번거롭고 힘든 작업인가를 짐작할 만하다.

그럼에도 이러한 어려움을 마다않고 나이 8순에 조정래의 대하소설 ≪태백산맥≫(전 10권)을 필사한 할머니가 있어 화제다. 경남 창원에 사는 안정자 씨가 바로 그 주인공이다.

안 할머니는 원고지 1만 6500장에 이르는 태백산맥을 2012년 4월부터 2014년 1월까지 1년 9개월 만에 필사를 마쳤다고 한다. 태백산맥을 필사한 사람이 안 할머니가 처음은 아니다. 2011년 전북 전주에 사는 한 독자가 필사한 것을 시작으로 작가의 아들과 며느리 등 지금까지 5명이 전권을 필사해 기증한 사례가 있다. 그러나 나이 8순의 독자가 필사한 경우는 이번이 처음이다.

안 할머니는 태백산맥의 작가가 누구이고, 어떤 내용이며, 모두 몇 권으로 이뤄져 있는지도 전혀 몰랐다 한다. 다만 자신이 다니고 있던 노인복지관의 문예창작반 선생님이 "글을 잘 쓰고 싶다면 필사가 좋은 방법이다. 필사하기 좋은 책으로 태백산맥을 추천한다"고 하기에 손을 번쩍 들고 "내가 한번 해 보겠십니더"라고 대답한 것이 필사를 하게 된 동기가 되었다는 거다.

그로부터 안 할머니는 매일 밤 9시에서 11시 30분까지 시간을 정해 놓는다. 필사에 들어가기 위해서다. 하지만 며칠이 지나자 시간 지키기는 흐지부지되고 만다. 소설의 다음 얘기가 궁금해서 필사는 틈이 날 때만 이어갔기 때문이다. 일제강점기와 해방, 그리고 6·25 전쟁을 겪은 그에게 태백산맥은 결코 남의 얘기가 아니었다. 소설 내용에 관심이 쏠리고 이야기 전개가 흥미로우니 필사는 더디고 많아질밖에. 하지만 쓰고 또 쓴 결과, 마침내 대학노트 두 권과 원고지 1만 3000장의 필사를 끝마친 것이다.

지난 3월 30일 태백산맥문학관에서는 '필사본 기증 독자 감사패

전달식'이 열렸다. 이 전달식에는 기증자 6명 가운데 안 할머니를 포함해 4명이 참가했다. 이날 조정래 작가는 "필사는 열독 중의 열독"이라면서 "작가로서 이보다 고맙고 보람을 느끼는 일이 없다"고 감사의 뜻을 전했다고 한다.

특히 안 할머니를 두고는 "저는 책을 쓰면서 양어깨가 내려앉았는데, 어디 아프시거나 힘든 적은 없느냐"고 관심을 보이자, 안 할머니는 "세 시간 정도 쓰고 나면 손아귀가 저릿해 오는 것 말고는 특별히 아픈 적이 한 번도 없었고, 작가랑 이야기하는 건데 뭐가 힘듭니까"라고 답변해 박수를 받았다는 것이다.

안 할머니는 태백산맥을 필사하기 전에도 ≪금강경≫, ≪반야심경≫ 등 불경을 베껴 쓴 이력이 있었다고 한다. 그러므로 그에게 필사는 어느 정도 익숙한 입장이었을 것이다.

하지만, 필사에 익숙하다 해서 단순한 필기습관 정도로 치부해 버린다면, 태백산맥을 필사한 이후 전국한자검정능력시험 1급에 도전하여 합격한 사실이나 불교대학에 입학한 사실과 일본어를 배우고 있는 점은 어떻게 설명할 수 있겠는가.

시인 안도현은 "글도 고추장을 찍어 먹듯 손맛을 봐야 맛을 안다"며 필사를 예찬한 적이 있다. 그 손맛 탓에 8순 고령의 안정자 할머니는 활기차고 가치 있는 삶을 살고 있는 게 아닐까. 그의 필사본은 현재 5명의 다른 필사본과 함께 전남 보성군 벌교읍의 태백산맥문학관에 전시되어 있다.

필사에 관해서는 또 다른 얘기가 하나 더 있다. 지난 7월 CBS기독교방송사가 열었던 '한국교회 성경필사본전시회'가 그것이다. 전국에서 318명이 보내온 필사본들은 보는 이로 하여금 벅찬 감동을 갖게 한다. 가로 85cm, 세로 125cm, 무게 78kg의 초대형 필사본이나, 5년 동안 화선지 1426장, 붓 43자루, 먹 16개, 먹물 23리터를 사용해 쓴 작품을 대하면 절로 입이 벌어진다. 전시품 중에는 96세나 95세의 노령에 필사한 것이 있는가 하면, 한글 영어 일어 중국어 등 4개 국어로 쓴 작품, 또는 두루마리 형태의 이색적인 필사본도 있었다.

한글성경은 대략 구약이 140만 자이고 신약은 44만 자가 된다고 한다. 이 많은 글자를 하나하나 옮겨 적으려면 남다른 노력과 끈기, 그리고 정성이 필요할 것이다. 어떤 사람은 성경을 필사한 뒤 질병이 치유되었다고 한다. 또 어떤 이는 일상의 고민꺼리가 제풀에 해결됐다고 한다. 하지만, 그러한 은혜를 입기까지 그들은 얼마나 큰 고초와 시련을 겪으며 필사에 몰두했을 것인가.

한 해 전의 일이다. 둘째사위가 보낸 소포 하나를 받았다. 소포 안에는 조정래의 대하소설 ≪태백산맥≫(전 10권)이 들어 있었다. 지난주 둘째사위가 방문했을 때 조 작가의 최신작 ≪정글만리≫를 비롯해서 몇 가지 작품이 화제에 오른 적이 있었다.

"해방과 6·25전쟁 모두 체험하셨기 때문에 공감하실 대목이 많을 것 같아 구입했습니다."

후에 사위가 전화로 알린 말이었다.

나는 ≪태백산맥≫을 서가에 꽂지 않고 머리맡 눈에 잘 보이는 곳에 놓아 두었다. 언제고 생각나면 뽑아 읽을 요량으로…. 한데, 일상이 수선스럽고 바빠서인가. 책을 처음 받던 날 서너 페이지를 읽어 본 이후 지금까지 더 이상 읽지 않은 채 방치되어 있는 것이다. 분주하고 수선스런 일상은 핑계이고, 방대한 양의 책을 읽어내야 한다는 점에 질리고 주눅이 들었다는 게 솔직한 고백이 될 것 같다.

물론 생각은 늘 같았다. "읽어야지. 읽어야 할 텐데…." 그러나 좀처럼 실천하기가 쉽지 않았다. 그러다보니 사위 보기가 여간 미안하지 않다. 구입해서 배송까지 했는데, 고작 서너 페이지밖에 읽지 않았다면 얼마나 서운해 할 것인가.

미안한 마음은 작가에게도 마찬가지다. 대하소설을 탈고하기까지 작가는 얼마나 오랫동안 구상하고 각종 자료를 더듬었을 것인가. 어디 그뿐이랴. 여러 차례 현지를 답사하고, 수많은 사람들의 얘기에 귀를 기울이면서 이 책을 써냈을 것이다. 그런 간난고초를 무릅쓰고 세상에 내보낸 책을 읽어내기조차 못한다면 대체 나란 존재는 무엇인가.

필사만 해도 그렇다. 남들은 나이 90이 넘었어도 성경을 베껴 썼다고 하지 않았나. 8순의 고령에도 원고지 1만 6500장에 이르는 대하소설 태백산맥을 옮겨 쓴 할머니는 또 어떤가. 방대한 양의 책을 직접 쓴 사람도 있는데, 읽기조차 못하면 될 법한 일인가. 먼지 앉은 머리맡의 태백산맥을 다시 꺼내 첫 페이지를 펼친 이유다.

"열 번 속독하는 것보다 한 번 정독하는 게 낫고, 열 번 정독하는 것보다 한 번 필사하는 게 낫다"는 말이 있음을 기억한다. 내 경우, 정독(精讀)이든 남독(濫讀)이든 단 한 번의 완독이 아쉽구나.

2015. 11

사라진 아이들

이곳 서대문구 북가좌동에서만 45년째 살고 있다. 뭐, 특별한 이유가 있던 것은 아니다. 전세로 살던 마포구 아현동의 단칸방을 1973년에 정리한 뒤 내 집을 마련한답시고 값이 헐한 집을 찾고 찾은 끝에 예까지 온 것이다. 그 후 계속해서 북가좌동에만 눌러 앉아 살았다. 첫 직장인 동아방송에 입사한 지 5년, 결혼한 뒤 2년이 지난 때부터다.

당시의 북가좌동은 주택지로 미처 정비가 되지 않은 동네였다. 여기저기 빈터가 많아 겉보기에도 여간 엉성하지 않았다. 이면도로는 모두 흙길이어서 흙먼지가 풀풀 날렸는가 하면, 수도 사정 역시 시원치 않아 가끔은 구청의 급수차를 기다려야 했다. 어디 그뿐인가. 난지도에서 태우는 쓰레기가 검댕을 날리는 바람에 주부들은 빨래조차 제대로 널 수 없었고, 분진과 악취가 심해 창문은 아예 닫고 지내야 했다. 또 집 가까이에 있는 하천은 얼마나 더럽고 지저분하던지….

결국 4년 뒤인 1977년에 이삿짐을 다시 쌌다. 그런데 옮긴 동네가 다름 아닌 북가좌동 그대로였다. 주거환경에 불만이 많으면서 왜 굳이 같은 지역을 골라 이사했을까. 몇 가지 이유가 있었다. 4년을 살다보니 여러 가지 불편사항이 많이 해소된 데다, 새로 이사한 집은 단층이 아닌 이층이어서 볼품과 쓸모가 많았기 때문이다. 무엇보다 새집은 먼저 집보다 앞마당이 넓어 좋았다. 특히 4방 6미터 소방도로의 모퉁이를 차지한 집이라 본치가 남다르고 동남향이어서 주변 사람들의 부러움을 샀다.

이사해서 처음 시작한 일은 앞마당 3면에 수석(水石)을 쌓고 화단을 만드는 일이었다. 그리고 그 화단에 라일락 장미 철쭉 같은 꽃나무와 살구 모과 감 대추 앵두 블루베리 등 유실수를 골고루 심었다. 키가 껑충한 후박나무와 향나무 몇 그루가 전부였던 뜨락이 제 모습을 갖춘 듯싶어 스스로 만족하고 행복했다. 집에 관한 한 더 이상 바랄 것이 없었던 거다.

하지만 그 느낌은 오래 가지 않았다. 아니 오래가 다 뭔가. 한 주일도 채 안 돼 불만이 솔솔 피어올랐다. 더욱 꺼림칙한 것은 그 불만이 쉽사리 해소되지 않을 것 같은 예감이 들었다는 점이다. 바로 담 밖에서 왁자지껄 공놀이하는 아이들 얘기다.

아이들은 아침저녁을 가리지 않았다. 적게는 너 댓 명, 많게는 여남은 명이 떼를 지어 축구 야구를 하거나 배드민턴을 치는 등 밖은 언제나 떠들썩했다. 긴 담 건너편에는 소방도로를 사이에 두고 600평가량의 넓은 빈터가 있었는데 아이들은 학교 운동장이라도 되는 양 이리 뛰고 저리 뛰며 소란을 피워댔다. 게다가 우리 집 담은 2m 간격으로 지름 70cm의 동그라미 굵은 선이 파이고 그 안쪽은 시멘트로 요철(凹凸)을 만든 모양새인데, 아이들은 이를 과녁삼아 축구공을 차거나 야구공을 던지기도 해서 그때마다 사람을 깜짝 놀라게 만들곤 했다.

다행이랄까. 그동안 사람이 다치거나 와장창 유리창이 깨지는 등의 피해는 없었던 것으로 기억된다. 공놀이를 하는 장소가 주로 집 건물의 옆쪽인 때문이다. 다만, 유리창문에 금이 가서 두 번인가 갈아 낀 적은 있었다. 그런데 무엇보다 귀찮고 짜증나는 일은 "공을 꺼내 달라"며 하루에도 몇 번씩 대문 벨을 울려대는 점이었다.

처음에는 아무런 군말 없이 공이든 셔틀콕이든 찾아서 돌려줬다. 그러나 이런 일이 계속되자 점점 화도 나고 아이들이 미워지기 시작했다. 마당에 떨어진 물건을 찾아주는 일도 그렇다. 어떤 때는 정원 곳곳을 뒤져도 찾지 못하는 경우가 있었다. 나뭇잎이 무성하고 풀이 우거진 여름철에는 더욱 그랬다.

"야, 너희들 공 좀 조심해. 엉!" "너 아까도 공 꺼내달라고 벨 누르지 않았니? 또 그러면 공을 안 줄 거야. 알겠니?" "문 열어 줄 테니 네가 찾아 봐." "이 녀석들, 사람을 못 살게 구네. 지금 바쁘다. 한 시간 뒤에 다시 와라!" 매일같이 아이들과 실랑이하자니 생활의 리듬조차 깨지는 등, 도대체 안정이 되지 않았다. 까닭 없이 긴장되고 조마조마한 느낌이 들기도 했다. 마치나 성불사의 풍경소리를 기다리는 객(客)의 심정이랄까…이제나 저제나 하며 벨소리가 울리기를 기다리게 된 것이다.

공이나 셔틀콕을 담장 안에 떨어뜨려도 아예 찾기를 포기하는 공임자도 적지 않았다. 벨을 눌러 꺼내달라는 말을 하기도 미안하거니와, 집에 가면 다른 새것이 있는데 남에게 구차한 얘기를 할 필요가 없다고 생각한 때문일 것이다. 해서, 우리 집에는 그런 식으로 모아진 축구공 야구공 농구공이나 셔틀콕이 꽤 된다. 나에겐 별로 필요치 않은….

이사 온지 3년쯤 지나서던가. 집 주변에 작은 변화가 일어났다.

앞에서 말한 빈터에 다세대 주택이 들어선다는 것이다. 석 동(棟)에 모두 27세대가 입주할 수 있도록 짓는다던가. 그 얘기에 마음속으로 쾌재를 불렀다. “옳거니! 이제 공놀이하는 아이들과 실랑이하는 일은 없겠군!” 앓던 이가 빠져나가는 기분이었다. “놀이터가 없어졌는데 너희들인들 별 수 있겠니?”

그러나 기대한 결과는 얻지 못했다. 개구쟁이들이 공놀이하며 웃고 떠드는 등 난리법석을 부리던 빈터는 없어졌지만, 세대수가 불어남으로써 아이들의 수는 더 많아진 까닭이다.

아이들은 조금 불편한대로 소방도로 4방의 길을 차지하고 축구 야구 테니스 배드민턴 등을 즐기며 소란을 떨었다. 빈터가 있던 때와 진배없었다. 아니, 어쩌면 그보다 더한 느낌이었다.

그런데 웬일인가. 언제부터인지 이 아이들의 숫자가 점점 줄어들기 시작하더니 지금은 거의 보이지 않는다. 물론 공을 갖고 노는 아이들도 없다. 주택가의 이면도로는 뭐 그렇다 치자. 늘어난 자동차로 여간 위험하지 않으니까. 그렇다면, 동네에 새로 마련한 ‘까치소공원’이나 길 건너의 ‘신가어린이공원’은 왜 텅텅 비다시피 해서 애들 그림자를 찾을 수 없을까. 축구나 야구를 하기엔 공간이 부족해서일까. 반드시 그래서만은 아닌 것 같다. 공간보다는 그 공간을 이용할 아이들이 없는 게 문제인 것 같다. 이게 바로 요즘 뜨거운 화제로 떠오른 ‘저출산율’의 문제점이자, ‘인구 절벽’의 재앙인가.

최근 통계청이 발표한 바에 따르면, 2018년 7월의 신생아 수가 지난해 같은 달보다 8.2%가 줄어들어 2만 7000명을 기록했다고 한다. 28개월 연속해서 가장 낮은 수치인 것이다. 만약 이러한 추세가 계속될 경우 ‘인구 절벽’시대는 예상보다 빨리 맞을 수 있다고 전문가들은 우려한다.

'인구 절벽'이란 미국의 경제전문가 해리 덴트(Harry S. Dent)가 그의 저서 ≪2018 인구절벽이 온다≫ (원제: The Demographic Cliff)에서 사용한 용어로, 생산 가능 인구(15세~64세) 비율이 절벽과 같이 급속하게 떨어지면 경제도 그만큼 큰 타격을 받게 된다는 것이다.

현재 우리는 유엔이 정한 기준으로 볼 때 고령화 사회도 아닌 고령사회에 살고 있다. 2018년 7월, 65세 이상의 고령자가 전체인구의 14.3%인 738만여 명에 이른 것이다. 유엔은 65세 이상 고령자의 비율이 7%를 넘으면 고령화 사회, 14% 이상이면 고령사회, 20%가 넘으면 초 고령사회로 분류하고 있다. 일본의 경우, 고령화 사회에서 고령사회까지 24년이 걸렸다는데 우리는 6년이나 앞당겨 맞은 셈이다. 따라서 2023년에는 초 고령사회가 되고, 2060년에는 65세 이상의 고령자가 전체인구의 41%를 차지한다는 계산이 나온다.

만약 지금과 같은 저출산율과 고령사회가 지속될 경우 우리 사회는 어떻게 바뀔까. 고령사회는 무엇보다 소비와 투자가 위축됨으로써 실질 국내총생산이 감소한다. 또 노동공급이 위축되는 가운데 경제 전체의 성장 잠재력이 약화되기도 한다. 이밖에 보건의료나 교육 등 사회보장을 위한 지출 확대로 재정 수지가 균형을 잃게 되는 문제점을 안겨준다.

그렇다면, 저출산 사회는 어떨까. 저출산은 두 말할 필요 없이 인구가 급속히 줄어드는 현상을 일으킨다. 인구의 위축은 전체 경제의 위축으로 직결되면서 교육 의료 국방 등 국가 기간서비스는 물론이고, 제조 금융 유통 등 여러 분야에 엄청난 타격을 줄 공산이 높다.

저출산의 근인(近因)으로 흔히 청년실업문제를 꼽고 있지만, 정작 젊은이들은 직장을 구한다 해도 출산 양육 말고도 막대한 교육비 때문에 아이 갖기를 꺼려하는 입장이라고 한다.

"2305년에 한국은 남자 2만 명, 여자 3만 명 정도만 남게 될 것이다"라는 2009년의 유엔미래보고서는 듣기에 섬뜩하다. 또 영국 옥스퍼드대학의 미래 인구학자 데이비드 콜먼(David Colemon)은 "한국은 지구상에서 가장 먼저 소멸하는 나라가 될 것"이라고 예측하여 듣는 이를 아연실색하게 만들지 않았던가.

저출산 문제는 정부 혼자서 떠맡고 해결할 사항이 아니다. 국가와 기업, 그리고 국민 모두가 깊은 관심을 갖고 풀어나가야 할 문제다. 이와 관련해서 필자인 내가 도울 일은 없을까. 아무리 궁리해도 바람직한 답을 낼 수 없지만 이런 처신은 어떨까.

우선, 밖에서 공놀이 하는 아이들을 사랑으로 돌보는 일이다. 담장을 넘어 온 공 때문에 벨이 울린다 해도, 그 벨소리가 내 삶의 리듬을 깨거나 방해한다 해도 냉큼 찾아 임자에게 돌려주는 일이다. 혹시 담장을 넘은 야구공이나 축구공이 화단의 꽃대를 부러뜨리거나 유리창을 박살내도 미소를 잃지 않고, "괜찮다. 그럴 수도 있지" 하며 등이라도 토닥여 주는 일이다. 그래서 그 아이가 건강한 몸과 마음으로 자라도록. 그것이 결국 인구를 불리는데 보탬이 된다고 여긴다면 망상이요, 망동 망발일까.

2018. 11

제3장

포레스트 검프

- "나 안 늙었어요."
- 포레스트 검프
- 그들의 치열한 삶
- 그래도 이승이 좋다
- 우리가 만드는 인생
- 이상한 꿈

"나 안 늙었어요."

필자는 이 에세이에서 100세 장수를 누리고 있음에도 젊은이 못지않은 열정과 노력으로 삶을 영위하고 있는 두 분을 소개하려 한다. 바로 재계의 최고령 창업주인 정재원 명예회장과 한국의 3대 철학자로 알려진 김형석 연세대 명예교수가 그분들이다.

하지만, 정 명예회장은 2016년 필자가 원고쓰기를 다 마친 다음해에 유명을 달리했다. 현존한 분을 중심으로 이야기를 전개하려던 당초의 의도는 빗나갔지만, 갖가지 난관을 무릅쓰며 부지런하고 올바른 삶을 관철해 낸 정 명예회장의 일대기는 그의 별세와 관계없이 만인에게 귀감이 되리라 믿기에 여기 그대로 싣는다.

사람은 누구나 늙는다. 가난한 사람이든 부자이든, 평범한 사람이든 아주 특별한 사람이든 나이가 들면 다 늙게 마련이다.

사람은 늙어서 어떻게 변하는 걸까. 가장 두드러진 변화는 체력이 떨어진다는 점일 것이다. 쇠한 체력은 사고력을 떨어뜨리고 상상력도 감퇴시켜 버린다. 어디 그뿐이랴. 셰익스피어는 그의 작품 ≪헨리 4세≫에서 늙은 징후를 이렇게 묘사하고 있다.

> 두 눈은 멀뚱히 풀리고, 손에는 핏기가 없으며, 볼은 누렇게 뜨고, 턱에는 흰 수염이 자라며, 다리는 흐느적이고, 배는 부풀어

있으며, 쉰 목소리에 숨은 헐떡이고 지혜조차 얄팍해 지는 등 온몸 구석구석이 엉망이구나. 이런 몸을 두고 어찌 젊다 하리.

실상 늙음을 상징하는 육체적·정신적 징후야 위에 든 예시 말고도 너무 많아 열거하기 어려울 정도다. 하지만 이런 가운데서도 젊은이 못지않은 기력과 기백으로 하고 싶은 일, 해야 할 일을 거뜬히 해내는 이들이 있어 사람들을 놀라게 하고 감동을 안겨준다.

정재원 정식품 명예회장은 우리 나이로 올해 100세. 작년에 백수연(白壽宴)을 치렀다. 콩 연구에 평생을 바친 까닭에 흔히 '콩 박사' 또는 '콩 전도사'로 불린다. 의사였던 그가 왜 하필이면 콩과 인연을 맺게 된 것일까.

황해도 은율의 산골마을에서 태어난 그는 두 살 때 아버지를 여의고 홀어머니 밑에서 자랐다. 보통학교만 졸업하고 서울에 온 그는 생계를 위해 대중목욕탕의 청소부부터 모자가게의 점원에 이르기까지 닥치는 대로 일을 해야 했다.

그러다가 의학강습소의 교재를 등사하는 사환으로 채용된다. 나이 15살 때였다. 하루 3천장씩 찍어내는 등사일은 녹록치 않았다. 하루 일이 끝나면 어깨가 결리고 손목도 시큰거렸다. '서당 개 3년이면 풍월을 읊는다' 했던가. 교재내용이 눈에 들어오는가 싶더니 하나 둘 알아가는 지식에 재미가 붙기 시작했다. 어려운 용어는 옥편을 뒤져가면서 알아냈다.

차츰 욕심도 생겼다. "나도 한 번 의사가 돼 볼까?" 의대를 나오지 않아도 시험에 패스하면 의사가 될 수 있는 당시의 제도가 더욱 그의 의지를 자극했다. 주경야독으로 의사검정고시에 매달린 지 2년

만인 1937년, 그는 스무 살 젊은 나이로 시험에 합격한다.

성모병원의 소아과의사로 근무하던 어느 날. 그의 삶을 180도로 바꿔놓는 사건이 발생한다. 뼈는 앙상한데 배가 볼록한 갓난아기 환자를 맞은 것이다. 나름대로 최선을 다했지만 아기는 생명을 건지지 못했다. 그 뒤에도 같은 증상의 신생아들이 설사만 한 채 목숨을 잃어 갔다.

"이럴 수가 있나?"

의문은 부끄러움과 자책으로 이어졌지만 방법이 없었다. 원인 모를 병으로 귀중한 어린 생명을 계속 잃다니 될법한 얘기인가! 결국 그는 뒤늦게 유학을 결심한다. 1960년 4월. 그의 나이 43세 때였다. 안정된 직장을 버리고, 특히 아내와 6남매를 등지고 떠나는 유학길은 결코 쉽지 않았다. 하지만, 그에게는 종교보다 더 깊고 높은 사명감이 있었다. 배불뚝이 신생아들의 설사를 그치게 함으로써 죽음의 늪으로부터 건져 내고야 말겠다는.

그가 처음 공부한 곳은 영국 런던대학교. 영어공부를 하며 강의를 따라가기에도 벅차고 힘들었다. 결국 아무 소득이 없는 채 미국 샌프란시스코의 UC메디컬센터로 옮겨 비슷한 증상이 있는지를 살폈다. 이럭저럭 유학길에 오른 지도 4년을 넘기고 있었다. 마음은 조급해지는데 성과는 없고…. 그날도 그는 도서관에서 유아관련 논문을 뒤적이고 있었다. 그리고 갑자기 무릎을 탁 쳤다.

거기에는 유당불내증(乳糖不耐症 · lactose intolerance)이 소개돼 있었다. 갓난아기에게 우유나 모유의 유당을 분해하는 요소가 부족할 경우 설사가 뒤따르고, 그로 인한 영양실조로 생명까지 잃게 된다는 것을 알아낸 것이다. 문득 어렸을 때 어머니가 끓여 주시던 콩국이 떠올랐다. 콩국이라면 우유의 대용식이 될 것이라 생각했다. 콩은 단백질 40%, 탄수화물 35%, 지방 20%의 필수영양소를 갖추고 있지만 유당은 없잖은가. 더 이상 외국에 머물 필요가 없어진 그는 곧바로 귀국하여 서울 명동에서 '정소아과'를 열고 아내와 함께 콩을 원료로 한 우유대용식 개발에 매달린다. 이렇게 3년 남짓 연구와 연구를 거듭한 끝에 개발한 것이 두유이고, 설사병에 걸린 아기들은 이 우유대용식 때문에 병을 물리칠 수 있었다.

1973년 정재원은 '정식품'이란 회사를 설립하고 두유를 대량으로 생산해 낸다. 갓난아기를 둔 부모들에게 '정소아과'는 구세주 같은 존재인데다 너도나도 두유를 찾아 수요가 크게 늘었기 때문이다. '정식품'이 생산해 내는 두유는 '베지밀'. 이는 콩국이 식물성 우유라는 점에 착안해서 vegetable(식물)과 milk(우유)의 합성으로 지어낸 이름이다. 베지밀은 지금도 두유업계에서 부동의 1위를 달리고 있을 만큼 소비자들의 인기가 높다.

100세의 콩 전도사 정재원 명예회장. 그는 요즘에도 매일 오전 6시에 일어나 EBS의 영어강의를 듣는다 한다. 뭐 반드시 영어가 필요해서가 아니라 영어공부가 습관화 된 때문이다. 스스로 목표를 세우고 정진하는 모습, 우리 어찌 그를 하릴없는 100세의 '늙은이'라 부르리.

올해 96세인 연세대 김형석 명예교수.

그는 한국 철학계의 대부로 불린다. 깊이 있는 신앙가이자 최고령 수필가이기도 하다. 그가 1960년대에 펴낸 책인 ≪고독이라는 병≫과 ≪영원과 사랑의 대화≫는 비소설분야의 책이 소설보다 많이 읽히는 최초의 저서가 될 만큼 베스트셀러였다.

중요한 사실은 그가 요즘도 하루 40매 분량의 원고를 펜으로 꾹꾹 눌러 쓰고 있으며, 1주일에 두세 차례의 강연일정을 거뜬히 소화해 내고 있다는 점이다. 놀라운 일이 아닐 수 없다. 그에게는 연로한 사람들의 상징인 틀니나 보청기가 없을 뿐더러 지팡이도 짚지 않은 채 꼿꼿한 자세로 걷는다.

그는 어려서부터 병약했다고 한다. 그래서 늘 조심하며 사는 것이 습관처럼 되었다. 50대 들어 테니스를 배웠지만, 늘 상대가 있어야 하는 운동이라 수영으로 바꿨다. 벌써 30년을 헤아린다. 1주일에 세 번, 월 수 금에 수영장을 찾고 있다. 운동은 건강을 위해서이고 건강은 일을 위해서라는 것이 그의 지론이다.

어느 인터뷰에서 "어떻게 사는 것이 행복한 삶인가"라는 질문을 받자 그는 말한다.

"행복은 선택과 노력의 대가다. 행복은 스스로 만들어가는 것이라고 생각한다. 물질적인 소유가 전부라고 생각하는 사람에게 행복은 없다. 가진 것을 많은 사람에게 나눠줄 수 있을 때라야 본인도 행복하고 사회도 행복해지는 것이 아니겠나."

그러기에 그는 자식들에게도 "정신적으로는 상류층으로 살고 경제적으로는 중산층으로 살자"고 말했는지 모르겠다.

그는 자신의 대표적인 에세이 ≪영원과 사랑의 대화≫에서 인생의 노년기를 가장 바람직하게 사는 사람들을 이렇게 묘사하고 있다.

> 그들은 늙음을 모르는 사람들이며 죽음이 눈앞에 당도하는 때까지 젊은이다운 신념과 희망을 가지고 꾸준히 일하는 사람이다. 노년기에 이를수록 더욱 성스러워지며 나이와 한가지로 인생의 의의를 보다 깊이 발견해 나아가는 사람들이다. 항상 어린이 같은 고

운 마음씨와 무엇인가 한 가지라도 더 남겨 주고 싶은 심정에서 노년기를 보내는 이들이다.

그는 강변한다. 몸이 늙는다고 마음까지 늙는 것은 아니라고. 그리고 간절히 기도한다. 건강한 육체로 열심히 일해 죽을 때까지 남에게 도움을 주고 싶다고. 최근에도 그는 ≪인생이여, 행복하라≫ ≪아직도 나는 누구를 사랑하고 싶다≫ 등의 책을 펴냄으로써 노익장을 과시하고 있다.

그뿐이 아니다. 강원도 양구에 있는 '김형석 · 안병욱 철학의 집'에 저서와 집필원고 그리고 평생 모은 도자기를 기증하는 등 분주하고 풍성한 말년을 보내고 있다. '끝날 때까지 끝난 것이 아님'을 온몸으로 보이고 있는 것이다. 그를 두고 어찌 감히 '북망산(北邙山)이 가까운 노인'이라고 폄하할 수 있겠는가.

2016. 05

포레스트 검프

"인생이란 초콜릿상자 같은 거야. 열어보기 전에는 어떤 걸 집게 될지 아무도 모른단다."

그가 어렸을 때 엄마로부터 자주 들어왔던 얘기다. 소년의 지능지수는 고작 75. 행동거지는 어리어리하고 말씨조차 어둔해서 얼핏 바보나 멍청이로 보이기도 한다. 게다가 보행 보조기를 다리에 달고 다녀야 했기에 초등학교 입학도 수월하지 않았다. 간신히 들어간 학교에서도 그는 항상 외톨이로 지냈다. 친구들은 하나같이 그를 외면하거나 왕따 시키고 괴롭혔다. 친구라고는 스쿨버스에서 옆자리를 내준 제니가 유일했을 뿐이다.

그랬던 그가, 탁구와 미식축구 선수로 고등학교와 대학을 졸업하고 백악관에서 대통령까지 만나는 영광을 누렸다면 누가 믿어줄까. 또 월남전에서는 탄우(彈雨)를 마다않고 적과 싸우면서도 부상당한 전우들을 혼자서 구출, 무공훈장을 받은 사실을 짐작이나 할 수 있을까. 군복을 벗은 뒤 새로 시작한 새우잡이 사업에서 대박을 터뜨려 백만장자가 된 것도 일반인들의 예단이나 상상을 뛰어넘는 아이러니가 아니고 무엇이랴. 영화 '포레스트 검프(Forrest Gump)'의 주인공인 포레스트에 대한 이야기다.

1994년 미국에서 처음 상영된 이 영화는 1986년에 출판한 윈스턴

그룸(Winston F. Groom)의 동명 소설을 원작으로 한다. 감독은 로버트 저메키스(Robert Zemeckis). 주인공 포레스트 역은 톰 행크스(Tom Hanks)가 맡고 있다. 포레스트의 지능지수는 정상인에 훨씬 못 미친다. 게다가 신체적인 장애를 지니고 있다. 그럼에도 불구하고, 때 묻지 않은 순수와 진실 그리고 정직함과 성실함으로 누구 못지않게 성공한 인간승리의 표본이 된다.

필자는 이 영화를 금년 정초 아내와 함께 처음 봤다. 그것도 영화관에서 관람한 것이 아니라 TV를 통해서였다. 따라서 여러 모로 작품에 대한 몰입도가 덜했으련만 며칠이 지난 지금까지도 진한 감동이 살아 있음을 느낀다.

포레스트 검프는 1995년에 열린 제67회 아카데미상에서 13개 부문에 걸쳐 후보에 올랐고, 그 가운데 작품상 감독상 남우주연상 각색상 편집상 시각효과상 등 6개 부문을 휩쓴 명화다. 특히 남우주연상을 따낸 톰 행크스에 대해서는 "포레스트 검프 역을 그만큼 완벽히 소화시킬만한 배우가 없다"는 것이 평론가들의 공통된 의견이었다.

이 영화는 작품성은 물론이고 흥행에도 크게 성공한 것으로 알려져 있다. 개봉된 첫해만 따져도 미국에서 3억 2천만 달러의 흥행수입을 올리면서 역대 흥행랭킹 4위를 기록했다는 점이 이를 반증한다. 영화에서 가장 인상 깊었던 대목 몇 군데를 소개한다.

포레스트가 초등학교에 다닐 때다. 수업을 마치고 제니와 함께 집으로 돌아가는 길에 악동들 네댓을 만난다. 그들은 어리숭한 포레스트를 놀리는 것도 부족해 돌팔매질까지 해댄다. 도망치는 포레스트. 자전거로 추격하는 악동들. 이 때 제니가 소리친다.

"뛰어! 어서 빨리! 더 빨리 뛰라고!"

소년은 젖 먹던 힘을 다해 달음박질한다. 바로 이때 기적이 일어난다. 두 다리를 묶고 있던 보행 보조기의 부품들이 하나 둘씩 떨어져 나가는 것이다. 그리고 달리는 발걸음에 가속이 붙는다. 악동들의 모습이 점점 시야에서 멀어진다. 얼마나 빨리 달렸으면 자전거조차 젖혀놓을까. 포레스트에게 남다른 달리기 실력이 있다는 사실이 밝혀지는 순간이기도 하다. 문득 장영희 교수의 글 한 대목이 떠오른다.

> 꿀벌은 몸통에 비해 날개가 너무 작아서 원래는 제대로 날 수 없는 몸의 구조를 가지고 있다고 한다. 그러나 꿀벌은 자기가 날 수 없다는 사실을 모르고, 당연히 날 수 있다고 생각하여 열심히 날갯짓을 함으로써 정말로 날 수 있다는 것이다.

장 교수의 에세이집 ≪내 생애 단 한번≫의 서문에 실린 '꿀벌의 무지'이다. 물론 포레스트는 두 다리에 보조기를 채운 상태에서 뒤쫓아오는 자전거보다 빨리 달릴 수 없다는 것쯤은 알았을 것이다. 하지만, 위급상황을 맞아 열심히 달릴 수밖에 없는 필연성은 꿀벌의 본능과 크게 다르지 않다.

포레스트와 제니가 나누는 대화에 다음과 같은 대목이 있다.

"베트남에선 어땠어? 무서웠어?"

"글쎄, 잘 모르겠어. 비가 그치고 별이 보일 때도 있었어. 그땐 정말 좋았어. 바이유에 태양이 질 때랑 비슷했어. 물 위엔 수백만 개의 별들이 반짝이고…. 산속의 호수가 너무도 깨끗해 두 개의 하늘을 포갠 것 같을 때도 있었어. 사막에서 태양이 솟아오를 때도 하늘과 땅이 어디서 시작되고 어디서 끝나는지 알 수 없는 광경… 정말 아름다웠어.”

월남전을 몸으로 겪었던 포레스트에게 월남은 끔찍한 곳이었다. 많은 전우를 잃고 그 자신도 엉덩이에 깊은 상처를 입지 않았던가. 그럼에도 화염이 치솟고 총알이 우박같이 쏟아지며 살점이 튀는 공포의 현장이라는 표현은 전혀 없다. 심성이 고운 포레스트의 눈에는 그저 평온하고 아름다운, 낭만의 장소로 그려져 있을 뿐이다. 마치나 알퐁스 도테의 ‘별’에서 주인공인 목동이 마음씨 착하고 얼굴이 예쁜 스테파네트 아가씨에게 떨리는 목소리로 별 얘기를 들려주는 것과 흡사하다. 영혼이 아름다운 사람들에게는 전쟁도 평화일 뿐일까.

인상 깊었던 장면이 또 하나 있다.

몇 년째 포레스트는 제니와 아무런 소식 없이 지낸다. 그러던 어느 날, 무슨 일이 계기가 됐는지는 모르나 제니의 아파트를 포레스트가 방문한다. 그 때, 네댓 살짜리 사내아이가 눈에 띈다. 순간, 당황해 보이는 포레스트. 다음은 둘 사이의 대화다.

“아이가 있었네?”
“응. 이름이 포레스트야.”
“내 이름과 똑같네.”
“당신 아기야.”
(흠칫 놀라면서)“똑똑해?”
“아주 똑똑해!”

사랑하는 제니에게, 아직도 혼자서 살고 있을 것으로 생각한 제니에게 아기가 있고 다른 남자가 있다고 생각했을 때 포레스트의 심정이 어땠을까. 이 대목은 영화 ‘25시’의 마지막 장면을 연상케 한다.

주인공 모리츠(앤소니 퀸 분)는 수용소생활을 전전하다 10 여년 만에 풀려나 고향땅을 밟는다. 기차역으로 마중 나온 아내 스잔나. 하지만 그녀의 팔에는 두 살배기 아이가 안겨져 있다. 적군으로부터 성폭행을 당해 낳은…. 이 기막힌 현실에 안소니 퀸의 기묘한 얼굴 표정이 클로즈업된다. 웃음도 울음도 아닌….

위에서 예로 든 것 말고도 포레스트 검프에는 우리가 가슴깊이 담고 새겨야 될 교훈이 적지 않다. 불안정한 제니와의 관계를 균열 없이 계속 지켜나가려는 끈끈한 사랑이 그렇고, 새우잡이 사업을 함께 하겠다는 동료와의 약속을 그 동료가 죽은 뒤에도 철석같이 지키는 신의가 또한 그렇다.

"지능지수가 75에 불과한 포레스트 검프도 너끈히 해낸 일을 똑똑하고 야무진 당신이 못한다면 말이 안 되지 않는가!"

어디선가 그런 질책과 탄식이 들려오는 것 같다.

2018. 01

그들의 치열한 삶

내일은 4월 20일. 서른여섯 번째 맞는 '장애인의 날'이다. 국어사전은 장애인을 "정신적 또는 신체적 결함으로 일상생활에 상당한 제약을 받는 사람"이라고 풀이한다. "신체적 · 정신적 장애로 오랫동안 일상생활이나 사회생활에서 상당한 제약을 받는 자"가 장애인이라는 장애인복지법의 규정과 내용이 엇비슷하다.

장애인의 날에는 장애인 인권선언문이 낭독되고 장애인 복지유공자를 포상하며 장애를 극복한 사람에 대해 상을 주는 것 외에 장애인 수기가 발표되고 축하공연도 베풀어진다. 이 모든 행사는 두 말할 필요 없이 장애인에 대한 이해를 깊게 하고 그들의 재활 의욕을 높이기 위해서일 것이다.

1981년에 제정한 장애인복지법은 제2조에서 "장애인은 인간으로서의 존엄과 가치를 존중받으며, 그에 걸맞은 대우를 받는다"고 밝히고 있다. 또, 같은 법 제8조는 "누구든지 장애를 이유로 정치 · 경제 · 사회 · 문화생활의 모든 영역에서 차별을 받지 아니하고, 누구든지 장애를 이유로 정치 · 경제 · 사회 · 문화생활의 모든 영역에서 장애인을 차별하여서는 아니 된다"면서 장애인의 권리와 차별금지를 강조하고 있다.

그런데 현실은 어떤가. 더불어 살아가려는 자세보다 '장애는 불편하고 덜 떨어진 존재'라는 인식이 여전하다. 장애인에 대한 편견과 차별이 아직도 엄존해 있는 것이다. 그러기에 대부분의 장애인들은 "소경이 어찌 개천을 나무라랴" 하는 마음에서 억울한 일을 당하고도 참고 지내는 경우가 적지 않다. 2011년에 실시한 장애인실태조사에 따르면 장애인은 가족 내에서의 차별 말고라도 취업이나 직장생활 또는 지역생활 등 모든 영역에서 차별을 받는 것으로 나타나 있다. 때문에 신체적 또는 정신적 장애를 지닌 사람들에게 '인간으로서의 존엄과 가치를 존중받으며…' 어쩌고 하는 말은 화려한 수사(修辭)에 지나지 않는 허구일 뿐이다. 대부분의 장애인들은 부당한 대우를 받을 때마다 스스로 움츠러들고 체념하며 포기하고 절망해 버린다.

하지만, 이렇듯 안타까운 상황가운데서도 장애의 시련과 고통을 이겨냄으로써 많은 사람들을 감동시키고 무지개 같은 희망을 주는 사람들이 간혹 있음을 발견한다. 필자가 이 글을 쓰는 것은 그런 사람 몇 몇을 찾아 소개하고 싶어서다. 정신적・육체적 장애로 깊은 시름에 잠겨 있거나 고통을 앓고 있는 사람들에게 위로와 희망이 됐으면 한다.

1급 시각장애인 윤상은(여・35) 씨. 그녀는1.2kg의 미숙아로 태어난 직후부터 시력을 잃었다. 인큐베이터에 있다가 산소가 과잉 공급되는 바람에 '미숙아 망막증'을 얻은 것이다. 빛이라고는 한 줄기도 못 보는 입장이지만 향학열은 남달랐다. 국립 서울맹학교를 졸업한 뒤 나사렛대에서 학사와 석사를 마쳤다. 상급학교로 진학할수록 어려움도 뒤따랐다. 고등학교에서 교편을 잡고 있던 어머니는 자진해서 사표를 제출했다. 딸을 집중적으로 뒷바라지하기 위해서였다.

그 무렵, 본인 자신은 갑자기 쓰러져 병원에 실려 가야 했다. 계속되는 통증과 구토에 시달렸지만 병원에서도 원인을 알지 못했다. 물 한 모금도 마실 수 없는 상황이 계속됐다. 꼭 죽을 것만 같았다.

"내 삶이 이렇게 끝나다니 너무 억울하지 않은가. 그럴 수는 없지!"

윤 씨는 정신을 차리고 운동에 열중했다. 하루에도 병원복도를 마흔 바퀴 씩 돌았다. 그리고 40일 만에 퇴원했다.

2008년. 그는 마침내 대구대 박사과정에 들어갔고, 3년 뒤인 2011년 박사학위를 받았다. 그의 학위논문은 '고학력 장애인의 직업관련 인식과 삶의 질에 대한 연구'. 여성 시각장애인으로 국내대학에서 박사학위를 받은 사람은 그가 처음이다.

이강욱(56) 씨는 고전번역 전문가다. 고교 때의 꿈은 육사 입학이었다. 하지만, 키가 작아 지원조차 할 수 없다는 것을 뒤늦게 알고 방황한다. 그러다가 부산의 한 전자제품 공장에 들어가 일을 배운다. 학교는 이미 자퇴한 뒤였다. 공부를 멀리한 채 가계를 돕는답시고 딴 짓을 한 벌이었을까. 작업하던 중 그는 불의의 사고를 맞는다. 동료의 실수로 유압프레스에 두 손을 잃고만 것이다.

"이 젊은 나이에 두 손을 잃다니." 자살이라도 하고 싶은 심정이었지만, 재활훈련을 받으면서부터 재기를 결심한다. 갈고리모양의 의수에 붓을 끼워 서예연습도 하고 공인중개사 시험에도 합격하는 등 각고면려한 가치가 서서히 드러난다. 게다가 고졸 검정시험까지 통과되자 배움에 자신이 붙고 욕심까지 생긴다.

1990년에 처음 도입한 독학사(獨學士 · 혼자 공부해 4단계 시험에 합격하면 학사학위 취득을 인정하는 제도)에 도전한 그는 1993년 수석으로 국어국문학과를 졸업하는 영예를 차지한다. 내친김에 이 씨는 성균관대 유학대학원 유교경전학과에서 '충서(忠恕)에 관한 연구'로 석사학위를 받는 등 기염을 토한다. 그가 한학(漢學)에 관심이 많은 까닭은 독학사 이전에 한학자를 사사(師事)한데다 서당까지 열어본 경험이 있기 때문일 것이다.

현재 한국고전번역원의 수석전문위원으로 재직 중인 이 씨는 국사편찬위원회의 '승정원일기 정보화사업'과 '조선왕조실록 대국민 온라인사업', 그리고 '홍재전서' '일성록' 번역에 참여한 바 있다. 1998년 민족문화추진위원회(한국고전번역원의 전신)의 국역위원에 합격한 이후 14년 동안 그는 공동번역 17책, 단독번역 20책이라는 업적을 이뤄냈다. 불구의 몸으로 대단한 성취가 아닐 수 없다.

캐나다 태생의 에이드리언 아난타완(34)은 태어날 때부터 팔의 일부와 오른 손이 없었다. 그런 그를 위해 홍콩인 어머니와 태국인 아버지는 노래도 가르치고 여러 악기를 다루는 법도 지도해 왔다. 장애자인 아들이 구김살 없이 밝게 자라주기를 바라는 마음에서였다. 그런데 꼬마 에이드리언은 유독 바이올린에 깊은 관심을 보이는 것이었다. 부모는 난감하기 짝이 없을 밖에. 오른 손이 없는데 어떻게 활을 쥐어 소리를 내게 한단 말인가. 다행히 토론토 어린이재활병원의 도움을 받아 활을 고정시킬 수 있는 주걱모양의 기구를 팔뚝에 붙여 오른팔과 손의 역할을 대신할 수 있었다.

아홉 살에 바이올린을 배웠지만, 한 달쯤 지난 뒤의 솜씨가 여간 아니었다. 아마추어 연주자인 아버지보다 훨씬 낫다는 평가를 들을 정도로 발전의 속도가 빨랐던 것이다. 열두 살에 실내악단에 들어간 그는 하루 7~10시간씩 바이올린과 씨름하고 또 씨름했다. 활을 팔뚝에 고정시켜 연주하기 때문에 정상인보다는 활이 움직이는 범위는 절로 제한되게 마련이다. 그러나 활의 기울기를 자주 바꾸는 등 자신만의 기법을 활용함으로써 결점을 장점으로 바꿔놓았다. 해서 그가 만들어낸 음색은 더욱 치밀하고 밀도가 높다는 평가를 받고 있다. 그래도 활로 현을 튕기는 스토카토 기법은 어렵지 않을까? 물론 그것도 아무 문제없이 해낸다.

2011년. 에이드리언은 미국 커티스음악원에 전액 장학생으로 선발됐고, 예일대에서는 석사학위를, 하버드대 교육대학원에서는 박사과정을 마쳤다. 뉴욕 카네기홀, 백악관, 아스펜음악제에서 리사이틀을 가진데다, 2010년 밴쿠버 겨울올림픽 개막식에서 연주한 경력을 지니고 있다. 2012년 유럽 10개 도시 순회공연을 성공리에 마친 그는 2013년 1월 한국을 방문, 시벨리우스 바이올린 협주곡 D단조를 수원시향과 협연해 뜨거운 박수갈채를 받았다.

이번엔 장애인올림픽 휠체어테니스에서 2회 연속 금메달을 딴 닉 테일러(37)의 얘기다. 그는 관절굽음증(arthrogryposis)이라는 희귀병을 지니고 태어났다. 근육은 퇴화하고 일부 관절이 굳어버려 거동하는 것 자체가 여간 불편하지 않았다. 그런데도 그는 13세 때 라켓과 인연을 맺는다. 처음 1년은 코트가 아니라 집 벽과 차고 문에 공을 때리는 식으로 연습했다. 몸이 워낙 약해 아무리 공을 힘껏 쳐도 2m를 보내기 어려웠다. 그래도 포기하지 않고 매일 6시간씩 라켓을 휘두르며 비지땀을 흘렸다.

조막손이기 때문에 그는 라켓을 잡거나 스윙하는 데도 여간 애를 먹지 않는다. 시행착오를 거듭한 끝에 자신만의 타법을 개발해 냈다. 라켓은 왼손에 줄로 묶고 오른손으로는 전동휠체어의 조이스틱을 조절해 이동하는 방식으로 해결한 것이다. 그럼 서브는 어떻게 넣을 수 있을까? 발끝을 이용해 공을 띄우기 때문에 어려울 게 전혀 없다. 이 모든 노하우는 테일러자신이 터득해 얻은 것이다.

1995년. 그는 처음으로 테니스 대회에 참가하여 실력을 점검받는다. 이어 줄기찬 노력 끝에 2004년 아테네와 2008년 베이징 장애인 올림픽 휠체어테니스 복식에서 2연패를 이뤄냈다. 2010년 5월에는 '코리아오픈 국제휠체어테니스대회'에 출전하기 위해 한국을 방문하기도 했다.

위에 소개한 장애인들 말고도 우리 주변에는 각고의 노력을 기울여 장애를 극복하고 뜻한 바를 이루어낸 사람들이 많다. 그들은 만인을 감동시키고 박수갈채를 이끌어낸다. 선천적이든 후천적이든 신체적·정신적 능력이 불건전한 장애인이 비장애인보다 더 큰 업적을 이룩하기란 쉽지 않다. 훈련에 몰두하면서 그들이 흘린 땀과 외로운 눈물을 어찌 가늠할 수 있겠는가.

우리는 오랫동안 장애인들에 대해 부정적 인식을 지녀왔다. 인식이 그럴진대 그들에 대한 태도인들 올바로 가졌겠는가. 이와 같은 인식이나 태도는 장애인의 일상생활이나 성격형성에 바람직하지 않은 영향을 끼치고, 무엇보다 장애인 재활의 궁극적 목표라 할 수 있는 사회적 통합을 어렵게 만든 근인(近因)이 되고 있다.

장애인 문제는 특정한 제도나 정책 같은 데서 찾지 말 일이다.

장애인이 속해 있는 사회에서 비장애인과 견주어 차별이나 편견이 전혀 없이 평등한 대우를 누린다면 장애인 문제는 절로 풀릴 것이다. 커티스음악원에서 에이드리언 아난타완을 가르친 아이다 카바피안도 말했었지. "사람들이 그를 '오른손이 없는 뛰어난 연주자'가 아니라, 그저 '훌륭한 연주자'라고 말하는 날이 꼭 올 것"이라고.

2016. 04

그래도 이승이 좋다

캘리포니아주 샌프란시스코의 금문교(Golden Gate Bridge).

다리 자체의 아름다움과 주변 경관이 빼어나서 세계 각국의 많은 관광객이 즐겨 찾는다. 1933년 조셉 스트라우스의 설계로 4년 만에 준공한 이 현수교(懸垂橋)는 지금 샌프란시스코의 상징물이자 랜드마크로서의 구실을 톡톡히 해내고 있다. 허나, 많은 자랑꺼리를 지닌 이 다리도 한 가지 오명(汚名)은 달고 다닌다. '자살 명소'라는 게 그것이다. 공식적인 통계는 없지만 지금까지 1500명가량이 이 다리에서 뛰어내려 스스로 목숨을 버렸다고 한다. 작년 한 해만 해도 46명이 여기서 삶을 마감했으니 '자살다리'로 불릴 법 하다. 필자는 2006년 5월에 금문교를 패키지 투어로 방문한 적이 있는데, 일행을 안내했던 가이드의 말이 지금도 기억에 남는다.

"지금도 매년 30명가량이 투신하죠. 자살하는 사람이 100이나 500번째 또는 1000번째와 같이 꺾어진 숫자에 다다르면 자살을 시도하는 사람들이 부쩍 늘어납니다. 그래서 요즘은 아예 보도조차 하지 않아요."

세상을 버리고 죽기를 결심한 자가 몇 번째를 헤아리는 숫자타령이 가당키나 한 노릇인가.

'자살 다리'로 널리 알려진 곳으로는 금문교 말고도 세계 도처에 얼마든지 있다. 조사자에 따라 다르지만, 영국 브리스톨의 클립톤(Clifton) 다리, 캐나다 몬트리올의 작 까르티(Jacques Cartier) 다리도 있고, 중국의 난징(南京) 다리 또는 파키스탄의 네티 제티(Netty Jetti) 다리 역시 자살자들에게는 극단적 선택을 하는 최적의 장소로 인식되고 있는 듯하다.

그렇다면 한국은 어떤가. 유감스럽지만 우리에게도 자살다리는 존재한다. 바로 한강의 마포대교이다. 최근 5년(2014~2018) 동안 한강에 몸을 던져 자살을 시도한 사람이 2255명인데, 마포대교의 경우 38.3%인 864명이 자살을 시도한 것으로 통계는 밝히고 있다. 왜 하필이면 마포대교일까. 지하철역에서 내려 5분이면 닿을 수 있는데다 신문 방송에서 자주 거론하여 관심을 불러일으키기 때문이란다. 이것 또한 이해하기 어려운 자살 이유가 아닌가 한다. 죽어버리면 모든 게 끝나고 말텐데 꼭 이름 있는 다리를 찾는 수고를 해야 할까. 죽음에도 사치와 검소 허영과 질박이 따로 있다는 얘기인가.

어쨌든 우리나라는 OECD 34개 국가 가운데 자살률 1위라는 불명예를 꽤 오래 전부터 안고 있는 입장이다. 특히 노인들의 자살률이 높다. 통계청이 발표한 자료에 따르면 2010년 우리나라의 자살자는 1만 5566명으로 10년 전인 2000년(6444명)에 비해 2.4배나 증가했다. 인구 10만 명당 31.2명이 되는 셈이다. 65세 이상 노인의 자살률은 인구 10만 명당 81.9명으로 일본의 17.9명, 미국의 14.5명에 비해서는 4~5배나 된다. 노인들의 자살은 때로 숨기거나 사고사로 알려지기도 한다. 우리의 정서상 부끄러운 일로 치부되기 때문이다. 이들까지 합칠 경우 노인들의 자살률은 더 늘어날 것이다.

왜 이렇게 많은 노인들이 자살하는가. 실직이나 퇴직 이후의 생활고, 질병 악화, 자녀의 학대, 외로움에 따른 우울증, 자녀와의 갈등 등 이유는 다양하다. 이 가운데서도 노인들을 자살로 이끄는 가장 큰 이유는 빈곤이다. 2015년 OECD보고서는 한국의 노인 빈곤율이 49.6%로 회원국 중 가장 높다고 발표한 바 있다. 말하자면 노인 두 사람 중 한 명은 빈곤상태라는 것이다. 2008년 금융위기 이후 미국 일본 영국 등의 노인 빈곤율은 떨어진 반면 한국은 높아졌는데, 이는 노인복지에 대한 재정지출이 부족했기 때문이라고 전문가들은 말한다.

우리나라의 65세 이상 노인 인구는 769만여 명으로 전체인구의 15.1%에 해당한다. 이미 고령사회에 진입한 우리는 2026년 쯤 초 고령사회를 맞게 될 것이다. 초 고령사회란 65세 이상 노인인구 비중이 20%이상이 되는 것을 가리킨다. 혼자 사는 노인은 2000년의 54만 명에서 2010년에는 105만 명으로 두 배나 증가했다. 2012년 한 해만도 118만 명을 기록했으니 이 또한 계속 늘고 있는 추세이다. 독거노인들은 경제적인 어려움과 외로움에 시달린 나머지 극단적인 선택을 하는 노인이 많다고 한다.

2012년 8월 동아일보가 실시한 세계 가치관 조사에서도 우리나라의 노인들은 제대로 존경을 받지 못하는 것으로 나타나 있다. '노인이 크게 존경받지 못 한다'는 항목에서 81.1%의 응답자가 '그렇다'고 대답한 것이다. 조사 대상 13개국 중 가장 높은 비율이다. 70대 이상 노인에 대해 '다른 사람들이 유능하다고 생각할 것 같다'고 응답한 한국인이 고작 18.1%에 불과한 것과도 같은 맥락이다.

60여 년 전 필자가 어렸을 때만 해도 노인들의 권위와 관록은 대단했다. 어지간한 다툼이나 옥신각신 정도야 노인의 기침 한 두 번으로도 깨끗이 해결이 날 수 있었다. 무게실린 노인의 기침은 그만큼 거스르기 어려운 지시이자 명령 같은 것이기도 했던 것이다. 한데, 지금은 어떤가. 기침은 고사하고 진지한 언행조차 무시를 당하거나 타박이나 구박을 받기 일쑤다. 게다가 주머니에 돈조차 없는 노인들은 더욱 우울하고 고적할 밖에 더 있는가. 위와 같은 세계가치관 조사는 노인을 섬기고 존경해 왔던 한국인의 전통적 가치가 얼마나 나락에 떨어져 있는가를 짐작케 한다.

전 세계 노인의 복지 수준과 삶의 질을 종합적으로 측정해 발표하고 있는 유엔 산하의 단체는 2013년 10월 한국의 종합 지수가 39.9라고 발표했다. OECD 회원국 중 한국보다 낮은 국가는 터키(38.1)가 유일하다. 특히 한국은 노인 빈곤율, 연금, 1인당 국내총생산(GDP), 노인 복지 등을 반영한 소득의 안전성 부문에서 8.7로 91개국 중 꼴찌를 차지한 탄자니아(2.1) 바로 위였다. 이 단체는 보고서에서 높은 경제성장에 비추어 한국의 순위가 바닥에 머문 것은 노인 빈곤율이 높은 때문이라고 분석했다.

통계청과 금융감독원, 그리고 한국은행이 실시한 '가계금융 복지조사'에 따르면 한국 전체 가구의 빈곤율은 16.5%인데 비해 60대 이상 빈곤율은 갑절에 육박하는 32%, 70대 이상의 빈곤율은 54.5%에 이르렀다고 한다. 60대 이상의 빈곤율이 높은 이유는 공적연금을 받는 노인들이 30% 정도에 그칠 뿐 아니라 퇴직 후 재취업할 기회도 좀처럼 쉽지 않기 때문이다.

빈곤은 외로움과 서글픔을 불러오고 가족과 공동체로부터는 왕따를 받으며 육체까지를 병들게 한다. 앞으로는 더 큰 괴로움이 이어지리라고 생각될 때 그가 선택할 수 있는 게 무엇일까. 한국자살예

방협회의 하규섭 회장은 언젠가 동아일보와의 인터뷰에서 다음과 같이 지적했다.

> 현재처럼 자살이 유행하게 된 데는 언론의 책임이 많습니다. 언론은 자살이유를 단순하게 보도할뿐더러 자살방법을 친절하게 안내까지 하지요. 인기 있는 연예인이 자살하면 죽은 장소와 방법을 상세히 보도하고 화장장에 관이 들어가는 것까지 실시간으로 중계하지요.

소위 '베르테르 효과'를 부추기지 말라는 얘기다. 베르테르 효과란 괴테의 소설 '젊은 베르테르의 슬픔'에 등장하는 주인공을 흉내 낸 모방 자살을 가리킨다. 한번 생긴 자살충동은 최소한 3년간 유지되는데, 이때 유명인의 자살 소식을 접하면 불난 집에 기름을 붓는 격이라는 것이 하 회장의 말이다. 그러면서 그는 핀란드의 예를 든다.

핀란드도 한국과 같이 잘 나갈 때인 1980년대에 자살률 1, 2위를 기록했단다. 이에 전문가들이 자살자 1300명의 유족을 심층 조사해 4년간 분석한 뒤 자살 위험군에 대한 대책을 세워 추진했고, 그 결과 10만 명 당 30.3명이던 자살률을 20년 만에 절반 수준으로 떨어뜨릴 수 있었다는 것이다.

그러나 무슨 대책을 어떤 방법으로 세워 추진했느냐가 문제이다. 지금 당장 획기적인 대책을 세울 수 없다면, 우선 기존의 대책이라도 효율적으로 운영할 수 있도록 최선을 다하면서 다른 나라의 성공 사례를 깊이 있게 연구 활용해야 할 것이다.

바로 이 시간에도 많은 사람들은 마포대교를 건너고 있을 것이다. 아마도 그들 가운데는 정말 자살을 마음속에 그리고 있는 사람이 있을지도 모르겠다. 하지만, 그릴 것을 그려야 될 터. “개똥밭에 굴러도 이승이 좋다”는 말이 왜 생겼겠나.

2015. 11

우리가 만드는 인생

지난해에는 네 명의 대학동기가 세상을 떠났다. 모두가 잘 아는 사이지만 그 중엔 법제처장을 지내거나 한국언론진흥재단의 이사장 직을 맡는 등 사회적으로 중요한 직책에서 봉사한 사람도 있다. 이 친구들은 개인적으로 또는 공적인 업무로 자주 대해 왔던 데다, 2008년 내가 펴낸 ≪초창기 한국방송의 특성≫이란 책의 출판기념회를 계기로 조직한 '쌍금회(双金會)'의 핵심 멤버들이기도 해서 더욱 가슴이 아프다. 매월 두 번째 금요일에 만나는 이 모임에서 우리는 함께 만나 밥 먹고 술 마시며 각자의 건강과 친구의 근황, 또는 세상 돌아가는 얘기를 터놓고 얘기하곤 했다.

재작년 2017년에는 무려 여섯 명의 대학 교우가 이승을 등지는 바람에 황당한 마음을 주체할 수 없게 하더니, 올해엔 벌써 3월이 채 가기 전에 세 건의 부음 통지를 받은 터여서 정신이 혼몽할 지경이다. "죽다니. 그가 죽다니. 만나본지가 엊그젠데 그 친구가 가버리다니!"

평소부터 건강에 이상이 있다거나 오랫동안 몸져누워 있던 친구가 아니라 멀쩡하고 팔팔하게 살던 친구가 느닷없이 죽었다는 소식을 들었을 때의 놀라움과 당혹스러움은 말할 수 없도록 크다.

문득 내 나이를 헤아려 본다. 일흔 여덟이다. 소리 소문 없이 세상과 작별한 그들의 나이도 나와 비슷할 것이다. 하고 싶은 일, 해내야 할 일도 적지 않을 텐데 그 희망, 그 숙제를 언제 어디서 이루며 마치려고 그들은 표표히 이 세상을 떠난 것일까.

법구경(法句經)은 말한다. "산속으로 피해가고, 바다 밑으로 도망쳐도, 하늘로 날아가거나 땅속으로 숨어들어도 살아 있는 목숨은 죽게 마련이라"고.

그렇다면 수명이나 넉넉히 타고날 것이지 야박하게 칠팔십 정도가 무엇인가. 통계청의 발표로는 한국남자의 평균수명이 79세라 한다. 꼭 그 나이에 맞춰 북망산(北邙山)을 기웃거리다니 고지식하고 답답하잖은가.

이솝우화를 보면 인간은 제우스신으로부터 수명(壽命)을 받고 늘 불만 속에 산다. 다른 동물에 비해 수명이 짧다고 생각하기 때문이다. 그래서 한 가지 꾀를 낸다. 눈보라가 일고 손과 발이 땡땡 어는 어느 추운 겨울밤, 훈훈하고 아늑한 곳에 말과 소, 그리고 개를 재워주는 조건으로 그들의 수명 일부를 떼어 받기로 한 것이다. 그 때문에 당초 제우스신으로부터 받은 수명을 살 때는 욕심도 없고 선량하던 사람의 성격이 말에게서 받은 세월에 이르면 허풍스럽고 오만방자해진다는 것이다. 또 소의 나이에 이르면 순종을 하는 척 기율을 지키다가 개에게서 받은 수명에 이르면 화를 잘 내고 말이 많아진다고 한다. 이 얘기를 듣고 의문이 하나 생긴다. 오래 살고 싶은 게 인간의 간절한 소망이라면, 왜 그때 말이나 소 또는 개로부터 더 긴 수명을 요구하지 않았을까. 성격이야 어떻게 변하든 말든.

'올드 파'라는 이름의 영국산 위스키가 있다. 네모진 모서리를 둥글게 다듬은 검은 빛깔의 병 한 쪽에 큼지막한 타원형 라벨이 붙어 있다. 백발이 성성하고 턱수염이 풍성한 노인 한 분이 보인다. 그 밑에 써있는 이름이 '그랜드 올드 파'다. 흔히 올드 파라 불리는 이 술의 이름은 1483년에 태어나 1635년까지 장수한 152세의 농부 출신 토마스 파(Thomas Parr)에서 따온 것이라 한다.

155cm의 키에 53kg의 몸무게를 지닌 이 노인은 80세에 결혼하여 자녀 둘을 두었고, 122세 때는 재혼까지 하는 등 기력과 정력을 과시함으로써 주변을 놀라게 한다. 소문을 듣고 영국의 국왕 찰스 1세는 그를 왕궁으로 초대한다. 그리고 궁중화가 루벤스(Peter Paul Rubens)를 시켜 그의 초상화를 그리게 한다. 죽어서도 그는 웨스트민스터 사원에 묻히는 영광을 누린다. 얼마나 부러운 인생인가.

요즘은 100세 시대라고 한다. 70세까지 살기가 어렵다는 얘기는 옛말이 된지 오래다. 엊그제 친구 어머니의 장례식장에서 들은 망인의 나이는 98세였다. 별세한 날까지 치매나 망령은 물론이고 잔병치레 하나 없을 만큼 건강하셨다 한다. 이제 100세 시대는 저쪽 멀리 대안(對岸)에 있는 나이가 아니다. 바로 우리 곁에 있어 실제로 체험하는 나이일 뿐이다. 그래도 사람은 늙고 병들어 이 세상을 떠난다. 70이든 80이든, 아니 100세가 되든….

가사문학(歌辭文學)의 대가로 잘 알려진 송강(松江) 정철(鄭澈)은 그의 시 추일작(秋日作)에서 이렇게 읊고 있다.

山雨夜鳴竹(산우야명죽)	산 속 밤 비는 댓잎을 울리고
草蟲秋近床(초충추근상)	가을 풀벌레 자리 곁에 들리누나
流年那可駐(유년나가주)	흐르는 세월 어찌 머물게 하리
白髮不禁長(백발불금장)	백발 자라는 것도 막지 못하는데

세월 속에 늘어나는 백발만 탓하지 않고, 이에 맞서 한 판 대결을 벌이려는 사람이 없는 건 아니다. 마치나 돈키호테 모양으로…. 고려 충숙왕 때의 학자 우탁(禹倬)의 탄노가(嘆老歌)를 들어보자.

> 한 손에 막대 들고 또 한 손에 가시 쥐어
> 늙는 길 가시로 막고 오는 백발 막대로 치려더니
> 백발이 제 먼저 알고 지름길로 오더라.

아마도 우탁은 해학이 넘치고 유머가 뛰어난 사람이었나 보다. 그렇지 않고서야 빠른 세월 속에 날로 더하는 늙음과 백발을 하찮은 막대와 가시로 막겠다니 될 법이나 한 말인가.

오래 살고 싶은 인간의 처절한 욕망에 교훈을 주기 위해서일까. 보브와르(Simone de Beauvoir)는 그녀의 소설 ≪모든 인간은 죽는다≫에서 장수하는 인간 하나를 주인공으로 내세운다. 그의 이름은 포스카. 불사약을 먹고 700년을 살아야 하는 숙명을 지닌다. 100년이나 150도 아니고 700년이라니? 얼핏 들으면 쾌재를 부를 것 같은데 절대 그렇지 않다. 오래 살다보니 가족과 친구는 모두 죽어버리고 아는 사람이라고는 아무리 찾아도 없다. 고독과 권태의 나날이 계속된다. 견디다 못해 포스카는 몇 번이나 자살을 시도한다. 그러나 그나마도 뜻을 이루지 못한다. 불사약을 먹어 인간의 한계를 벗어났기 때문이다.

소설의 마지막 부분에서 그가 뇌까린다.

> 나는 아무에게도 미소 지을 수 없다. 내 눈에 눈물이 맺혔던 기억도 없으며, 내 몸에 콧김만한 정열이 일어본 적도 없다. 나는

과거나 미래도 또 현재도 가질 수 없는 가엾은 사나이다. 나는 누구도 아니다. 내 주변에서 인간은 모두 죽어버리고 지구는 하얀 여백일 뿐이다. 그 여백에 존재하는 것은 나와 단 한 마리의 생쥐가 전부다.

기쁨과 슬픔, 그리고 희망과 열정도 지닐 수 없는 포스카. 있는 것이라곤 단 한 마리의 생쥐가 전부인 영생(永生)의 인간 포스카, 그를 부러워할 사람이 어디 있을까. 사람은 역시 죽어야 하는 존재이기 때문에 그만큼 삶이 더 가치가 있는 게 아닐까. 따라서 포스카의 불멸성은 축복이 아니라 저주일 것이다.

소설 속의 포스카는 700년을 살았지만, 기껏 100살 뿐인 우리 인생도 결코 짧은 생애가 아니다. 인생이 짧다고 여기는 것은 단지 우리가 그렇게 생각하고 있기 때문이다. 70이나 80을 넘기고도 자신의 목표를 이룬 사람들, 해서 모든 사람들로부터 박수갈채를 받고 찬란한 이름을 역사에 남긴 사람들은 헬 수 없이 많다. 단지 늙었다 해서 지레 포기해 버리거나 좌절할 수 없는 이유다. 인간은 누구도 죽는 것과 마찬가지로, 이 세상 어떤 사람도 늙음을 막을 수는 없다.

앙드레 지드는 말한다. "아름답게 죽는 것은 간단하다. 그러나 아름답게 늙는다는 것은 매우 어렵다"고.

'아름답게 늙는다'는 건 대체 무얼까. 단정한 용모에 주변을 청결히 정리하며, 약속을 잘 지키고 지갑도 잘 여는 등 소위 세븐업(7 Up)의 삶을 두고 말함인가. 아니면, 양심에 어긋나지 않으면서 신념대로 행동하는 삶을 가리키는 것일까. 둘 다 옳을지도 모른다. 하지만 성실하고 열정적인 삶이야말로 뜻있고 아름답게 늙는 요체라고 생각한다. 비록 몸은 늙었을망정….

바로 그런 사람, 그렇게 살아온 여성 한 분을 소개하며 이 글을 마치려 한다.

모제스(Granma Moses).

그녀는 1860년 미국 뉴욕주의 어느 작은 마을에서 태어났다. 그녀는 제대로 학교를 다니지 못한 채 성장한다. 집안이 워낙 가난한데다 형제가 열 명이나 되기 때문이다. 열 살 때부터 이웃 농장에서 일하며 가계를 돕던 모제스는 스물일곱 살 때 토마스 모제스라는 사람과 결혼한다. 그도 역시 가난한 농부였으므로 궁색한 살림은 여전할밖에…. 둘 사이에 낳은 자녀는 열. 그 가운데 다섯이 어렸을 때 사망한다. 1927년에는 남편과도 사별한다. 그녀의 나이 67세 때였다.

그 후에도 여전히 모제스는 막내아들과 함께 농사를 짓는 한편, 잼과 과자를 만들어 살림을 지탱해 나간다. 짬이라도 날 때는 손자 손녀들을 위해 뜨개질을 하거나 수(繡)를 놓는다. 자나 깨나 일에만 몰두한 탓일까. 마침내 그녀에게도 병마가 닥치고 만다. 관절염이었다.

신세를 한탄하고 주저앉을 법도 하련만, 모제스는 다시 새로운 일에 관심을 갖고 도전한다. 그림그리기가 그것이다. 다 늦은 나이, 그것도 76세에 취미로 그린 그림은 어설펐지만, 그래도 그녀는 하루도 빠짐없이 열과 성을 다해 그림을 그려나간다. 그림의 소재는 자신이 살면서 보아 왔던 주변 풍경이었다. 농장의 사계, 추수하는 모습, 아낙네들이 담소를 나누며 빨래하는 모습, 결혼식 풍경 등…. 그녀는 이런 그림들을 이웃에 나눠주거나 아주 헐값으로 팔기도 한다.

그러던 어느 날, 우연히 그녀가 사는 동네를 방문한 뉴욕의 미술품 수집가가 마을 약국에 걸려있는 모제스의 그림을 보게 된다. 한 눈에 그림의 가치를 높이 평가한 그는 모제스의 그림을 맨해튼에서 전시할 수 있도록 주선한다. 이를 시작으로 그녀의 그림은 여러 화랑에 걸리게 되고, 라이프나 타임지 등에 소개되면서 폭발적인 인기를 얻는다. 소재도 평범하고 회화기법이 유별난 것도 아닌데 많은 사람들이 좋아하고 사랑한 이유가 무엇인가. 그녀의 그림은 거짓이 없고 순수했으며, 포근함과 따뜻함, 그리고 즐거움과 행복감을 느끼게 하기 때문이다.

모제스의 작품은 1939년 뉴욕현대박물관에 전시된다. 이를 시작으로 1941년에는 뉴욕 주 메달을 따냈고, 1949년에는 투르만 대통령으로부터 여성프레스 상을 받는 영예를 차지하기도 한다. 100세가 되던 해인 1960년, 뉴욕시는 기념일을 제정해 그녀의 공덕을 기리기도 했다. 101세가 되던 1961년, 모제스는 눈을 감고 영면한다.

그녀가 남긴 그림은 1600여 점. 그것도 20년의 짧은 기간에 그렸으니 더더욱 놀랍다. 뉴욕메트로폴리탄미술관을 비롯해서 파리, 모스크바 등의 유명 갤러리에서 모제스의 작품을 볼 수 있다.

일흔이 넘어 모두가 포기할 나이에 그림 그리기로 새로 시작한 그렌마 모제스의 인생 이모작, 그녀는 흔들리지 않는 의지와 노력, 그리고 성실과 열정을 다 함으로써 크게 성공할 수 있었다.

"Life is what we make it, always has been, always will be(인생이란 우리가 만드는 것, 언제나 그래 왔고, 앞으로도 그럴 것이다)."

그녀의 말이 귀에 들리는 듯싶다.

2019. 03

이상한 꿈

2003년 12월 27일.

신촌 세브란스병원에서 뇌경색 판정을 받은 날이다. 그로부터 달포에 걸쳐 매일 약물치료와 물리치료 그리고 작업치료를 받았다. 그러나 예후는 그리 좋지 않아, 뒤뚱대는 걸음걸이와 어둔한 말씨를 고치지 못한 채 병원 문을 나서야 했다.

흔히 뇌경색은 발병 후 6개월까지가 중요하다고 한다. 6개월 동안 제대로 된 치료를 받아야 병세가 호전되고 예후도 좋다는 얘기일 터다. 해서, 퇴원한 다음날부터 오전에는 세브란스 병원에서 물리치료를, 오후에는 한방병원에서 침을 맞고 뜸도 뜨는 등 양방과 한방 치료를 병행해서 받았다.

그뿐이 아니다. 밤낮을 가리지 않고 틈만 나면 걸었다. 바른 보행 자세를 되찾기 위해서다. 어둔한 말씨를 고친답시고 노래를 부르거나 닥치는 대로 책과 신문을 소리 내 읽기도 했다. 하루라도 빨리 병마에서 벗어나고 싶은 바람에서였을 터다. 그렇게 안간힘을 다해 노력했는데도 눈에 띌 만큼의 발전은 없던 성싶다. "전보다 훨씬 좋아졌네요." 그렇게 말한 사람도 없지는 않았으나, 위로와 격려를 위한 거짓 표현이란 걸 왜 모르겠나.

세월은 참 빠르기도 하지. 뇌경색 때문에 참담한 삶을 지낸 지도 어느새 15년째를 맞는다. 뇌경색은 다른 병과 달리 환자마다 예후가 다르다. 어떤 사람은 겉보기가 멀쩡해서 정상인과 진배없는가 하면, 의식을 잃고 식물인간으로 지내는 사람도 있어 천차만별이다. 대체로는 보행이나 언어 한 쪽에만 불편을 느끼는 사람과 양쪽 모두에 조금씩 이상이 있는 사람으로 나뉘는데, 나는 후자에 속한다.

신체적 이상이 크든 작든 장애자의 몸으로 살아간다는 것은 여간 어려운 게 아니다. 특히 남과 어울려야 할 경우, 그 고충과 고초는 몇 배로 늘어난다. 해서, 장애인들 대부분은 일상생활에서조차 정상인에 비해 차등한 대우를 받는 점에 분노한다. 그리고 때로는 자학의 늪에 빠지기도 한다. 그 많은 사람들 가운데 하필이면 내가 장애인축에 들었을까를 되뇌면서….

얼마 전부터 나는 아주 이상한 꿈을 꾸고 있다. 꿈에서 나는 그 옛날 근무했던 동아방송(DBS)의 아나운서로 나타난다. 당연히 근무부서도 아나운서실이다. 뇌경색의 후유증으로 약간의 언어장애가 있다는 것은 선후배 동료 모두가 다 알고 있는 입장. 따라서 나에게는 뉴스든 교양 오락 프로그램이든 방송실시 업무가 주어지지 않는다. 건강을 고려한 특별 배려일 것이다. 그러니, 멀뚱하게 사무실만 지키고 있을밖에….

꿈속에서도 나는 미안하고 송구스러워 어쩔 줄 모른다. 모두들 바쁘게 돌아가고 있는 판에 혼자서만 빈둥거리니 보통 곤욕스러운 게 아니다. 그건 배려가 아니고 고문에 다름 아닌 것으로 느낀다. 이 딱한 상황을 어떻게 해결해야 할까를 고민하다가 깨어보니 꿈이다.

또 어떤 날엔 이런 꿈을 꾸기도 한다.

정시뉴스를 배당받아 방송스튜디오로 들어간다. 시보(時報)가 울리고 ON AIR 램프에 불이 켜진다. 뉴스 원고를 미리 읽어본 덕분에 오독(誤讀)없이 잘 나간다. 무엇보다 발음을 걱정하지 않았나. 그런데 스스로 들어봐도 만족스럽다. 바로 그때다.

어휘 하나를 더듬는다. 발음하기 어려운 것도 아닌데 실수한 것이 속상하다. 아무런 흠도 없이 완벽하게 해내려 했는데…. 그러자 다시 한 번 더듬고 만다. 등허리에서 식은땀이 난다. 뉴스를 마치고 스튜디오를 나오다가 문이 쾅하고 닫히는 소리에 놀라 잠을 깬다. 꿈이었다.

나는 1968년 9월 병역을 마친 뒤 그해 12월 동아방송 아나운서로 입사했다. 나이 26세 때였다. 1980년에는 군부가 강제로 실시한 언론 통폐합 때문에 KBS로 적(籍)을 옮겼다. 정년퇴직한 해는 2000년, 58세 때였다. 아니, 퇴직한 그 다음날부터 KBS에서 2년을 더 근무했으니, 실제로는 60세까지 34년 동안 방송국 밥을 먹은 셈이다.

그동안 두 직장에서 근무한 부서도 여러 군데다. 아나운서실 이외에 프로그램 평가실과 보도본부의 스포츠국, 올림픽방송본부, 편성실, 위성방송준비국, 뉴미디어국, 그리고 국제방송국 등 좋게 말하면 두루 섭렵했고, 나쁘게 표현하자면 이리저리 전전한 셈이라 할까.

한데, 왜 하필이면 다른 여러 부서를 놔두고 유독 아나운서로 근무하던 때만이 꿈에 나타나니 별 일 아닌가. 그것도 발병 10년이 훨씬 지난 요즘에 반복적으로 꾸게 되는 까닭이 무엇일까.

하기야 아나운서는 중학생시절부터 선망해 왔던 존재였다. 세상에는 다종다양한 직업이 있지만, 내 소양과 특기에 부합되는 직업으로 아나운서는 최상 최고라고 여긴 것이다. 첫 직장으로 방송국을 택했을 뿐만 아니라, 서슴없이 아나운서에 응모한 이유다. 그러기에 다른 무엇보다도 언어는 내가 가장 중요하게 여기는 관심분야일 뿐더러 삶의 주춧돌이며 버팀목일 수밖에 없었던 것이다.

칼 융(Carl G. Jung)은 그의 저서 ≪무의식 분석≫(원제: *Überdie Psychologie des Unbewußten* · 설영환 옮김)에서 말한다.

> 같은 꿈이 반복되는 것은 주목할 만한 현상이다. 같은 꿈을 어렸을 때부터 늙을 때까지 반복해서 꾼다는 사람들이 있다. 이런 꿈은 보통 꿈을 꾸는 사람의 생활태도에 어떤 부족한 것을 보상하려는 시도이다.

그렇다면 나는 내 생활태도 가운데 부족한 어떤 것을 보상받고 싶어 그런 꿈을 꾸는 걸까. 여러 가지가 있을 것이다. 그러나 뇌경색의 후유증과 관련해서는 무엇보다 말을 제대로 하고 싶은 것이 내 간절한 바람이다. '바른 보행'과 '정확한 언어구사'. 어느 것인들 중요하지 않을까만, 그래도 꼭 필요한 하나를 고르라면 나는 서슴없이 후자를 택할 것이다. 아나운서로 근무할 때와 같이 낭랑하고 유려(流麗)한 말솜씨가 아니라도 괜찮다. 다른 사람에게 전달하려는 바를 체계 있게 정확히 옮길 수 있다면, 걸음걸이는 크게 문제가 안 될 성싶다는 생각이다.

돌이켜 보면 마음속에 지닌 생각을 제대로 표현하지 못해 얼마나 많은 낭패를 겪었는가. 내 잘못은 모르는 채 상대방의 무시를 얼마나 섭섭히 여기고 불쾌하게 여겼던가. 그때마다 가슴에 쌓이는 것은 실의와 좌절뿐이었다. 아나운서 현직을 떠난 지 40년이 넘고, 뇌경색으로 삶의 질서가 휘청거린 지 20년이 가까워도 '말하기'에 관한 꿈을 자주 꾸는 진정한 이유일 터다.

언어장애가 어찌 손쉽게 치유되랴. 옛날 멀쩡했을 때로 가벼이 돌아가기를 바란다는 것은 기적이요, 허황된 꿈일지 모른다. 그래도 실의하거나 절망하는 일은 없을 것이다. 포기하지 않고 노력하는 마음에 변함이 없다면 조금씩, 아주 조금씩이라도 고쳐지지 않을까.

지금은 춘삼월, 겨우내 밟혀서 전혀 기대하지 않았던 마당 수돗가의 제비꽃과 접시꽃이 작은 싹들을 내보이고 있다. 단단히 굳은 땅껍질을 비집으면서…. 저들은 머지않아 꽃망울을 맺고 보라색 빨강색 흰색의 꽃을 아름답게 피워낼 것이다.

나도 저들을 닮아 언어를 바르고 아름답게 구사할 수 있다면 얼마나 좋을까.

2018. 03

제4장

숲길에 넘치는 피톤치드 향

- 숲길에 넘치는 피톤치드 향
- 옛 성곽과 이색 문화
- 천자만홍 단풍길
- 말바위조망소와 북촌 한옥마을
- 쓰레기매립장의 화려한 변신
- 불암산둘레길
- 도심의 호젓한 산책로
- 개나리꽃, 그리고 해맑은 사슴 눈

제4장과 제5장에 실린 글들은 이미 ≪동우회보≫를 통해 소개한 '걷고 싶은 힐링로드'의 16편을 옮겨 실은 것이다.

≪동우회보≫란 동아일보와 동아방송(DBS)에서 근무했던 임직원들이 친목과 상부상조를 위해 결성 · 운영하는 '동우회'의 격월간 신문을 말한다.

1968년 동아방송 아나운서로 입사한 필자는 2013년부터 동우회의 이사이자 동우회보의 편집위원으로 4년 간 일한 바 있다. '걷고 싶은 힐링로드'는 그 당시 필자가 전담한 르포기사였다.

회원들 대부분이 연로한 분들이라 걷기에 편하고 오랫동안 기억에 남을 장소를 고르느라 고심했던 일들이 기억에 남는다. 몇 번씩 현지를 사전 답사하고 여러 자료를 뒤적인 것도 '훌륭한 길잡이'가 되려는 이유 때문이었을 것이다.

날로 새록새록 변하는 세상이라, 소개하고 설명한 곳이 글의 내용과 완전히 일치하지 않을 수도 있을 것이다. 하지만, 극히 일부분에 지나지 않을 것이므로 크게 염려할 필요는 없겠다.

어쨌든, '걷고 싶은 힐링로드'에 격려와 성원의 박수를 보내주신 동우(東友) 가족에게 감사드리고, 새롭게 읽어갈 독자 여러분의 기대에도 행여 어긋남이 없기를 바란다.

숲길에 넘치는 피톤치드 향

– 개운산 둘레길

날씨가 덥다. 오늘도 서울지방의 낮 최고기온은 32도까지 오를 것이란다. 이런 날 한바탕 비라도 내리면 좋으련만 이날따라 하늘은 구름 한 점 없이 맑고 깨끗하다. 더위에 시달려서인가. 몸은 찌뿌드드하고 기분 또한 무겁게 가라앉는다. 이 후터분한 기분에서 벗어날 좋은 방법이 없을까. 궁리 끝에 문득 개운산 둘레길을 떠올린다. 소나무 산벚나무 도토리나무가 우거진 숲에서 나무 향을 맡고 새소리 들으며 산길을 걷다보면 굳은 몸 절로 풀리고 기분 또한 가뿐해지지 않을까.

개운산(開運山).

성북구 안암동에 있는 산이다. 높이는 134m. 야트막한 산이지만 어느 곳 못잖게 숲이 울창하다. 등산로와 둘레길이 나 있는데다 아기자기한 오솔길이 많아 가볍게 산책하기에는 그만이다. 또 숲속에는 각종 운동기구, 자연학습장, 유아 숲 체험장 외에 쉼터, 조망소가 마련돼 있어 남녀노유가 부담 없이 즐길 수 있다. 공원화된 개운산 산마루길을 걸은 뒤에는 그 아래 고려대학교 안암 캠퍼스도 들러보자. 대충 잡아본 거리는 약 4km, 늑장을 부린다 해도 두 시간이면 너끈하리라.

지하철 4호선 길음역 2번 출입구, 왼쪽에 보이는 건널목을 건넌다. 그 앞에 있는 건물은 국민은행 길음역지점. 건물을 왼쪽에 끼고 콘크리트 언덕길을 오른다. 2~3분이나 걸었을까. 왼쪽에 '새소리 어린이공원'이 보인다. 땡볕 날씨 때문인지 공원 안에는 아무도 없다. 공원이름과 달리 새소리도 들리지 않는다. 녀석들에게도 불볕더위는 질색인가 보다. 공원 한 쪽에서 시작되는 나무계단을 따라 개운산에 오른다. 지그재그형식의 계단은 경사가 완만하고 좌우의 난간도 아래위 2단으로 되어 있어 노약자가 이용하기에 편하다.

계단을 100개쯤 오르다 말고 문득 뒤를 돌아본다. 아무 것도 없다. 저 아래 길게 누워 있던 남부순환고가도로나 지하철 길음 역사 그리고 주변의 건물들은 다 어디로 갔을까. 빼곡히 들어찬 숲, 홀연 임해(林海)속에 갇혀있는 느낌이다. 방금 전의 복작이던 거리모습과는 생판 다르다. 호젓한 숲에 나무 향은 싱그럽고 때까치와 직박구리는 푸드득 날아올라 청아한 울음을 뱉어낸다.

계단을 100개쯤 더 걸어 오른다. 오른쪽 펑퍼짐한 자리에 설치한 여러 운동기구들이 눈에 띈다. 나무계단이 끝난 자리에는 '산마루길'이라는 팻말이 하나 서 있다. 거의 정상에 다 왔나보다. 바로 건너편 정자에서는 연세가 지긋한 노인 대여섯 분이 무언가 담소를 나누고 있다. 정자 주변에는 소월의 시 '진달래꽃'과 윤동주의 '서시'가 화강암에 새겨져 있어 운치를 더한다.

노폭 7~8m의 우레탄 길을 따라 오른다. 금세 자연학습장이 왼쪽으로 보인다. 토마토 토란 가지 호박 고추가 심어져 있다. 그런데 팔손이같이 생긴 저건 뭘까. 어릴 적 시골에서 많이 봤는데도 좀처럼 생각이 나지 않는다. 다른 산책객들에게 묻고 물어서야 그게 피마자 또는 아주까리라는 것을 알아낸다. 유치원 어린이도 알 수 있게끔 작물 이름이 적힌 안내판을 세워두면 더 좋지 않을까. 공간 자체가 자연학습을 위해 만들었으므로….

몇 발짝을 더 위로 옮기니 '개운산 마로니에마당'이 기다리고 있다. 마로니에. 그래. 마로니에라는 말은 얼마나 감미롭고 신비스럽게 들리는가. 때로는 까닭 없이 가슴을 설레게 하지 않던가. 그런데 이곳 넓은 마당 둘레에는 한 아름 굵기의 마로니에가 연두색 싱그러운 잎을 단채 10여 그루나 서 있는 것이다. 광장의 생김새는 영락없이 경기용 트랙을 닮은 모습이다. 트랙 중앙의 H형 큰 글씨는 비상시에 헬기 착륙지점을 알려주기 위한 표시일 터. 그리고 보니 서북방향 조망소에서는 백운대 인수봉은 물론 형제봉 보현봉 등이 별로 머지않아 보이기도 한다. 마로니에 광장은 신년의 해맞이나 성북구민을 위한 주요 행사 때도 요긴하게 사용된다고 한다. 수도꼭지를 틀어 참았던 갈증을 푼 뒤 길을 되돌려 내려간다.

'산마루길' 표지판을 다시 지나니 오른쪽 길섶에 또 다른 시비가 보인다. 박재삼의 '자연'과 박목월의 '청노루'가 그것이다. 길 좌우에는 소나무 느티나무 상수리나무 단풍나무가 크게 자라 터널을 이룬 모습이 이채롭다. 산책길 오른쪽 아래에 정자가 하나 보인다. 그 옆에는 평상, 나무침대, 벤치 등이 놓여 있어 많은 사람들이 편안한 자세로 휴식을 취하고 있다. 특히 유치원생들이 많이 눈에 띈 것은 근처에 유아 숲 체험장이 있기 때문인가 보다.

왼쪽 오솔길에 서울시가 선정한 '우수 조망소'가 있다기에 찾아간다. 그런데, 이게 어찌된 노릇인가. 안내판이 소개한 천장산 용마산은커녕 가까이에 있을 성북구의 어떤 건물도 보이지 않는다. 나뭇가지들이 모든 것을 가려버렸기 때문이다. 이곳 개운산에도 가끔 외국인이 눈에 띄던데 우수명소의 딱한 이 모습을 어떻게 설명할 수 있을까. "지금은 곤란하니 잎이 다 떨어진 겨울철에나 다시 오라"고는 못할 테고…. 떨떠름한 심사를 가라앉히려고 깊게 숨을 들이킨다. 뭐라 형언키 어려운 숲 향이 폐부 속을 휘돈다. 숲이 뿜어내는 향기 피톤치드를 거푸거푸 마신다. 머리가 가뿐해지니 마음이 조금은 밝아지는 것 같다.

다시 걷는다. 오른쪽에 북 카페가 있다. 다가가 책장을 열어본다. 어떤 책들이 진열돼 있는지가 궁금해서다. 예상한대로 도서의 양이나 질은 별로다. 말이 북 카페일 뿐 전시용은 아닐까 하는 의구심조차 든다. 그건 그렇다 치고, 꼬마친구들이 손쉽게 책을 고를 수 있도록 책장의 크기나 높이에도 신경을 써 주면 좋겠다. 책장은 작고 하나뿐인데다 높이도 어른 키만 해 보이니까 하는 얘기다.

개운산공원 지원센터부터는 아스팔트길이다. 왼쪽에 성북구 의회 건물과 개운산 스포츠센터가 보인다. 이들 장소를 오가는 사람들의 차량 때문에 가끔은 신경이 곤두서지만, 도로 좌우에 푸른 산들이 있어 짜증을 덜어준다. 비탈진 길을 넘으면 오른쪽에 배드민턴장이 나온다. 그 아래 신호등이 걸린 3거리에서 미아로가 아닌 종암로로 방향을 바꾼다.

여기서 몇 십 미터를 걷다 보면 또 다른 3거리가 나온다. 오른쪽에 보이는 우람한 한옥건물은 고려대학교 부설 한국학관이다. 1957년 한국고전국역위원회로 발족한 이 기구는 한국학을 체계적으로 연구하고 학문의 국제적인 교류와 협력을 꾀하자는 뜻에서 세워졌다. 3거리에 있는 버스정류장 이름이 아이스링크던가. 좀 더 아래로 내려가면 오른쪽으로 고대 기숙사인 한국학사가 보인다. 대학교 후문까지는 40~50m의 거리. 후문에서 지척의 거리에 인촌기념관이 있다.

인촌 김성수(仁村 金性洙)는 고려대학의 설립자다. 언론인 최시중은 그를 이렇게 평가하고 있다.

"돈이 많으면서도 돈의 노예가 되지 않았고, 명예가 있으면서도 교만하지 않았고, 모두가 지도자로 받들어도 뒷전에서 묵묵히 일했고, 호사를 할 수 있는 여유가 있었음에도 누구보다 검소했으며, 지체 있는 신분임에도 소박하기 이를 데 없었고, 편안하게 살 수 있었음에도 불구하고 고난의 길을 걸었으며, 크고 높은 자리는 남에게 양보하고 자신은 뒤로 물러서서 보다 보람 있는 일을 찾았으며…"

인촌기념관 앞에서 몇 걸음을 떼면 고대 국어국문학과 교수이자 시인이던 조지훈의 시비를 만난다. "얇은 사(紗) 하이얀 고깔은 고이 접어서 나빌레라/ 파르라니 깎은 머리 박사(薄紗) 고깔에 감추오고/ 두 볼에 흐르는 빛이 정작으로 고와서 서러워라"로 시작하는 그의 대표작 승무(僧舞)가 각자되어 있다.

시비 옆쪽에는 시계탑 석조건물이 우뚝하다. 흔히 서관(西館)이라 부른다. 캠퍼스 서쪽에 있기 때문이다. 맞은 편 언덕의 고풍스러운 건물은 당연히 동관일 터. 1930년대에 고딕양식으로 세워진 이 건물은 사적 286호로 등재되어 있다. 두 건물 중앙에는 사적 285호인 본관이 자리 잡고 있다.

정문을 나와 왼쪽으로 잠시 걸으면 지하철 6호선 고려대역 1번 출입구가 나온다. 지하철 길음역에서 여기까지 두어 시간을 걸었음에도 그다지 피곤한 줄 모르겠다. 그게 바로 피톤치드 때문이라면 누가 믿어줄까. 그래도 내 몸 구석구석에 퍼져있는 혈관들은 그 까닭을 알고 있으리.

2015. 07

옛 성곽과 이색 문화

-낙산성곽 → 이화벽화마을 → 낙산공원

9월도 벌써 중턱을 넘어선다.

쪽빛 하늘은 높디높아 아득히 멀고, 엷은 햇살에 바람결은 서늘하다. 찜통더위로 시달림을 받던 때가 엊그제인데 어느새 가을이 성큼 다가온 것이다. 지금 이 시간, 들녘의 벼와 수수는 단단히 영글어갈 테고, 과원에서는 사과 배 수밀도가 단맛을 높이느라 분주할 것이다. 산에서 자라는 나무들도 마찬가지. 저들은 저들대로 울긋불긋 고운 단풍을 선보이느라 수선스러우리.

이런 계절, 싱그러운 바람을 앞세워 낙산공원을 거닐어보는 것은 어떨까. 푸른 숲과 산책로가 오밀조밀하고 탁 트인 전망 속에 옛 성곽을 둘러보노라면 지난날 굴곡의 역사도 반추하게 되고 스스로의 삶 또한 성찰할 여유가 생기지 않을는지. 모처럼 체력을 챙기는 것은 덤일 터다. 낙산공원으로 가는 길에는 입소문이 무성한 이화벽화마을도 찾아보자.

지하철 1호선 동대문역. 1번 출구로 나와 뒤쪽을 보면 11시 방향에 흥인지문(동대문)이 보인다. 이화여대 부속병원 자리에 마련된 동대문성곽공원 쪽으로 50여 미터를 걷는다. 오른쪽으로 길이 하나 나 있다. 흔히 성곽길로 불린다. 오르막인 그 길로 걸음을 떼려는데 홀연 우람한 성벽이 왼쪽에 나타나 보는 이를 압도한다. 높이가 12m는 될까. 서울성곽의 제2 구간(흥인지문~혜화문)이 시작된 것이다.

사적 제10호인 서울성곽은 조선왕조가 개성에서 한양으로 천도한 2년 뒤인 1396년(태조 5년), 전쟁에 대비하려고 쌓은 시설이다. 세종과 숙종 때는 개축하여 성곽으로서의 기능과 역할을 크게 높였으나, 일제 강점기와 한국전쟁을 거치면서 많이 파괴되고 말았다. 이에 서울시는 1975년부터 철저한 고증을 거친 뒤 복원작업에 들어가 오늘에 이른 것이다. 전체 둘레는 18km, 이 중 낙산구간은 2.1km 정도다.

그러나 이 구간에서는 축성술의 변천과정을 살펴볼 수 있는데다 성곽을 끼고 도는 길이 잘 정비돼 있어 걷기 편한 장점을 지니고 있다. 올라가는 길 좌우를 보니 소나무 느티나무 물푸레나무 회양목 외에 개나리 철쭉 등이 무성하다. 봄철에는 길이 더욱 환해 보일 듯싶다. 성곽 밑에는 조명등, 길가에는 가로등이 세워져 있다. 길 오른쪽 밑에는 고만고만한 크기의 가옥이 촘촘하고….

5~6분을 걸었을까. 암문(暗門 · 적에게 노출되지 않도록 병기나 식량 또는 병력을 이동시킬 목적으로 설치한 작은 문)이 있어 안으로 들어선다. 이화벽화마을을 구경하기 위해서다. 그런데 어디로 가야 될지 분간하기 어렵다. 작고 허술한 집들만 연달아 있을 뿐이다. 물어볼만한 사람도 마땅치 않다.

도로 표지판을 읽으니 '충신 4길'이란다. 그래도 감을 못 잡기는 매한가지. 좀 더 걸어본다. 그제야 하도롱 빛깔 벽돌담에 그린 고양이 두 마리가 나타난다. 한 놈은 윙크하며 애교를 떠는 모습이다. 이어 '이상한 살롱'이라는 작은 가게가 보이고 날개를 접은 천사, 높은 계단에 타일로 모자이크한 해바라기 꽃이 나타난다. 제대로 이화벽화마을에 들어선 것이다.

해바라기 계단의 맞은편 벽에는 활짝 편 천사의 날개가 화려하다. 관광객들은 저마다 밝은 얼굴로 사진 찍기에 바쁘다. 몇 걸음을 위로 옮기면 파랑색 계단에 그려 넣은 네 마리 잉어의 힘찬 모습도 볼 수 있다. 마을에는 벽화만 있는 것이 아니다. 갤러리와 개인박물관도 눈에 띈다.

주택들이 밀집해 있는 충신4나길을 벗어나 낙산공원으로 가는 길목에는 기발한 아이디어로 제작된 조형물들이 곳곳에 놓여 있다. 특히 높은 바지랑대 끝에 서 있는 '신사와 강아지'가 눈길을 끈다. 바둑이와 함께 걷는 신사의 한쪽 발은 지금 허공에 떠 있다. 한데, 중절모에 빨간 가방을 든 신사는 그 사실을 모르는지 태연한 표정이다. 그저 보는 이만 가슴이 조마조마하고 오금이 저리다. 이 작가가 전하고 싶은 메시지가 대강 짐작된다.

이화마을은 '하늘동네'라 부르기도 한다. 달동네라서 붙여진 이름일 것이다. 마을에 벽화가 그려진 것은 2006년 '공공예술 프로젝트'가 시행되고부터. 소외된 지역의 시각적 환경을 개선하자는 취지로 68명의 작가들이 참여하여 동네 곳곳에 그림을 그리고 조형물을 설치한 것이다. 낙후하고 가난한 동네에 활기와 희망을 불어 넣었다는 점에서 이화마을은 분명 성공사례가 아닐까 한다. 단, 어느 주민의 한숨 섞인 얘기가 마음에 걸린다. "평일엔 수십 명, 휴일엔 수백 명이 다녀가죠. 하지만 북적거리면 뭐 합니까. 관광수입이 별론데…."

주택들이 밀집해 있는 충신4나길과 조형물이 설치된 낙산4길을 벗어나면 바로 낙산공원 어귀에 이른다. 낙산(駱山)은 산 모양이 낙타의 등을 닮았다 해서 붙여진 이름. 풍수 지리적으로는 북악산의 좌청룡에 해당한단다. 남산 인왕산 북악산과 함께 서울 도성을 에워싸는 내사산(內四山)의 하나다. 높이 125m에 총면적은 15만㎡. 기이한 암석과 울창한 수림을 자랑한다. 서울의 몽마르트라 불리는 낙산공원은 주변의 성곽과 어울려 연인들의 데이트 장소 혹은 영화나 드라마의 촬영장소로도 인기가 높다. 공원 초입에 있는 동숭어린이집을 지나 오르막길에서 문득 왼쪽으로 고개를 돌려본다. 멀리 북한산 인왕산 북악산이 한눈에 들어온다. 시원한 전망에 가슴이 활짝 열리는 느낌이다.

다시 3~4분을 걸어 산길 계단을 오른다. 좌우로 길이 뻗어 있다. 팻말이 가리키는 대로 오른쪽으로 간다. '홍덕이 밭'이 기다리고 있다. 밭은 200여 평방미터쯤 될까. 토란 토마토 가지 고추 말고도 옥수수 비슷한 작물이 심어져 있다. 안내판은 이 밭의 내력을 이렇게 소개한다.

"병자호란을 맞아 효종(당시 봉림대군)이 청나라에 볼모로 잡혀 심양에 있을 때다. 함께 따라간 홍덕이라는 여인이 채소를 가꾼 뒤 김치를 담가 효종에게 드렸는데 그 맛이 기막혔다. 그 뒤 볼모에서 풀려 본국으로 돌아와서도 효종은 그 김치 맛을 잊지 못한다. 해서, 낙산 중턱의 채소밭을 홍덕에게 주어 계속 김치를 대게 했다"는 것이다. 밭의 내력은 그렇다 치고 김칫거리에 웬 토란과 토마토 가지일까.

홍덕이 밭에서 걸음을 조금 위로 옮기면 오른쪽에서 낙산정을 만난다. 지은 지가 얼마 안 된 정자답게 천정이나 기둥 서까래의 단청이 곱고 아름답다. 지붕 꼭대기 중앙에는 절병통(節甁桶·궁전이나 정자를 세울 때 지붕마루의 가운데에 세우는 탑 모양의 장식)이 있어 친근감을 갖게 한다. 낙산정은 출사(出寫) 마니아들로부터 인기가 높다. 낙조와 야경을 필름에 담을 경우, 이보다 좋은 장소가 흔치 않기 때문이다.

낙산정에서 100m 정도를 더 걸으면 아스팔트길이 나온다. 그리고 그동안 보이지 않던 성곽이 다시 나타난다. 성곽을 따라 오르막길을 걷는다. 금세 낙산체육회 건물이 보인다. 바로 건너편 쪽은 동대문-창신역-낙산구간을 운행하는 마을버스의 종점. 낙산의 정상까지 다다른 것이다. 왼쪽으로 방향을 바꿔 놀이광장으로 간다. 광장에는 간이정자와 작은 무대, 그리고 돌 의자 여남은 개가 있을 뿐이다. 터가 작아 광장으로 부르기조차 민망하지만, 툭 트인 전망은 탄성을 자아내게 한다.

놀이광장 바로 곁에 또 다른 암문이 있어 나가 본다. 저쪽 혜화문으로 연결되는 성곽의 장대한 모습이 가슴을 설레게 한다. 그리고 까닭 없는 자긍심까지 느끼게 한다. 성곽은 역시 안쪽보다 밖에서 보는 편이 훨씬 좋은 것 같다. 혼자만 그렇게 느끼는 게 아니다. 다른 사람들도 이 성곽을 배경으로 연신 카메라 셔터를 누르고 있으니까.

다시 암문 안으로 들어와 성벽을 끼고 길을 내려간다. 제1전망광장, 제2전망광장, 제3전망광장이 차례로 모습을 드러낸다. 각 광장에서 전망되는 풍광은 비슷하다. 왼쪽 저 먼 곳의 남산부터 오른쪽의 도봉산까지, 그리고 그 산들이 껴안은 서울시의 경관들이 파노라마처럼 펼쳐진다. 제3전망광장을 지나면 아래로 향하는 나선형 나무계단이 나타난다. 오늘의 걷기여행이 끝나가려는 참이다. 계단 하나하나를 밟아 내려간다. 발걸음이 가볍다. 의미 있고 보람찬 트레킹이었으니 당연하달밖에. 주택가 골목길을 빠져나와 동숭아트센터 앞에서 큰 길로 나오면 지하철 4호선 혜화역 1번 출입구가 지척이다. 지하철을 기다리며 혼자 중얼댄다.

"오늘 참 괜찮았어. 이런 '힐링로드'라면 매일이라도 배낭을 꾸리겠네."

2015. 09

천자만홍 단풍길

- 국사봉 숲길 · 보라매공원

11월 중순.

어느새 절후는 입동을 지나 소설(小雪)로 치닫는다. 기세등등하던 가마솥더위는 어디로 사라지고, 벽공(碧空) 청풍(淸風)의 가을은 또 어디로 가려는 걸까. 흔히 '혹서(酷暑) 뒤엔 혹한(酷寒)이 온다'는데, 이번 겨울은 또 얼마나 추울까. 하고픈 일 해야 할 일 아직 미완으로 그득한데, 한 해를 보내야 하는 마음은 스산하다. 하지만, 너무 자책하지는 말자. 성마르게 조바심치지도 말 일이다. 나름대로는 최선을 다했고, 어차피 새로운 내일은 또 올 테니까.

'걷고 싶은 힐링로드', 오늘은 동작구의 국사봉(國思峰) 숲길을 찾아간다. 이 길의 특징은 평탄한 산책로와 오르막 내리막이 적절히 배합돼 있어 걷기에 묘미를 더해 준다는 점이다. 울창한 숲을 걸으며 면면 옛날의 전설과 역사도 배울 수 있는데다 요즘 같은 늦가을엔 단풍이 아름다워 몸살을 앓게 만든다. 혹시 시기를 놓쳐 못 볼까봐. 서울시민들로부터 '걷기 좋은 코스'로 추천받은 이유를 알만하다. 국사봉을 내려와서는 그 아래 보라매공원도 들러보자. 넓은 녹지공간에서 이곳저곳을 들르다보면 또 다른 정취를 흠뻑 느끼게 될 것이다.

지하철 7호선 숭실대앞역.

1번 출구로 나오면 정면에서 고갯길과 만난다. 제법 경사진 길을 200여 미터가량 걸어 오른다. 오른 쪽 길가에 '동작 충효길 6코스', '동작 마루길'이라는 표지판이 세워져 있다. 현재의 위치는 국사봉 동쪽 가지능선의 들머리. 시멘트 방벽과 녹색 펜스 사이의 작은 길로 들어선다. 채 몇 걸음을 떼지도 않았는데 숲이 시작된다. 그리고 싸한 바람이 뺨에 와 닿는다. 언덕길에서 흘린 땀이 순식간에 사라지고 만다. 평일이어서 그런가. 산책객은 별로 눈에 띄지 않는다. 호젓한 숲에 이따금씩 때까치와 뱁새만 날 뿐이다.

5분쯤 걸으니 이정표가 보인다. 신대방 3거리가 3.3km, 살피재는 0.2km의 거리란다. 살피재란 동작구 상도동에서 관악구 봉천동으로 넘어가는 재로, 방금 전에 지났던 그 고갯길이다. 옛날에는 고개가 높고 숲이 우거져 도둑들이 길손을 괴롭히는 일이 많았던 모양이다. 그러니 고개를 넘는 길손들에게 "살펴가라"는 당부를 할밖에. 지금도 지하철 7호선 숭실대앞역의 다른 이름은 살피재다.

왼쪽의 독립가옥을 지난다. 숲이 점점 조밀해지더니 갑자기 주변이 밝아온다. 은행나무 느티나무 단풍나무 떡갈나무 이팝나무 등 단풍진 잎사귀가 뿜어내는 화려한 빛깔 때문이다. 어디 키 큰 교목뿐이랴. 진달래 개나리 철쭉 조팝나무같이 키 작은 관목들도 행여 질세라 울긋불긋 밝은 색채를 토해낸다. 단풍과 낙엽진 길을 좀 더 걸으면 '성현 드림 숲'이라는 안내판과 만난다. "이 일대의 불법 건축물들을 제거하여 시민에게 귀중한 휴식공간을 만들어 주었다"는 내용의 글판이다. 하지만 좌대나 돌담장 등 철거 이전의 물건들이 아직도 잔존해 있어 뒤처리가 깔끔하지 못했다는 느낌이 든다.

안내판을 중심으로 두 갈래 길이 나 있다. 오른쪽을 택해 걷다가 배드민턴장 쪽의 나무계단을 오른다. 여기서 국사봉 정상까지는 1.3km. 준비해 간 물병을 꺼내 목을 축인다. 계단을 다 내려와 왼쪽에 보이는 건물은 구암고등학교. 철망펜스에 이곳 동작구 흑석동 출신인 '상록수'의 저자 심훈(沈熏)의 사진과 그의 시 '그날이 오면'이 걸려 있다.

학교 끝머리에는 정자가 하나 서 있다. 오르막길이 나오면서 흙길도 다시 시작된다. 아리수(서울의 수돗물)를 공급하는 배수지 건물을 지나면 정자와 벤치를 만난다. 바로 그 밑은 체력 단련장이다. 구절양장(九折羊腸)의 계단들을 밟고 산을 내려오니 엉뚱하게도 2차선 양녕로가 기다리고 있다. 그렇다면 국사봉 정상은 어디에 있나? 한 산책객이 손으로 가리킨다. "맞은편 산이 상도근린공원입니다. 그 꼭대기가 국사봉 정상이죠. 일단 길을 건너세요."

국사봉(國思峰)은 184m의 야트막한 산. 동작구 상도동과 관악구 봉천동의 경계를 이루고 있다. 양녕대군이 바로 이 산에 올라 경복궁을 바라보면서 나라와 동생 세종의 일을 걱정했대서 붙여진 이름이란다. 다른 얘기도 있다. 이 태조가 무학 대사를 왕사로 추대한 뒤 자주 이 산을 찾아 나랏일을 논했는데, 그를 추존하는 뜻에서 국사봉(國師峰)이라 불렀다는 것이다.

양녕로를 건너 상도근린공원 관리사무소를 찾아간다. 국사봉에 관한 색다른 자료라도 구해볼까 해서다. 그러나 "산림보호업무 수행중"이라는 쪽지만 붙어 있을 뿐 문은 굳게 잠겨 있다. 관리소 옆에 마련된 휴식공간에서 토스트 한 조각과 사과 몇 쪽 그리고 물 두어 모금을 마신 뒤 다시 걷는다. 여기서 국사봉 정상까지는 0.4km. 길 좌우의 숲은 그야말로 천자만홍(千紫萬紅) 단풍으로 현란한데, 그 사이에 놓인 나무계단은 끝이 없어 보인다. 오르면서 세어본 계단 수는 180여 개. 이제 끝났나 싶어도 방향을 바꿔 또 다른 계단이 이어지곤 한다.

마침내 국사봉 정상. 사면팔방이 툭 트여 서울이 다 보이는 것 같다. 멀리로는 북한산과 인왕산, 그리고 하얀 띠 모양의 서울성곽도 눈에 잡힌다. 오늘따라 날씨가 맑아 한강을 가로지르는 한남대교 금호대교 성수대교의 모습이 뚜렷하다. 무성한 나뭇가지들만 아니라면 시야가 더 멀리 더 환하게 트일 텐데…. 어깨를 쭉 펴고 깊게 숨을 들이킨다. 상큼한 숲 향기가 폐부 구석구석에 퍼진다.

이제 산을 내려간다. 비탈진 길에 자갈과 왕모래가 발바닥에서 미끄덩댄다. 산을 거의 다 내려와 문득 오른쪽을 본다. 범상치 않은 기왓골이 정연하게 늘어서 있다. 위에서 본 사자암(獅子庵)의 모습이다. 전통사찰 77호인 이 암자는 태조 5년(1396) 무학 대사가 풍수상의 이유로 지었다 한다.

조선이 한양으로 천도할 때, 대사가 지세를 살펴보니 만리현(지금의 만리동)이 밖으로 달아나는 백호의 형상이더라는 것이다. 해서, 한양의 안정을 도모하기 위해 맞은편 관악산에 호압사를 짓고, 사자형상인 이곳에는 사자암을 지어 백호의 움직임을 막았다는 얘기다.

고찰답지 않게 사자암의 보랏빛 단청은 곱고 아름답다. 범종각의 이름이 사자후(獅子吼)였던가. 사자후란 일체(一切)를 승복시키는 부처님의 설법을 말함이니 사찰의 이름과도 썩 어울리는 것 같다.

국사봉에서 내려오면 1차선 왕복도로가 좌우로 지나간다. 길을 건너 주택가로 들어선다. 7~8분가량 걸었을까. 보라매로(路) 큰길이 나타난다. 지하철 7호선 신대방3거리역은 그 오른쪽 40m 지점에 있다. 걷기에 힘이 부칠 경우 지하철역으로 바로 가면 된다.

하지만, 국사봉 숲길이 짧게 느껴진다거나 좀 더 색다른 늦가을 분위기를 느끼고 싶을 수도 있지 않겠나. 그럴 땐 길을 건너 언덕을 넘고 보라매공원을 찾는다. 신대방3거리역에서 공원 초입인 관악노인종합복지관까지는 1km. 보라매병원을 지나 잠시 걸으면 공원의 동문이 나온다. 입구에서 40~50미터까지는 길이 두 갈래로 나있다. 그 중앙과 양옆에 우뚝우뚝 서있는 은행나무와 측백나무들, 울긋불긋 단풍진 모습이 숨을 멎게 할 만큼 아름답다. 고운 빛깔의 낙엽들은 길바닥에도 지천으로 쌓여 있다. 그건 그것대로 독특한 매력과 운치를 자아낸다.

에어파크가 있는 쪽으로 가본다. 헬기 훈련기 수송기 전투기 등 8종의 퇴역 비행기들이 전시되어 있다. 어린이들이 특히 좋아하는 장소다. 매주 화요일에는 조종사로 근무하다가 전역한 전투기 전문가로부터 흥미롭고 재미있는 얘기도 들을 수 있고, 전투기 조종사들이 입던 조종사복과 헬멧, 그리고 빨간 머플러 차림으로 기념사진도 찍을 수 있다.

42만 4천여㎡(약 12만 8천 5백 평)의 보라매공원에서 사람들로 가장 붐비는 곳은 아마도 중앙의 잔디광장이 아닐까 한다. 넓기도 하려니와 잔디의 푸른빛이 정서적으로도 편한 느낌을 주기 때문일 것이다. 해질 무렵에는 운동하는 남녀노유로 트랙이 북적인다. 광장 남쪽에는 플라타너스들이 줄맞춰 서 있고, 나무들 사이에 놓인 벤치에서는 방문객들이 간식을 즐기거나 담소하며 휴식을 취한다. 여간 행복해 보이지 않는다.

이번엔 맨발광장을 거쳐 음악분수 쪽으로 가본다. 한데, 분수는 솟지 않고 음악은 먹통이다. 알고 보니 음악분수는 5월부터 9월까지만 작동한단다. 음악분수 곁에는 연못이 있다. 마른 연못에 연잎은 보이지 않고 수상쩍은 잡초만 무성하다. 작년에는 이맘때 연뿌리 채취행사도 벌였는데 올해는 어땠는지. 연못을 지나면 바로 남문이 나온다. 파란 하늘과 구름이 그려진 담장을 한참 따라가면 지하철 2호선 신대방역 4번 출입구에 닿는다. 귀가 길에 문득 "11월엔 한 그루 무소유의 가벼움이고 싶다"던 어느 시인의 시구가 떠오른다. 그런데 11월이 다 가도 나무들은 풍성하고 호화로운 잎을 달고 있으니 시인의 읊조림은 허구였을까.

2016. 11

말바위조망소와 북촌 한옥마을

노년에 들면 신체기능이 크게 떨어진다. 특히 70대의 경우, 세 가지 이상의 만성질환을 한꺼번에 앓고 있는 사람들이 60대보다 훨씬 많다고 한다. 그런데도 정작 해당자들의 상당수는 치료를 제대로 받지 않거나, 아예 건강관리조차를 포기하고 있다는 것이다. 왜 그런가. 가장 큰 이유로는 노령빈곤 등 경제적 문제를 들 수 있겠다. 그러나 "늙으면 아픈 것이 당연하다"든가, "살만큼 살았으니 내버려 두라"는 식의 체념적 자세가 건강악화를 자초시킨다고 노인건강 전문가들은 지적한다. 또 그들은 이런 충고도 덧붙인다. "100세 건강을 바라거든 행여 걷기에 인색하지 말라"고.

오늘은 경복궁 돌담을 따라 청와대 정문 앞까지 걸어 볼까나. 삼청로로 방향을 바꿔서는 삼청공원의 말바위조망소까지 가보자. 돌아올 때는 북촌의 한옥마을을 들러 옛사람들의 생활상도 더듬어볼 일이다.

지하철 3호선 경복궁역. 5번 출구로 나오면 바로 고궁박물관과 만난다. 그 서쪽 끝에 쪽문이 하나 있다. 문을 나서서 맞닥뜨리는 길은 효자로. 오가는 차량이 많지 않아 거리는 비교적 한산하다. 오른쪽 저 멀리로 북악산이 보인다. 높다란 궁궐 담장을 따라가면 영추문이 나오는데, 여기서 기념사진 한 장을 찍는다.

다시 걸음을 옮기자 경찰이 다가와 묻는다. “어디 가십니까?” 삼청공원으로 가는 길이라니까 청하지도 않은 길 안내까지 해준다. 청와대가 가까워서일까. 경호경찰의 수가 더 늘어난다. 돌담길 끝에서 오른쪽으로 방향을 바꾼다. 저 앞에 경복궁의 후문격인 신무문이 기다리고 있다. 길 건너편은 청와대 정문. 좀 더 걸어 춘추문 앞 삼거리에서 왼쪽 길로 접어든다. 이어지는 길이 다름 아닌 삼청로다.

상전벽해(桑田碧海)라 했던가. 오래 전에 봤던 삼청로와는 전혀 딴판이다. 고만고만한 크기로 길가에 늘어섰던 한옥들에, 오가는 사람들조차 뜨막하던 옛날과 달리 삼청동주민센터와 한국금융센터 앞을 지나는 길은 상가와 인파로 북적인다. 각종 음식점과 빵집 카페 커피숍도 많고, 모자 핸드백 티셔츠를 파는 양품점이나 갤러리 꽃집도 눈에 띈다. 마치나 유럽에 있는 어느 도시의 한 귀퉁이를 보는 느낌이다. 산뜻하고 맵시 있는 인테리어에 작은 크기로 앙증맞게 달아놓은 간판들 때문에 더욱 그렇게 느껴지는지도 모른다.

상가가 거의 끝나려는데 단풍나무집과 편의점을 사이에 두고 오르막길이 하나 뚫려 있다. 거기서 100여 미터를 걸으면 삼청공원 정문이 나온다. 공원에 들어서서 30여 미터나 걸었을까, 숲속도서관이 보인다. 본래는 매점이었다고 한다. 유리창 너머로 얼핏 보니 책만 읽는 게 아니다. 차도 마시고 옆 사람과 대화도 나누고 있다. 볼펜이 구르는 작은 소리에도 신경이 곧추서는 공간을 도서관으로 알고 있는 입장에서는 너무 개방적이어서 순간 어안이 벙벙해진다.

삼청공원은 인공적으로 만든 여느 공원들과는 전혀 다르다. 무엇보다 자잘한 꾸밈이 별로 없다. 그저 자연 그대로의 소박하고 진중한 멋이 풍겨진다. 북악산 남동기슭에 삼청천이 빚어놓은 골짜기와 빽빽한 소나무가 자랑거리인 삼청공원은 면적이 38만 여 평방미터, 1940년 도시계획공원 1호로 지정된 후 줄곧 서울시민의 사랑을 받아왔다. 물이 맑고 숲이 맑으며 사람들의 마음 또한 맑아 삼청(三淸)으로 불렸다던가.

산책로 한 쪽에 약수터가 있어 물 한 모금을 떠서 마신다. 달고 맛있다. 배어나온 땀방울이 걷히고 머리도 개운해지는 기분이다. 이제는 '말바위조망소'를 찾아 나설 차례다. 표지판이 알린 거리는 640m. "오백여든한 개나 됩니다. 찬찬히 오르세요." 조망소에 오르기 전, 공원관리인에게 계단 수가 얼마나 되느냐고 물었을 때 돌아온 답변이다. 몇 번 심호흡을 하고 나무계단을 오른다. 널리 알려진 탓인지 말바위조망소를 오르내리는 사람들이 여간 많지 않다. 계단은 지그재그 모양. 걱정하던 급경사 길은 없다. 층계 좌우에 난간을 설치한데다 밧줄까지 걸어놓아 노약자들도 수월히 걸을 수 있다. 밧줄 너머 작은 팻말에는 진달래 철쭉 등 꽃 이름이 적혀있는데, 2월 말의 이른 계절이라 화려한 꽃모습을 볼 수 없는 게 아쉽다.

문득 뒤를 돌아본다. 가득히 들어찬 숲만 보인다. 이 숲속에 새들이 날고 다람쥐 청설모가 뛰어 논다면 얼마나 운치가 있을까. 삼청공원에는 박새 꿩 오색딱따구리 직박구리가 많다는데 이날따라 멧비둘기 하나 구경할 수 없어 허전하다. 말바위는 아직 멀었을까. 열심히 헤아리던 계단의 숫자를 어느 결에 잊었으니 하산하는 등산객에게 물을밖에. "다 오셨습니다. 앞에 보이는 소나무 바로 뒤쪽입니다."

말바위는 크고 거무접접한 바위덩이 예닐곱 개를 흩으려 쌓아 놓은 모습이다. 그 둘레에는 조망객들이 편안한 마음으로 경관을 즐길 수 있도록 나무데크가 마련돼 있다. 저 멀리 왼쪽으로는 응봉산, 앞쪽으로는 청계산 관악산 남산, 그리고 오른쪽으로는 안산이 전설처럼 솟아있다. 그뿐이 아니다. 종묘 창덕궁 63빌딩 광화문도 아득한 거리에서 조망객들을 반긴다. 여기까지 올라오면서 가졌던 수고로움이 한꺼번에 보상받는 느낌이다.

왜 말바위인가에 대해서는 두 가지 얘기가 전해진다. 조선시대에 말 타고 올라온 문무백관들이 시를 읊고 녹음을 즐기며 쉬던 자리라서 그렇게 불렀다는 게 그 하나요, 북악 줄기에서 동쪽으로 내려오다가 끝에 있는 바위라서 그런 이름을 얻었다는 게 다른 하나다. 또 예전엔 이 바위에 벼락이 자주 떨어져 벼락바위라 불렀다고도 한다.

말바위 곁으로는 서울성곽이 지나간다. 성곽을 따라 위로 오르면 삼청터널을 지나 숙정문도 나올 터다. 하지만, 방문은 다음 기회로 미룬다. 북촌(北村)에서 한옥마을이 기다리고 있어서다.

말바위를 배경으로 사진 몇 장을 찍은 뒤 길을 되짚어 삼청공원 정문에 이른다. 왼쪽으로 길이 하나 있다. 11시 방향 저쪽 언덕 위에 있는 건물은 감사원. 길을 건너 언덕을 오른다. 오른쪽에 베트남대사관과 북한대학원대학교가 마주하고 있다. 두 건물의 샛길로 들어선다. 북촌의 한옥마을 투어가 시작된 것이다. 북촌은 경복궁, 창덕궁 그리고 종묘 사이에 자리 잡은 서울의 대표적인 전통 주거지역이다. 청계천과 종로의 윗동네라서 그런 이름을 얻었다고 한다. 가회동 계동 원서동 등이 북촌에 포함돼 있다.

한옥마을의 골목길은 미로와 같이 복잡다단하다. 어느 길을 택해야 할지가 몹시 망설여진다. 그러나 걱정할 건 없다. 어느 골목이건

다 이어져 있으니까. 북촌 투어의 백미로 흔히 '북촌 8경'을 꼽고 있음을 본다. 이 가운데 4경이 북촌로 11길의 가회동 31번지에 몰려있다. 하지만 지금 걷고 있는 길은 북촌로 15길을 지나 북촌로 5나길. 왜 하필이면 그 길이냐고 궁금해 할 것은 없다. 이곳은 이곳대로의 분위기와 멋이 있기 때문이다. 북촌 8경의 하나인 '돌계단 길'이 여기에 있고, 인왕산과 경복궁 삼청동을 한 눈에 굽어볼 수 있는데다 관광객들의 북새도 피할 수 있으니 그 얼마나 좋은가.

북촌의 첫인상은 무엇보다 전통과 현대의 공존으로 독특한 정취를 갖게 한다는 점일 것이다. 한옥마을이라 해서 한옥만 있는 것은 아니다. 현대식 건물도 끼어 있다. 하지만, 그들은 서로 조화를 이루며 별난 매력을 풍겨낸다. 특히 한옥의 경우, 기와를 새로 올리거나 담장과 문짝 등을 바꾼 탓인지 엊그제 신축한 집같이 깨끗하고 아름답다. 실제로 살림하는 집들이건만 누구 하나 기웃거리며 내다보는 사람이 없다. 내밀한 분위기에 골목길은 약속이라도 한 듯 정숙(靜肅)하다.

게다가 한옥마을에는 시쳇말로 없는 것 빼고 다 있다. 길을 내려와 정독도서관 언저리에 이르면 개인박물관 골동품가게 공방 기념품가게는 물론이고 카페 갤러리 커피숍 식당들이 어깨를 겯듯 자리잡고 있어 취향대로 골라 즐기는 재미를 만끽시킨다. 북촌 한옥마을이 외국인 관광 선호지역으로 으뜸을 차지하며, 젊은 연인들의 데이트장소로 첫손가락을 꼽는 이유다.

북촌로 5가길 끝에는 관광안내소가 있다. 그 앞에서 길을 건너 조금 걸으면 덕성여자 중고와 풍문여고를 차례로 만난다. 왼쪽모퉁이를 돌아서면 지하철 3호선 안국역 1번 출입구. 걷기 일정을 유감없이 마친 때문일까. 쌓였던 피로는 제풀에 사라지고 날아갈 듯 기분이 상쾌하다.

2015. 03

쓰레기매립장의 화려한 변신

-매봉산 · 하늘공원

누구나 들어봤을 것이다. '건강히 오래 살려면 자주 걷고 즐거운 마음으로 걷도록 하라'는 말을. 옳은 얘기지만, 이를 실천해 내기란 좀처럼 쉽지 않다. 사람마다 건강이나 취향이 다르고, 무엇보다 일상에서 맞고 있는 상황이 제각각 다를 것이기 때문이다. 헌데 다른 이유는 차치하고, 길을 몰라 걷기를 망설이거나 포기하는 입장이라면 문제가 다르지 않은가. 걸어서 건강을 다져나가고 쌓인 시름까지를 훌훌 털어낼 수 있다면, 삶은 윤기를 더할 테고 장수도 보장받지 않을는지. 그런 힐링로드로 매봉산자락길과 하늘공원을 소개한다.

매봉산(梅峯山).

마포구에 있다. 좀 더 자세히 말하면 상암동의 월드컵경기장 뒤쪽에 있는 산이다. 산꼭대기에 올라 매사냥을 했다 해서 붙여진 이름이라 하나, 왜 매화나무 매(梅)자를 썼는지가 의문으로 남는다. 높이는 95m. 아담한 품새치고는 숲이 조밀하고 전망이 뛰어나다. 몇몇 볼거리도 있다. 무엇보다 좋은 점은 길이 평탄하다는 점이다.

매봉산을 오르는 길은 여러 갈래다. 그러나 여기서는 마포구가 표시한 '걷고 싶은 길'의 이정표를 기준으로 삼는다.

지하철 6호선 월드컵경기장역의 2번이나 3번 출구를 빠져 나오면 월드컵경기장 북문 언저리에서 담소정이라는 정자와 만난다. 그 옆에 작은 오솔길이 나 있다. 여기가 바로 매봉산자락길의 출발점이다. 조금 가면 T자형 길이 나오는데 정면이 아닌 왼쪽 데크길을 택한다. 데크 좌우의 리기다소나무 스트로브잣나무 상수리나무 자귀나무 이팝나무가 우뚝하다. 가끔은 가지 사이로 청설모가 그네뛰기를 하기도 한다. '소나무 향기길'이라는 팻말 그대로 진한 솔 향이 코에 닿는다. 깊은 숨으로 솔 향을 들이마신다. 무거웠던 머리가 가벼워지는 느낌이다.

2~3분을 더 오르면 십자로가 나온다. 직진하면 숲속 독서실과 '우수 조망소'가 기다리고 있다. 서울시가 선정한 우수 조망소에서는 저 멀리로 북한산 안산 인왕산이 보이고 가까이로는 상암 신도시와 불광천, 그리고 서대문 은평 지역 등 서울의 서북권을 한 눈에 담아볼 수 있다.

십자로 오른편 20m 지점에 초가가 한 채 보인다. '풀무골 대장간'이다. 유리창 너머로 보니 삽 호미 쇠스랑 낫 곡괭이 등 농기구가 가지런히 진열돼 있다. 쇠를 달구던 화덕이며 불린 쇠를 두드려 연장을 만들던 모루도 눈에 띈다. 대장간 앞의 안내판에 잠시 눈길을 준다. 풀무골의 유래가 한글과 영문으로 소개되어 있다. 그런데 이게 무슨 망발인가. 중요한 대목을 오자로 표기한 것이다.

"…또한 풀무골은 동래 정씨(東萊 鄭氏)가문이 400년, 한양 조씨(漢陽 趙氏)와 전주 이씨(全州 李氏)가문이 200여 년 거주해 온 집성촌(集性村)이기도 하였다." 집성촌의 성은 性이 아니고 姓이라야 맞다. 일본이나 중국에서 온 관광객들이 이를 보면 어떡하나 걱정된다. 홍등가나 유곽이 있던 자리로 쯤으로 여길까봐.

이제 십자로에서 왼쪽으로 방향을 바꾼다. 정상으로 가는 길이다. 약간 경사져서인가. 한 쪽에는 두터운 마포(麻布)가 깔려 있고, 다른 한 쪽에는 나무계단이 놓여 있다. 이런 형태의 길이 도처에 마련돼 있어 노약자가 걷기에 편하다. 10월 초순이라 아직 단풍은 깊게 들지 않았다. 숲길 좌우에 피어 있는 쥐오줌풀 흰 꽃이 아름답다. 조금 오르다 보면 쉼터가 나온다. 벤치와 평상이 있어 잠시 숨을 고른 뒤 다시 오른다. 문득 길 아래 외쪽을 보니 원형 콘크리트 구조물이 눈에 잡힌다. 석유비축기지의 잔존물이다. 1970년대 두 차례의 석유파동을 겪으면서 정부가 건설한 시설물이지만, 월드컵경기장이 들어서자 용인으로 이전시킨 뒤 현재는 친환경 복합문화공간으로 활용하고 있다.

정상 부근에는 또 다른 조망소가 있다. 저 아래 '우수 조망소'에서 봤던 경관과는 달리 일망무제(一望無際)의 아스라한 대 공간 속에 관악산이며 63빌딩 한강 국회의사당 성산대교 등이 한 눈에 들어온다. 이런 조망소도 있나 싶을 정도다. 정작 정상에 올라서는 볼만한 게 별로 없다. 나무들에 가려진 탓인가 보다. 부근에 하체 흔들기나 허리 돌리기, 체스트 프레스 등의 운동기구가 놓여 있음은 올라올 때 피로해진 온몸의 근육을 풀어주라는 배려 때문일까.

내려가는 길은 굴곡이 거의 없다. 인적도 드물어 호젓하다. 샛길이 거의 없을 뿐더러 길도 가파르지 않아 좋다. 오른 쪽으로 목을 돌리니 하늘공원이 보인다. 하산 길 760m를 딛는 발걸음이 빨라진다. 새로운 걷기 대상에 대한 기대가 그만큼 높은 탓일 게다.

산을 내려와 월드컵 4거리에서 건널목을 건너면 바로 하늘공원 입구로 이어진다.

하늘공원은 다 아는 대로 난지도의 쓰레기 매립장이었다. 생활쓰레기를 비롯해서 건설폐자재 산업폐기물 등이 멋대로 쌓여 파리 먼지 악취의 삼다도라 불리기도 했다. 난초와 지초로 아름답던 난지도가 '버려진 땅'으로 전락한 것이다. 오죽하면 쓸모가 없는 사람이나 물건을 '난지도 출신'이라 부르며 비하했을까.

1978년부터 15년 동안 사용하던 난지도 쓰레기매립장은 1993년 2월 폐기된다. 매립장 높이가 98m에 이르러 국제적으로 허용된 45m를 훨씬 초과했고, 쓰레기더미의 침출수가 한강으로 흘러드는 등 문제가 많아서다. 그랬던 난지도가 1988년 들어서는 상전벽해로 크게 변신한다. 상암지구가 2002년 한일월드컵의 개막장소로 결정되었기 때문이다. 버려진 땅으로 냉대를 받던 3,471,090㎡(약 105만 평)의 난지도는 지금 평화공원 노을공원 하늘공원 난지천공원 난지한강공원 등 5개의 테마공원으로 이름을 바꿔 달고 많은 사람들로부터 아낌을 받아오고 있다.

하늘공원의 볼거리는 뭐니 뭐니 해도 억새풀일 것이다. 19만㎡(약 5만 8천 평)의 드넓은 대지에 억새가 군락을 이루고 있다. 매표소에서 하늘공원까지는 1.4km. 정상까지 오르려면 3가지 가운데 하나를 택해야 한다. 첫째, 왼쪽의 아스팔트길을 따라 걷는 방법. 둘째, 지그재그로 놓여 있는 291개의 나무계단을 이용하는 것. 셋째, '맹꽁이 전기차'를 타고 올라가는 방법이다. 걸을 경우에는 25분이 소요된다. 전기차는 12인승으로 어른은 왕복이 3000원, 편도가 2000원이다. 어린이는 왕복 2200원에 편도는 1500원. 12대가 5분 간격으로 운행된다. 전기차를 타면 채 10분이 안 돼 정상에 닿을 수 있다.

걸어서 가든 차로 가든 정상에 이르면 광활한 억새밭에 압도되고 만다. 연녹색과 은빛의 억새풀이 무더기 무더기로 넘실대는 모습은 마치나 이 세상이 아닌, 전설의 딴 세상에 와 있는 기분을 갖게 한다. 다른 사람들도 엇비슷한 느낌일까. 관람객들은 너 나 할 것 없이 출렁이는 억새를 배경으로 카메라 셔터를 누르기에 바쁘다.

하늘공원에는 이색 전망대가 하나 있다. '하늘을 담는 그릇'이 그것이다. 영락없이 대접 같은 모양이다. 쇠를 얽어 만든 전망대에 올라보면 동쪽의 남산과 63빌딩, 서쪽의 행주산성, 남쪽의 한강, 북쪽의 북한산 등이 보인다.

하늘공원은 한강변 높은 곳에 있어 바람이 풍부하다. 이곳에 풍력발전용 바람개비가 돌고 있는 이유다. 발전타워는 모두 5기. 1기당 10kw의 전력을 생산해 하늘공원 안의 각종 시설에 공급한다. 높이 24m의 바람개비들이 천천히 돌고 있는 모습은 바람에 쏠려대는 억새풀과 함께 이채로운 광경이 아닐 수 없다.

하늘공원에서는 매년 10월 중순 경 억새축제가 열린다. 이 기간 중의 관광객 수는 대체로 70~80만을 헤아린다고 공원관리자는 말한다.

공원 안에 별다른 편의시설은 없다. 매점은 입구의 주차장 부근과 공원 안 두 곳에 있지만 다루는 품목은 단조롭다. 음료수나 과자류 등이 고작이니까.

하늘공원을 두고 많은 사람들이 얘기한다. '시민의 안식처'요 '21세기의 새로운 유토피아'라고. 쓰레기집하장이었던 자리가 저리 변했으니 당연한 평가일 것이다. 그러나 뼈아픈 홀대를 받아 왔던 난지도의 입장은 다를지 모른다. 변덕이 죽 끓듯 한 인간들의 행태를 보고 분노하지는 않을까. "구박하고 버릴 때는 언제이고, 침 마르게 아첨하고 볼 부빌 때는 언제냐"면서.

맑고 깨끗한 바람 한껏 들이키고 공원을 떠난다. 291개 계단을 내려서서 큰길을 건넌다. 마포농수산물센터가 기다리고 있다. 싱싱한 해물을 구경하다 보면 소주 한잔이 생각날 수도 있겠다. 다시 길을 건너면 지하철 6호선 1번과 2번 출입구가 차례로 나온다.

2017. 11

불암산 둘레길

4월은 꽃의 계절. 개나리 진달래 목련 벚꽃 등이 활짝 피어 눈부신 아름다움을 토해낸다. 동토의 맵고 찬 겨울을 그들은 어찌 그리 잘 견뎌내고 저토록 우아하고 매혹적인 자태를 우리에게 보이는 걸까. 죽은 듯 생기 없는 나뭇가지, 그 허한 자리에 노랑 파랑 하얀 꽃을 달 수 있음은 나무들 자신의 의지인가, 아니면 신의 섭리 때문인가. 불암산 둘레길 곳곳에도 화사한 꽃들은 무더기로 피어 있다. 메말라 푸수수한 가슴마다에 희망의 불이라도 지르려는 듯이….

불암산.

서울특별시 노원구와 경기도 양주시 별내면에 걸쳐 있는 산이다. 해발 508m. 큰 바위 봉우리가 마치 송낙(소나무겨우살이로 만든 여승용 모자)을 쓴 부처를 닮았대서 붙여진 이름이다. 비교적 산세는 단조롭지만 거대한 암벽과 울창한 수림으로 많은 사람들의 사랑을 받는다.

불암산 둘레길은 서울시가 2011년부터 4년에 걸쳐 조성한 서울둘레길 8개 코스 가운데 첫 번째에 해당하는 수락・불암산 구간을 말한다. 총 길이 157km에 이르는 서울둘레길 가운데 14.3km를 차지하고 있다. 걷는데 필요한 시간은 6시간 30분. 조금은 무리다 싶어 수락산구간은 제외한다.

지하철 4호선 상계역 1번 출구. 왼쪽으로 잠시 걸으면 당현천과 만난다. 100여 미터를 더 가면 오른쪽으로 경남아너스빌과 e편안세상 아파트가 나오고 그 사이에 길이 하나 뚫려 있다. 좌우에는 등산용품을 취급하는 가게며 떡집들이 보인다. 그 길 바로 위쪽에 자리잡은 것이 바로 '불암산 공원'이다. 공원을 들어서니 온통 꽃 천지. 진달래 벚꽃 목련이 만개한 채 상춘객을 맞고 있다.

공원 관리소 옆에 세워진 불암산 둘레길 대형 안내판에 잠시 눈길을 준다. 학도암이 1.7km, 넓적바위가 2km, 불암산 정상까지는 3km의 거리란다. 정상을 빼놓고는 다 둘러볼 장소들이다. 아스팔트길은 어느새 사라지고 흙길이 시작된다. 산에서 맞는 흙길은 '흙으로 된 길' 이상의 가치를 지닌다. 우선 건강에 좋고 친환경적이어서 메마른 정서를 달래주기도 한다. 하지만 흙길은 주의도 필요하다. 길이 움푹 파이거나 나무뿌리 또는 돌부리가 솟아 있을 때도 있어서다. 불암산 둘레길이라고 다르지 않다.

둘레 길을 걷기 시작한지 10분 쯤 지났을까. 오른쪽에 2m 높이의 바위 하나가 목책을 두른 채 서있다. 긴 포대자루가 중심을 잡지 못해 옆으로 살짝 기우뚱해 있는 모습이다. 좀 더 다가가 주위를 살펴본다. 이 바위를 설명하는 안내판이 있지 않을까 해서다. 하나, 아무 것도 없다. 그렇다면, 돌 곁에 나무판까지 깔고 목책을 두르는 등 수선을 피운 이유가 무엇인지 궁금하다.

다시 7~8분을 걸어 불암산 둘레길 전망대와 만난다. 둥근 통같이 생긴 전망대는 3층 높이에 나선형 계단을 갖추고 있다. 꼭대기에 올라 사방을 살펴본다. 왼쪽 저 멀리로는 북한산 백운대와 도봉산 자운대의 위용이 한 눈에 들어오고, 오른쪽으로는 바위 덮인 불암산 연봉이 손에 잡힐 듯 가깝다.

전설에 따르면 불암산은 본래 금강산에 있었다 한다. 그런데 어느 날 불암산은 이런 소문을 듣는다. "조선왕조가 한양에 도읍을 정하려는데 남산이 없어 결정을 내리지 못하고 있다"는.

남산이 되고 싶은 불암산은 서둘러 금강산을 떠난다. 그러나 지금의 불암산 자리에 와보니 한양에는 이미 남산이 들어와 있잖은가. 어쩔 도리 없이 불암산은 금강산으로 되돌아갈 작정을 한다. 하지만, 한번 떠난 자리를 다시 찾는다는 게 얼마나 낯 깎이는 일인가. 갈등 끝에 불암산은 그 자리에 눌러앉아 버린다. 해서 불암산은 서울을 등지고 있는 모양새라나?

전망대에서 내려 5~6분을 더 가면 넓은 암벽을 뒤로 배드민턴장이 마련돼 있다. 코트의 수는 여섯 개. 좋은 위치에 시설도 깔끔해 보이는데 치는 사람은 눈에 띄지 않는다. 무슨 사연이 있을까를 궁금히 여기면서 넓적바위를 향해 걸음을 옮긴다. 불암산의 등산로와 산책로는 하나의 횡단 형 둘레길, 굽잇길이 많아 오르막 내리막이 빈번하다. 또, 군데군데 나있는 샛길 때문에 자칫 엉뚱한 곳으로 빠지기도 한다. 팻말과 안내도를 주의 깊게 살펴야 하는 이유다.

넓적바위는 흔히 여성바위라고도 한다. 이 바위 역시 목책이 둘러쳐 있으나 안내판은 보이지 않는다.

넓적바위 뒤쪽은 배나무 밭. 연두색 새 싹이 한창 돋고 있는 중이다. 한데, 농약 냄새가 진하게 풍겨와 낯을 찡그리게 한다. 문득 오래 전에 읽은 책 ≪기적의 사과≫가 생각난다. 주인공 기무라 아키노리는 농약이나 비료를 전혀 쓰지 않는다. 그는 자연의 생명력을 굳게 믿고 사과나무가 야생의 힘을 스스로 키워 나가도록 도울 뿐이다. 9년여의 도전과 시행착오 끝에 그는 마침내 썩지 않으면서 온몸의 세포가 환호하는 기적의 사과를 만드는데 성공한다.

3분여를 더 걸으니 오른쪽 숲속으로 작은 문고가 나타난다. 그 언저리에는 열댓 개의 배너(banner)들이 펄럭인다. 주로 불암산을 주제로 쓴 시와 그림들이다. 몇 편을 골라 감상한 뒤 학도암(鶴到庵)으로 걸음을 옮긴다. 큰 바위에 새긴 마애관음보살상을 보기 위해서다. 그런데, 길이 여간 가파르지 않다. 천천히 걸어도 숨이 턱에 닿는다.

불암산 중턱에 자리한 이 암자는 조선 인조 2년(1624)에 무공대사가 지었다 한다. '학이 찾아드는 곳'이라는 말 그대로 풍광이 뛰어나다. 현재의 암자는 1955년에 재건된 것으로 필자가 방문할 때는 대웅전 건설공사를 마무리하는 중이었다.

관음보살상은 높이 13.4m에 너비는 7m. 화려한 보관을 쓴 채 연화좌대 위에 앉아 있는 모습이다. 당당한 체구에 얼굴은 또렷하고 미소는 그윽하다. 돋을새김으로 선각(線刻·선으로 표현한 조각기법)되어 있다. 고종 7년(1870) 명성황후의 발원으로 조성된 이 불상은 조선 후기의 뛰어난 마애작품으로 평가받는다. 서울시 유형문화재 제124호로 등재되어 있다. 법당 뒤에서는 바위틈 사이로 약수가 흐른다. 플라스틱 바가지로 받아 두어 모금 마셔본다. 가슴속이 찌르르할 만큼 시원하고 맛있다.

학도암을 내려와 둘레길을 다시 걷는다. 군데군데 진달래와 개나리꽃이 활짝 피어 있다. 그 고혹적인 자태가 산객의 무심을 일렁이게 한다. 소나무나 상수리나무 떡갈나무 등은 아직도 늦잠 속에 칙칙한 모습, 저들 꽃들의 화려한 모습이 더욱 눈부실밖에 없다.

1km쯤 걸어 '104마을' 언저리를 지나간다. 멀리서 본 104마을은

'마지막 남은 달동네'라는 소문과 달리 조용하고 아늑해 목가적인 정취가 물씬하다. 이 마을은 1967년 도심개발을 위해 용산 청계천 일대의 판자촌 주민들을 중계본동 104번지에 이주시키면서 새로 생긴 것이다. 104마을이라 불린 것도 그때부터다. 104마을을 지나 걷는 계단 길은 경사가 급한 편이어서 조금 힘들다.

계단 길을 벗어나 20분 정도를 더 걸으면 원형 전망대가 나온다. 멀리 망우산 용마산 아차산이 가물가물하다. 전망대 바로 앞에 보이는 저쪽 텅 빈 공간은 사격장으로 사용했던 자리. 시설물이 치워진데다 몇 군데 벌목까지 해서인지 허전하고 쓸쓸하다.

다시 둘레길을 걸으려는데 홀연 맨발의 중년 등산객과 맞닥뜨린다. 웬일인가 했더니 길섶의 '맨발 길→'이라는 팻말표지를 보고서야 그 까닭이 이해된다. 앞으로는 날씨가 더 따뜻해질 터. 2.9km에 걸쳐 조성됐다는 맨발 길을 즐기는 사람들도 꽤 늘어날 것이다.

내리막길에 녹색 펜스가 쳐있다. 군부대 앞을 지나고 있음이다. 그 길을 5~6분 걸으면 아파트촌이 나오고, '공릉산백세문'이라 쓴 일주문을 지나게 된다. 한 번만 지나가도 100세를 산다는 염원을 담아 세운 문이라 한다. 얼핏 '3년 고개'라는 전래동화가 생각난다.

백세문을 나와 왼쪽으로 1km를 걸으면 지하철 6호선 화랑대역 4번 출입구. 어느 결에 불암산 둘레길 트레킹이 끝난 것이다.

2015. 05

도심의 호젓한 산책로

-서리골공원에서 청권사까지

'계절성 정서장애(SAD)'라는 의학용어가 있다. 흔히 계절성 우울증이라 부른다. 겨울철에 자주 나타나는 이 증상은 사람의 감정에 영향을 미치는 두뇌 속의 화학물질이 제대로 분비되지 않아 일어나는 현상이란다. 괜스레 짜증이 나거나 불안감을 느끼고, 기력이 떨어지거나 불면에 시달리며, 매사에 의욕이 시들해져 가까운 친구조차 만나기 싫어진다면 계절성 우울증을 의심해 볼만 하다. 그렇다면 이를 예방하고 치료하는 방법은 무얼까. 가장 쉽고 확실한 방법은 '걷기운동'이라고 의학전문가들은 말한다. 지금은 1월 중순. 소한(小寒) 추위는 지났어도 겨울이 끝나려면 아직 멀었다. 계절성 우울증과 걷기운동에 관심을 가져야 하는 이유다.

'걷고 싶은 힐링로드', 이번엔 서초구의 서리풀공원을 찾아간다. 여름에도 서리가 내린다는 서리골과 이국적 감상이 묻어나는 몽마르트공원, 그리고 넓고 호젓한 서리풀공원을 걷다보면 우울증 아니라 더 심한 번뇌의 고통도 말끔히 가라앉지 않을까. 공원을 빠져나오는 길엔 청권사(淸權祠)도 들러보자. 또 다른 느낌으로 계절성 정서장애를 다독여 줄 것이다.

지하철 3·7·9호선 고속버스터미널역. 3번 출구로 나오면 2시

방향에서 육중한 모습의 센트럴보도육교와 만난다. 육교를 건너 도로로 내려가기 전, 건너편 산 쪽으로 좁은 길 3개가 나 있다. 콘크리트와 나무계단길이 아닌 맨 오른쪽의 흙길을 택한다.

좌우에 이정표와 종합안내판이 세워져 있다. 팔각정쉼터 327m, 누에다리 958m, 청권사쉼터는 2993m의 거리란다. 서리골 초입일 뿐인데도 벌써 공기가 다르다. 달고 상큼하다. 좁다란 산길은 낙엽으로 덮여 있다. 잎을 다 털어낸 나목들, 얼핏 보면 허전하고 쓸쓸해 보인다. 하지만 발목까지 덮이는 낙엽으로 까닭 없는 풍요를 느끼기도 한다. 어디 그뿐이랴. 녹음 속에선 아무 것도 안 보인 것들이 앙상한 나뭇가지를 통해서는 훤히 잘 보이니 일영일락(一榮一落), 세상 이치가 다 그런 게 아닌가 싶다. 하므로, 먼발치의 까치둥지를 보며 걷는 길은 고즈넉할지언정 외롭지는 않다.

평일이어서 사람들은 별로 눈에 띄지 않는다. 호젓한 길을 혼자 걷는 느낌이다. 길은 비교적 잘 정비되어 있다. 가장자리를 통나무로 두 겹 또는 세 겹씩 쌓은 것은 큰 비에 흙이 쓸려 내려오지 않도록 하기 위해서일 것이다. 일정한 간격으로 세운 나무기둥에는 밧줄이 연결되어 있다. 노약자들을 위한 배려이리라.

이제 오르막길이 시작된다. 길가에는 산수국, 산철쭉, 그리고 꽃무릇이라 씌어진 팻말과 마른 그루터기들이 눈에 띈다. 봄과 여름에는 이 길이 푸른 초목과 더불어 얼마나 아름답고 화사할까가 짐작된다. 공원의 숲길입구에서 400미터쯤 왔을까. 팔각정쉼터가 오른쪽에 보인다. 그 건너편에는 철봉 평행봉 활차머신 등 열여섯 개의 운동기구들이 제 자랑하듯 일렬로 진열돼 있다. 서초구에서 마련한 안내간판에 잠시 눈길을 준다. "서리풀은 서초(瑞草)의 우리말로 상서로운 풀이라 하여 벼를 뜻한다. 평야지대가 많은 서초구의 이름은 바로 서리풀에서 따온 것이다."

다시 걷는다. 팔각정 위쪽의 나무계단을 지나면 평지가 나온다. 길 오른쪽에서 등나무쉼터가 기다리고 있다. 벤치가 일곱 개나 되는 데도 쉬어가는 사람은 하나도 없다. 나 혼자 맥쩍게 의자에 앉아 생수로 갈증을 달랜다. 길은 다시 내리막으로 바뀐다. 그러다가 금세 오르막이 되면서 작은 정자가 나타난다. '서리풀근린공원'이란 편액이 걸려 있다.

계속해서 길을 따라 오르면 참나무쉼터. 누에다리와 효령대군 묘역은 여기서 오른쪽으로 가라고 이정표는 알린다. 철망펜스를 따라 아래로 걷기를 잠시, 갑자기 왼쪽에서 누에다리를 만난다. 2009년 말에 준공된 이 다리는 너비 3.5m에 길이는 80m. 반포로 상공 23.7m에 놓여 있다. 얼핏 보면 거대한 누에가 꿈틀거리며 기어가는 모습이다. 다리 명칭은 이 근처에 양잠도회(養蠶都會)가 있었던 점에 착안한 것이라 한다.

다리 위에서는 남산과 북한산을 선명히 볼 수 있다. 다리를 건너면 오른쪽에서 '잠몽(蠶夢)'이라는 제목의 조각품과 만난다. 누에 두 마리가 동그랗게 몸을 굽혀 입맞춤하는 모습이다. 이 누에들의 입술에 손을 대고 소원을 빌면 들어준다는 속설 때문에 누에 입술은 늘 반질반질하다. 사진 한 장을 찍은 뒤 바로 그 옆의 몽마르트공원에 들어선다.

이 공원은 본래 아카시나무가 우거진 야산이었던 것을 서초구가 주민들에게 휴식공간을 마련해 주기 위해 조성했다고 한다. 또 부근에는 프랑스사람들이 많이 살고 있어 공원이름을 몽마르트라고 불렀다는 것이다. 2만여 평의 공원은 중앙의 잔디공간을 산책길이 둘러싼 모습이다. 산책길 뒤쪽의 울멍줄멍한 둔덕에는 소나무와 단풍나무가 심어져 있어 운치를 더해 준다.

다양한 운동기구와 아담한 모습의 시비(詩碑)들, 그리고 방사(放飼)되어 여기저기를 뛰노는 토끼들…그래서 몽마르트공원은 산책객들이 즐겨 찾고 있는가보다. 벤치에 앉아 늦은 점심식사를 김밥 한 줄과 사과 몇 쪽으로 때운다. 시장이 반찬이라던가. 그리 맛있는 점심은 최근에 없었던 성싶다.

몽마르트공원을 나와 블록 길을 400m 가량 내려가면 동광로에 걸쳐진 서리풀다리가 나온다. 다리를 건너 오르막길에 놓인 나무계단을 지나면 내리막. 깊은 숨 한번 쉬고 또 오른다. 갈림길이 나타난다. 이정표에는 왼쪽이 '할아버지쉼터'와 '맨발로 걷는 길'이고, 오른쪽은 '할머니쉼터'로 돼 있다. 할아버지쉼터를 잠시 둘러보고 나온다. 그나저나 어르신들 쉼터를 성별로 나눈 것은 무슨 이유 때문일까. 하면, 부부가 동행해도 각자 나뉘어 휴식을 취해야 한단 말인가.

그건 그렇다 치고, 이정표에 청권사는 언급되지 않았으니 대체 어디로 가야 하나. 묻고 물은 끝에 할아버지쉼터 바로 아래에 있는 왼쪽 오솔길로 접어든다. 잠시 걸으니 삼거리가 나온다. 그런데 이곳에도 이정표가 없다.

산행을 하면서 자주 느끼는 것은 꼭 있어야 할 자리에 이정표가 없다는 점이다. 물어볼 사람도 없을 경우에는 난감하기 짝이 없다. 이럴 때는 그저 발길이 잦아 보이는 길을 택하는 수밖에 없다. 틀릴 때도 있지만 대부분은 옳기 때문이다. 이번에도 마찬가지. 발길 잦은 정면의 오르막길로 걸음을 뗀다. 내리막에서 다시 네 거리가 나온다.

청권사 쉼터까지는 아직도 1km를 더 가야 한단다. 산허리를 휘돌면서 걷고 또 걷는다. 가까이 아파트가 보여 "거의 다 왔구나" 싶어도 끝 간 줄 모르고 산길은 계속된다. 그럼에도 길이 힘들거나 지루하지 않은 것은 나무가 뿜어내는 특유의 향이 머리를 쇄락케 하기 때문일 것이다.

삼거리가 또 나온다. 청권사 쉼터까지의 거리는 660m. 앞으로 20분정도면 도착할 수 있을까. 정면의 나무계단 길로 오른다. 계단을 다 올라서도 내리막 오르막길은 여전하다.

누가 말했던가. "서리풀공원은 풍치가 뛰어나고 난이도도 낮아 많은 사람들로부터 사랑을 받고 있다"고. 다른 건 몰라도 난이도를 무시할 정도는 아닌 것 같다. 공원이라 해도 산은 산이니까. 어쨌든, 1시간 30여 분 간의 산행 끝에 드디어 청권사 쉼터에 도착했다. 하지만 기분은 떨떠름하다. 다른 쉼터에 비해 아주 특별한 것도 아니고, 청권사라야 담장의 일부분만 겨우 보이기 때문이다. 발돋움을 해봐도 청궈사 내부는 전혀 볼 수 없다. 여기서 청권사를 가려면 담장을 따라 500여 미터를 더 걸어 내려가야 한다.

청권사는 조선 태종의 둘째 아들이자 세종의 형인 효령대군 보(補)의 신위를 모신 사당과 묘소다. 서울시 유형문화재 제12호로 지정되어 있다. 청권이란 중국 주나라 태왕의 맏아들 태백과 둘째아들 우중이 아버지의 뜻을 헤아려 셋째인 계력에게 왕위를 양보한 데서 비롯된 말이다. 공자가 이들의 미덕을 칭송하면서 청권(淸權)이라 표현했다고 한다.

대지면적은 6만여 평방미터, 잘 관리된 묘역과 사당, 기념관 등을 둘러보고 귀가 길에 오른다. 정문에서 지하철 2호선 방배역 4번 출입구까지는 40m의 거리다. 지하철역으로 가면서 이런 의문이 피어오른다. "하찮은 재산을 두고도 형제가 혈투를 마다않는 세상이 아닌가. 아우인 충녕대군(세종)에게 선뜻 왕위를 물려주고 불문에 들어간 효령대군의 심사가 어땠을까" 하는. 아무리 생각해도 그 깊고 넓은 속내를 읽어낼 수 없으니 필시 필자는 필부인가 보다.

2016. 01

개나리꽃, 그리고 해맑은 사슴 눈

-응봉산과 서울숲

흔히 '걷기는 만병을 치료하는 수단'이라 얘기한다. 또 '마음이 즐거운 사람은 쉽사리 병에 걸리지 않는다'고도 한다. '즐겁게 걷는다'는 것이 얼마나 중요한지를 일깨우는 말들이다. 이제 절후는 춘분을 지나 내일 모레면 청명. 만화방창(萬化方暢)의 가슴 뛰는 계절이 다가온 것이다. 이런 호시절, 서울에서 개나리꽃이 가장 아름답다는 응봉산과 서울의 센트럴파크인 서울숲을 거닐며 봄을 만끽해 봄은 어떨까. 메마른 일상은 한결 촉촉해지고, 까칠한 마음엔 윤기가 더해질 것이다.

경의 중앙선 응봉역.

1번 출구로 나가면 바로 옆쪽에서 광희중학교와 응봉초등학교를 차례로 만난다. 그 옆의 빗물펌프장을 오른쪽에 끼고 위로 오른다. 비탈길이 조금은 가파르다. 팻말이 하나 보인다. '응봉산 팔각정 350m'. 콘크리트로 포장된 산 밑 길을 따라 걷는다. 팻말이 또 나타난다. 응봉산8각정과 모험놀이장, 그리고 출렁다리는 직진하고 암벽등반공원은 오른쪽 길로 가란다.

거리 표시가 없는 것은 예시한 장소들이 모두 가까운 곳에 있다는 뜻인가 보다. 그런데 길 왼쪽의 나무계단은 무엇일까. 궁금해 지나가는 등산객에게 묻는다. 응봉산 정상에 오르는 지름길이란다. 그런 나무계단길이 몇 군데 더 있다.

콘크리트 포장도로를 계속 걷는다. 금세 출렁다리가 길 오른쪽에 나타난다. 커브 길을 이용해 만든 이 다리는 나무판자를 양쪽 쇠기둥에 연결하고 1m 길이의 쇠파이프를 촘촘히 세로로 연결해 통로난간을 만든 식이다. 다리 폭 1.2m, 높이 5~6m에 전체 길이는 20m. 걸을 때마다 다리가 출렁거리는 바람에 간담이 서늘해지는 스릴을 느끼게 한다. 해서, 출렁다리는 어린이와 여성들에게 아주 인기가 높다.

응봉산 밑자락을 감싸듯 쌓은 석축 위에서는 개나리들이 샛노란 꽃을 피워내느라 바쁜 모습이다. 이미 꽃망울을 터뜨린 녀석들도 많지만, 활짝 피려면 앞으로 며칠은 더 기다려야 할 듯싶다. 이 산 너머는 어떤 모습일까. 개나리 군락지인데다 양지가 바르니 분명 이곳과는 다를 터. 괜스레 마음이 바빠진다.

길 가에 전망 데크가 있어 잠시 들른다. 숲을 이룬 아파트 너머로 성동교 중랑천 응봉교 지하철 응봉역사가 보인다. 저 멀리로는 용마산 아차산이 아스라하다. 작은 숄더백에서 물병을 꺼내 두어 모금 마신다. 탁 트인 전망 때문일까. 물맛이 유별나게 달고 시원하다. 다시 걷는다. 왼쪽으로 나무계단이 보인다. 지그재그가 아닌 수직형태이다. 계단 수를 대충 헤아려 보니 70개. 가던 길을 바꿔 계단길을 택한다. 계단을 벗어나니 정상이 코앞이다. 정상에 우뚝 서 있는 것은 응봉산 팔각정. 2층 구조인데 위풍이 당당하다. 깔끔한 단청이 품위를 더한다.

응봉산(鷹峰山).

성동구 응봉동에 있는 해발 95m의 산이다. 중랑천과 한강이 합류한 지점 언저리에 자리 잡고 있다. 화강암으로 이루어진 이 산은 생김새가 매를 닮았다 해서 응봉이라는 이름을 얻었다고 한다. 또, 조선조의 왕들이 이곳에서 매사냥을 했다 해서 응봉이라 불렀다는 얘기도 있다.

응봉산 정상에서 바라보는 경관은 절로 탄성을 자아낸다. 산 밑으로는 경의 중앙선이 지나가고 중랑천 위에는 용비교와 응봉교가, 한강 위로는 동호대교 한남대교 성수대교 영동대교가 가로지르고 있다. 동부간선도로와 강변북로를 바삐 달리는 자동차들의 모습이 역동적이다.

용비교 너머로 보이는 녹지대는 서울숲. 저 멀리로는 잠실 주경기장과 무역센터가 눈에 잡히고, 아득히 먼 거리에서는 청계산 우면산 관악산의 우뚝한 모습이 위용을 뽐낸다. 불빛 찬란하고 헤드라이트가 궤적을 그리는 야간에는 또 다른 매력으로 출사마니아들을 사로잡는다는 얘기가 정말인가 보다.

응봉산에는 해마다 개나리가 곱게 피어 많은 상춘객들이 다투어 찾는다. 올해의 개나리축제는 4월 1일부터 3일까지라고 한다. 개나리야말로 야트막하고 바위뿐인 응봉 야산을 인기 있는 명품 산으로 만든 1등 공신일 것이다. 1980년대 초까지만 해도 응봉산은 허술한 아파트와 판잣집들이 들어찬 장소로, 서민들에게는 어려운 삶을 이어갈 뿐인 평범한 장소였다. 그 뒤 허름한 집들을 철거한 뒤, 콘크리트 잔해와 바위틈 사이에 20만 주의 개나리를 심어 오늘의 눈부신 변화를 갖게 한 것이다. 그야말로 상전벽해(桑田碧海)요 환골탈태(換骨奪胎)다.

팔각정자를 배경으로 사진 몇 장을 찍고 산을 내려간다. 어차피 서울숲으로 가는 길, 양지바른 능선에서 더 많은 개나리를 더 가까이에서 보겠다는 요량이다. 그런데, 아무리 둘러봐도 안내팻말을 찾을 수 없다. 길은 세 군데인데 어느 길을 택해야 하나. 할 수 없이 어림짐작으로 나무계단 길을 고른다. 걸음을 떼자마자 좌우로 개나리 덤불이 둘러싼다. 아쉬운 것은 이쪽의 개나리도 아직 만개하지는 않았다는 점이다. 샛노랗게 활짝 핀 것보다는 봉오리져 있는 게 대부분이다.

'금호빗물펌프장'이라는 팻말을 따라 300m 가량 내려가니 쌍둥이 간이 정자가 나타난다. 그리고 다시 안내 팻말. '서울숲 650m'라고 씌어 있다. 용비교 차도 옆에 따로 마련한 너비 1.5m의 보도를 따라 걷는다. 달리는 차량들의 소음이 귀에 거슬리지만 시원한 강바람이 땀을 걷어낸다. 용비교 끝에서 건널목을 건너 잠시 걸으면 큰 4거리. 서울숲의 9, 10, 11번 출입구가 보인다. 11번 출입구로 들어선다.

서울숲의 지번은 성동구 성수동 1가. 예부터 말 목장, 매 사냥터, 군대 사열장으로 사용되던 장소다. 1908년 우리나라 최초의 상수원 정수장으로 건설되어 각광을 받기도 했었다. 그 뒤 경마장, 골프장 등으로 변화를 거듭하다가 1989년에 이르러 지역주민의 체력단련과 여가활동의 공간으로 이용되기도 했다.

서울숲의 전체 넓이는 115만㎡. 문화예술공원 생태숲 체험학습원 한강수변공원 습지생태원 등 5개의 테마공원으로 나뉘어져 있다. 그 가운데 몇 군데를 골라 찾아가기로 한다.

11번 출입구에서 2~3분을 걸으면 사슴우리가 나온다. 30 마리정도의 사슴들이 어슬렁거리면서 관람객으로부터 먹이를 받아먹고 있다. 우리 가까이로 다가가 사슴들을 본다. 녀석들은 생김새부터가 온순하고 행동거지는 조신하다. 그리고 어찌 저리도 착한 눈을 지닐 수 있을까. 이 세상 어떤 동물보다 선량한 존재들을 우리에 가둬버린 인간의 횡포는 얼마나 추악한가. 얼마나 잔인한가. 서울숲에서 가장 인기 높은 장소가 사슴우리라니 더욱 부끄럽다..

성수대교 아랫길을 지나면 '소원의 폭포'를 만난다. 폭포는 없지만 소원을 들어주는 돌 거북은 여전히 자리를 지키고 있다. 그 옆에 있는 것은 돌 함지박. 동전 몇 닢이 그 안에 떨어져 있다. '작은 동물의 집'을 지나면 '갤러리정원'이다. 꽃과 덩굴식물이 어우러져 있다.

'영주 사과 길'과 '야외무대'를 지나면 '조각공원'을 왼쪽에서 만난다. 우리나라 대표적인 조각가들의 구상 비구상 작품 15점이 전시되어 있다. 이들 가운데 '약속의 손'이 특히 눈길을 끈다. 맞잡은 두 손을 클로즈업시킨 모습이다.

'약속의 손' 건너편은 '바닥분수'. 바로 그 옆에서 '군마상'을 볼 수 있다. 여섯 마리의 경주마가 기수를 태운 채 전 속력으로 달리는 모습을 형상화했다. '군마상'이 끝나는 지점에 서울숲 2번 출입구가 자리 잡고 있다. 거기서 왼쪽으로 750m를 가면 지하철 2호선 뚝섬역 8번 출입구, 오른쪽으로 300m를 가면 지하철 분당선 서울숲역 3번 출입구가 나온다. 지하철로 걸음을 떼면서 문득 이런 생각이 든다.

서울숲은 2003년 말 착공 때부터 뉴욕의 센트럴파크나 런던의 하이드파크처럼 훌륭한 시민공간을 만들자는 것이 목표였다. 그러나 현실은 어떤가. 여기저기 도로로 끊긴데다 볼썽사나운 건물들이 들어서 있는 등 미흡한 할 점이 적지 않다.

응봉산도 그렇다. 정상의 정자 2층은 왜 아무런 통보 없이 출입을 막았는지. 그리고 정상 둘레에 설치한 '성동의 역사, 문화 이야기'의 안내판은 '응봉산'의 내력을 설명하면서 응봉(鷹峰)을 응봉(應峰)으로 표기해 어안이 벙벙했다. 또, 굵은 폐목들이 함부로 개나리나무에 내던져진 것을 몇 군데서 봤다. 개나리는 성동구의 자랑이자 시민 모두가 아끼는 존재가 아닌가. 이를 부러뜨리고 숨을 못 쉬게 하다니 있을 수 없는 일일 것이다.

2016. 03

※ 2017년 10월 서울시는 현대제철・삼표산업과 협약을 갖고 2022년 6월까지 서울숲 인근의 레미콘공장을 이전 철거하기로 했다고 한다. 따라서 2만 7천여 평방미터의 부지는 도시재생을 거쳐 공원으로 탈바꿈하게 될 것이다. 무엇보다 그동안 숙제로 남았던 서울숲의 문제가 해결되어 반갑다.

제5장

가을은 익어가고

가슴 설레며 걷는 연둣빛공원
-북서울 꿈의 숲

'보랏빛 석산에 산도화 두어 송이송이 벌고, 눈 녹아 흐르는 옥 같은 물에 암사슴이 발을 씻는다'는 봄이 왔다. 봄은 매서운 추위가 걷히고 밝은 햇살이 가득 드리우는 계절. 삶에 대한 기대와 희망을 꿈틀대게 한다. 이제 시후는 우수 경칩 춘분을 지나 청명을 기다리는 상춘(賞春)의 호시절. 오랜 동면에서 깨어나 산행을 준비한다.

모처럼의 봄맞이 걷기를 어디서 갖는 게 좋을까. 걷기 편하고 경관이 빼어나 명실 공히 몸과 마음을 힐링해 줄 그런 장소는 없을까. 개나리 진달래 벚꽃이 피는 곳이라면 더더욱 좋을 테고…. 해서 고르고 고른 곳이 '북서울 꿈의 숲'이다.

강북구 월계로 173(번동 산 28-6), 옛 드림랜드 자리 66만여㎡에 조성된 매머드공원이라면 짐작이 갈까. 2009년에 문을 연 이 공원은 그 이름만큼이나 제 값을 다 한다는 평가를 받는 곳이다. 싱그러운 녹지에 화사한 벚꽃 길, 달빛 어린 연못에 '월광폭포', 북서울을 조망할 수 있는 전망대 그리고 '꿈의 숲 아트센터' 등 여기저기를 거닐다 보면 무지근한 몸 절로 가벼워지고 어수선한 심기 또한 차분히 가라앉으리라.

지하철 6호선 돌곶이역 3번 출구. 10여m 앞쪽의 버스정류장에서

147번 버스를 탄다. '북서울 꿈의 숲'까지 걸리는 시간은 5분가량. 바로 앞의 월계로를 지나면 공원 동문에 닿는다. 입구에 '칠폭지'가 조성되어 있다. 7개의 작은 폭포와 소(沼) 그리고 예쁜 수생식물을 볼 수 있다는 곳이지만, 아직 통수(通水)가 안 된 시기라 제 기능을 못하고 있다. 오른쪽의 2층짜리 건물은 방문자센터. 공원에 대한 문의에 답해 주고 휠체어나 유모차 등 편의시설을 제공해 준다.

위쪽으로 100여m를 오르면 소박하고 단아한 모습의 한옥 한 채가 나타난다. 등록문화재 제40호인 창녕위궁재사(昌寧尉宮齋舍)다. 이 집은 조선 23대 왕인 순조의 둘째 딸 복온공주(福溫公主)와 부마인 창녕위 김병주를 위한 재사(齋舍)이자 살림집이다. 한일병합 후 김병주의 손자인 김석진(金奭鎭 · 1847~1910) 선생이 울분을 참지 못해 스스로 목숨을 끊고 순국한 곳이기도 하다. 그의 우국충정을 기리기 위함일까, 뒷담 너머 넓은 땅에 마련한 대나무 숲이 연둣빛으로 청청하다.

걸음을 옮겨 월영지(月影池)로 간다. 길 양쪽에 벚나무가 줄지어 심어져 있다. 이곳 '북서울 꿈의 숲'이 자랑하는 벚꽃 길이다. 하지만 때 이른 탓에 벚꽃의 화려한 자태는 볼 수 없다. 보이는 것은 그저 수수알맹이인양 부풀어 오른 꽃망울 뿐, 꽃피는 4월에는 이 길이 눈부시도록 아름다우리라. 월영지는 달빛에 비친 모습이 아름답대서 붙여진 이름. 연못 앞에는 정자형 쉼터 '애월정'이 세워져 있다.

오른편 저쪽, 소나무 사이로 보이는 것은 '월광폭포'다. 그러나 지금 폭포는 멎어 있다. 멎은 것은 연못 중앙에서 솟구치는 분수도 마찬가지다. 인공폭포와 분수의 가동시기가 5월부터 9월까지로 제한돼 있기 때문이다.

월영지 위쪽에는 잔디광장과 '상상톡톡미술관'이 자리하고 있다.

넓이가 서울광장과 얼추 맞먹는 잔디광장(12,000㎡)은 잡풀 하나 없이 깔끔하게 손질되어 있다. 지형을 거스르지 않고 아래로 비스듬하게 광장을 꾸민 모습이 이채롭다.

2010년에 개관한 미술관은 어린이들을 위한 문화예술 공간. 숲속 캠핑놀이를 비롯해서 자갈 속에 숨은 곤충 찾기, 스펀지풀장에서 수영하기, 스펀지 팝콘놀이 등 어린이들이 좋아하는 놀이로 구성되어 있다. 재미와 함께 상상력 창의력을 키운다는 생각에 어린이보다는 부모들이 더 많은 관심을 보이는 것 같다.

잔디광장을 지나 오른쪽의 작은 둔덕에 이른다. 바로 그 때, 문득 바라본 앞쪽 저 멀리에서 불쑥 거산 거봉이 나타난다. 도봉산과 백운대다. 위용에 압도된 탓에 순간 숨이 멎는다. 이제 길은 둔덕 아래의 문화광장으로 이어진다. '꿈의 숲 아트센터'의 앞뜰 격인 이 공간의 전체 면적은 10,000㎡. 주변풍경을 물에 투영시켜 경관을 빛내는 '거울연못'과 '점핑분수', 어린이들의 상상력을 키워주는 '상상어린이 놀이터', 시민들의 소망을 타일에 담아 전시한 '희망의 숲' 등으로 구성되어 있다. 토요일이고 날씨가 따뜻해서인지 광장은 가족단위의 나들이객들로 꽤 붐비는 모습이다.

꿈의 숲 아트센터는 지상 3층에 지하 2층의 건물. 다양한 문화예술 프로그램을 통해 시민들과 소통을 꾀하는 문화공간이다. 주요 시설로는 300석 규모의 콘서트홀과 280석 규모의 퍼포먼스홀을 들 수 있다.

아트센터를 나와 비탈진 길을 오른다. 전망대로 가기 위해서다. 100여m를 걸으면 '각도변환 경사 형 엘리베이터'라는 낯선 이름의 승강기와 만난다. 비딱하게 연결된 와이어를 따라 움직이는 이 괴짜

엘리베이터는 우리나라에서 이곳이 유일하단다. 옥외 67m, 옥내 47m의 거리를 운행하는데 걸리는 시간은 2분 쯤 된다.

'전망홀 카페2'에 들어서니 벌써 열댓 명의 관람객들이 탄성을 지르며 조망하고 있다. 맨 오른쪽의 아차산 봉화산을 비롯해 중앙의 불암산 수락산 그리고 왼쪽의 오패산 도봉산 북한산 노적봉은 마치나 거봉(巨峰)품평회에라도 나선 듯 저마다 우뚝우뚝 솟은 모습을 자랑한다. 이 전망대는 TV 첩보드라마 '아이리스'에도 등장하는 등 유명세를 타고 있다.

전망대에서 나오면 왼쪽에 작은 팻말 하나가 보인다. '오패산 정상 50m'가 그것이다. 이 계절 숲은 어떤 모양을 하고 있을까. 매일같이 다듬고 가꾼 공원과는 어떻게 다를까. 계획에는 없지만 올라가 보기로 한다. 오랜만에 걷는 흙길에 기분이 상쾌하다. 봄을 맞아 숲은 생동감에 넘쳐 있다. 동면중의 무위(無爲)를 벌충이라도 하려는 걸까. 초목들은 너나없이 수액을 빨아올려 줄기와 가지를 적시기에 바쁘다. 그 부지런함과 끊임없음이 눈에 보이는 듯싶다. 침묵 속에 단 한 발짝도 움직이지 않던 저 초목들. 그럼에도 어찌 저렇듯 싱그러운 연둣빛 새싹을 틔울 수 있을까.

정상에 오르니 간이 정자 안에 오패산 전망데크가 마련돼 있다. 빼곡히 들어찬 아파트 뒤로 병풍같이 늘어선 형제봉 보현봉 노적봉 만경봉 그리고 백운봉 인수봉이 보인다. 준비해 간 식수로 갈증을 푼 뒤 걸음을 되돌려 산을 내려간다. 다시 아트센터 앞. 문화광장의 나들이객 수가 더 늘어난 듯싶다. 유모차를 미는 젊은 부부들, 불편한 몸을 휠체어에 의지하고 있는 사람들의 모습도 많이 눈에 띈다. 특히 '상상어린이놀이터'는 여간 복닥거리지 않는다.

이제 초화원(草花園)과 사슴방사장이 있는 쪽으로 발걸음을 옮긴다. 초화원은 이곳 어린이놀이터에서 370m의 거리에 있다. '상상톡톡미술관'과 월영지 앞을 지나다 보면 왼쪽에 나무계단을 보게 된다. 지그재그 계단이 끝나면서 아래로 비탈진 땅이 초화원이다. 과거에 골프장으로 사용하던 땅을 개조해서 마련했다고 한다. 초화원. 그러나 그것은 이름뿐, 이렇다 할 풀 한 포기나 꽃 한 송이가 없다. "다양한 지피(地皮), 야생 초화류를 심어 4계절 다양한 경관을 연출한다"는 말은 허구였을까. 참, 있기는 있다. 마른 억새 몇 포기다.

개운치 못한 기분으로 그 밑쪽의 사슴방사장에 이른다. 그런데 이건 또 뭔가. 방사장 둘레에 굵은 비닐테이프가 두 줄로 쳐 있다. 출입하지 말라는 뜻이다. 이유를 밝히는 안내판은 어디에도 없다. 하도 괴이쩍어 방문자센터에 전화를 걸어봤다. "구제역 때문에 취한 조칩니다." 간결한 답변이 돌아온다. 그래도 그렇지, "서울의 대표적 공원으로 여러분을 초대한다"면서 '고품격 문화예술'을 들먹이던 것과는 좀 다르지 않은가. 기분이 여간 찜찜하지 않다. 먼발치에서 서성이는 사슴 11마리. 그들은 이 상황, 이 기분을 이해할 수 있을까.

사슴방사장 아래쪽에는 태양광발전시설이 마련돼 있다. 이곳의 태양광 발전 시스템은 40w 형광등 1,000개를 6시간 사용할 수 있는 전력량, 방문자센터를 비롯해 주차장 미술관 등에 전기를 공급한단다. 태양열발전시설은 고갈되지 않는 자원을 무한으로 사용할 수 있고 대기오염이나 폐기물이 발생하지 않는 등 장점을 지니고 있다. 그런데도 이 시설에 관심을 갖고 눈여겨보는 사람은 전혀 눈에 띄지 않으니 괴이쩍다.

귀가 길은 올 적의 역순. 방문자센터 앞 큰길을 건너 147번 버스를 타고 돌곶이역에서 내리면 된다.

2017. 03

신록, 일상의 찌든 때를 씻어내다

-홍릉 숲→세종대왕기념관→영휘원·숭인원

사코페니아(Sarcopenia).

최근에 알려진 질병 이름이다. 우리말로는 근육감소증 근육결핍증 근육마름증 등 여러 가지로 부른다. 나이가 들면 근육이 점점 줄어드는데 이런 증상이 바로 사코페니아다. 이 병은 무엇보다 운동능력을 급격히 떨어뜨리는 게 특징이다. 앉고 서기가 불편하고 계단을 오르내리기는 더욱 어렵다. 다리근력의 감소는 자칫 낙상과 골절로 이어져 생명을 위협하기도 한다.

근육감소증에는 완전 회복이 없다. 그렇다고 100% 예방할 수 있는 것도 아니다. 다만 증상을 완화시킬 수는 있다. 그 가운데 하나가 '걷기'라고 전문의들은 말한다. 일찍이 걷기에 관심을 갖고 꾸준히 실천까지 해왔다면 걱정 하나는 절로 풀린 셈이 아닐까.

소만(小滿)을 지나면서 산과 들의 초목은 녹색 싱그러움을 더해 간다. 파란하늘에 꽃보다 아름다운 신록, 마음은 벌써 두둥실 공중을 난다. 문득 피천득의 시 '오월'이 떠오른다. "신록을 바라다보면 내가 살아 있다는 것이 참으로 즐겁다. 내 나이를 세어 무엇 하겠느냐"

'걷고 싶은 힐링로드'. 오늘은 동대문구 회기로의 '홍릉숲'을 찾아간다. 총 면적 41만 5천㎡에 2035종의 초목이 자라는 홍릉숲은 우리나라 최초의 수목원. 우거진 숲길을 새 소리와 함께 걷노라면 사코페니아도 걱정 없고, 잡다한 시름 또한 잦아들 터다. 돌아오는 길에는 세종대왕기념관과 영휘원 · 숭인원도 들러 역사의 숨결을 느껴보자.

지하철 6호선 고려대역. 3번 출구로 나와 50~60m 직진하면 건널목이 나온다. 오른쪽으로 방향을 바꿔 잠시 걷는다. 내부순환도로 밑을 정릉천이 흐르고 그 위에 종암교가 걸쳐 있다. 다리를 건너 직진. 한국국방연구원과 한국과학기술연구원이 차례로 나온다. 그 위쪽 삼거리에 있는 것이 홍릉수목원(국립산림과학원)이다.

정문을 지나 오른쪽 길로 들어선다. 산림과학관과 산림정책연구동으로 가는 길목 좌우에 메타세쿼이아 왕벚나무 화백나무 등이 줄지어 서있다. 문득 둘러본 주변은 온통 푸른색이다. 짙은 그늘 탓인가. 바깥 기온보다 2~3도는 떨어지게 느껴진다. 본관 오른쪽의 초본식물원에서는 전국 산지에서 채취한 곰취 미역취 얼레지 앵초 등 다양한 식용식물이 자라고 있다.

초본식물원에서 몇 걸음을 더 가면 오른쪽에 어정(御井)이 나타난다. 고종황제가 이 우물물로 갈증을 풀었다는 속설이 전해 온다. 하지만, 안내판은 보이지 않고 굳게 닫힌 우물뚜껑 위에 때 이른 낙엽만 몇 닢 뒹군다.

어정을 벗어나 위로 오른다. 9시 방향에 관목원(灌木園)이 펼쳐있다. 마가목 산개나리 꼬리진달래 꽃산딸나무 등이 뿜어내는 독특한 냄새가 향수보다 더 좋게 코를 스친다. 관목원 왼쪽으로 난 통나무 계단을 오르면 '홍릉터'가 기다리고 있다. 고종의 왕비 명성황후가 묻혔던 터다. 열댓 평이나 될까. 출입을 금하는 두 가닥 둘레 줄 안에 보이는 것은 '홍릉(洪陵)터'라 쓴 표지석이 유일하다.

잠시 안내판을 읽는다. "1895년 경복궁에서 일본인에 의해 시해당한 명성황후의 시체는 거적에 싸여 궁궐 밖 뒷산으로 옮겨 소각되었다. 황후는 일제의 사주로 폐위, 서인이 되었다가 1897년 명성(明成)이라는 시호를 얻는다. 같은 해 11월 국장을 치른 후 이곳에 묻혔다가 1919년 1월 고종이 승하하면서 경기도 금곡동으로 옮겨 고종과 합장되었다. 따라서 지금은 그 터만 남았으나 아직도 이곳을 홍릉이라 부른다"는 내용이다. 평심으로, 아무런 동요 없이 이 비분강개(悲憤慷慨)할 안내문을 읽어낼 사람이 있을까.

홍릉터를 나와 산자락을 오르다가 왼쪽으로 길이 있어 내려간다. 넓은 산책길 옆에 쉼터가 마련돼 있다. 굵은 통나무를 잘라 만든 간이의자가 50여 개. 잠시 쉬어 가기에는 십상이다. 쉼터 위 100m 거리에 '조경수원'이 있어서 올라가 본다. 철쭉 회양목 같은 관목과 사과나무 모과나무 감나무 등의 유실수 그리고 소나무 주목을 그림같이 가꾸고 요리조리 산책길까지 만든 공간이다. 철쭉에 꽃이라도 달렸다면 분위기가 다르련만 꽃 지고 방문객도 없는 조경수원은 허전하고 을씨년스럽다.

다시 통나무 쉼터로 돌아온다. 이번엔 반송(盤松)을 보기 위해서다. 소나무의 변종인 반송은 땅위 1m 쯤에서 가지가 여러 개로 갈라져 우산형태를 이룬다. 활엽수원 아래쪽 산림보전연구동 잔디밭에 있는 이 반송은 1892년생. 홍릉숲의 최장수목이다.

반송 곁의 본관에서 오른쪽 산책길로 300m 가량 걸어가면 난대온실이 나온다. 내부를 4개 난대지역으로 나누어 지역별 자생종을 전시하고 있다. 온실에서 정문으로 가는 길 왼쪽에는 찔레 대극 백선 부들 작약 엉겅퀴들이 옹기종기 모여 수런수런 꽃을 피워낸다. 아름답고 향기롭다. 다만, 저들 꽃의 생명이 고작 열흘에 그치고 만다는 게 안타깝다.

정문을 나서 마주 보이는 건물은 세종대왕기념관이다. 세종의 성덕과 위업을 추모하고 보존할 목적으로 1970년에 준공, 3년 뒤인 1973년에 개관했다. 지하 1층, 지상 2층의 현대식 건물에 세종의 일대기 한글 과학 국악 야외전시 등 5개의 전시공간으로 구성되어 있다. 야외전시실에서 볼 수 있는 것은 세종대왕동상 세종대왕신도비(보물 1805호) 해시계 물시계 수표(水標·보물 838호) 측우기 외에 옛 영릉에 있던 석물 등이다. 세종과 왕비 소헌왕후를 모신 영릉은 원래 양주에 있었으나 길지(吉地)가 아니라 해서 예종 원년(1469)에 지금의 위치인 여주로 천묘했다. 이때 운반이 어려워 땅에 묻은 석물들을 다시 찾아내 이곳으로 옮겨온 것이다.

평일인 때문일까. 기념관 안팎에 관람객은 거의 눈에 띄지 않는다. 되도록 많은 관람객들이 이곳을 찾아 세종의 빛나는 업적을 눈으로 확인하고, 그의 위대함을 가슴으로 느끼면 얼마나 좋을까. 그나저나 동상이 있는 광장의 잔디 한쪽은 민둥민둥해(그늘 탓이라고는 하지만) 기분이 언짢고, 여기저기 금가거나 깨진 보도블록들도 보기가 민망하니 속히 손을 봐야겠다는 생각이다.

영휘원과 숭인원은 기념관에 인접해 있다. 기념관을 나와 왼쪽의 긴 돌담길을 따라가면 정문이 나온다. 정문을 들어서자마자 조선의 마지막 황태자인 의민황태자(영친왕)의 큰아들 이진의 묘와 맞닥뜨린다. 이진은 1921년 의민황태자와 마사코(이방자 여사) 사이에서 태어난 장자. 생후 9개월에 의문의 죽음을 맞고 여기에 묻혔다.

왼쪽의 영휘원은 고종의 후궁인 순헌황귀비 엄 씨의 묘다. 나이

여덟에 입궐하여 명성황후를 모시는 시위상궁이 되었다가 명성황후가 시해된 후 1897년 의민황태자를 낳아 귀인에 봉해진 후 황귀비로 책봉되었다.

영휘원 앞에는 산사나무 한 그루가 서 있다. 수령 150년. 높이 9m에 가슴둘레는 2m 남짓. 나무가 크고 아름다워 천연기념물 제506호로 지정되었다. 한데, 2015년 기념물로서의 자격을 잃고 만다. 생리적 노쇠로 완전 고사했기 때문이다. 지금은 빈 등걸로 쓸쓸히 서있을 뿐, 왠지 보는 이의 가슴을 휑하게 만든다.

세월은 무슨 억하심정이 있기에 이 세상 모든 생명체에게 죽음을 안기는 걸까. 트레킹을 마친 뒤 되짚어 지하철역으로 걸어가면서 생긴 생뚱스런 의문이었다.

2017. 05

매력적인 물의 공원

– 선유도(仙遊島)

초복과 대서를 지나자 한낮의 날씨는 그야말로 찜통 그대로다. 무지근한 몸에 땀방울은 절로 돋고 까닭 없이 만사가 귀찮고 심드렁해진다. 따라서 웬만한 일로는 문밖출입도 하지 않으려 든다. 무엇보다 쏟아지는 땡볕 더위가 겁나고 무서워서다. 그런데, 이 더위라는 불청객에게 주눅 들어 스스로 무너지기보다, 당당히 한번 맞서볼 수는 없을까. 그런 결기가 없다면 저만치서 다가오는 중복 말복을 어찌 감당할 수 있을까보냐. 오늘은 가마솥같이 뜨거운 복(伏)더위를 선유도공원을 찾아 다스려 볼까 한다.

한강에 떠있는 선유도는 우선 강바람이 달고 시원해 좋다. 웬만한 더위쯤은 제풀에 잦아진다. 또 접근성도 좋아 어렵지 않게 찾을 수 있다. 게다가 땅이 평평해 걷기 편하고 주변의 경관이 뛰어남은 또 다른 덤일 터다.

어디 그뿐인가. 11만 4천㎡의 부지에 자작나무를 비롯해 포플러 미루나무 메타세쿼이아 등이 군락을 이룬데다, 국내 최초로 조성된 환경재생 생태공원답게 다양한 볼거리와 휴식공간을 제공하고 있다. 자연과 인공이 하모니를 이룬 공원으로 이만한 데가 어디 흔하랴. 물을 주제로 한 재활용생태공원으로 설계되어 한국건축가협회상을 비롯해서, 미국조경가협회상, 세계조경가협회 아시아·태평양 지역협회상을 타낸 화려한 이력이 이를 반증한다. 신선들이 놀았다는 선유도. 그 선유도공원으로 함께 떠나보자.

지하철 2호선 당산역 4번 출구. '양화 한강공원'이라 쓴 표지판이 보인다. 왼쪽은 육교, 오른쪽은 지하로 통하는 길. 왼쪽을 택해 걷는다. 너비 3m에 전체 길이가 70여 m인 육교는 바닥이 나무로 돼 있다. 잠시 걷다가 문득 오른쪽을 바라본다. 국회의사당과 63빌딩 그리고 서강대교가 가까이 다가서 있다. 이번엔 아래쪽으로 눈길을 돌린다. 88도로와 노들길을 달리는 자동차의 행렬이 분주하다.

육교 끝에 설치된 엘리베이터를 타고 아래로 내려간다. 갑자기 시야가 트이면서 한강시민공원이 펼쳐진다. 바로 위 10시 방향의 당산철교를 지나면 오른쪽으로 편의점. 플라스틱 탁자와 의자가 널려 있는데, 열댓 명가량의 손님들이 혹은 라면을 먹거나 혹은 막걸리를 마시면서 담소를 나누고 있다.

엊그제 비가 내린 탓인가. 콘크리트 산책길은 비질한 듯 깔끔하다. 주변의 넓은 잔디도 잘 정돈돼 있다. 양화안내센터 앞쪽의 잔디밭 언저리에서는 노루오줌 까치수염 왜당귀들이 저마다 화려한 꽃을 피워내며 향과 아름다움을 자랑한다. 저 앞에 걸쳐진 다리는 양화대교(구 제2한강교)일 터. 그 난간위로 선유도의 미루나무 가지들이 잎과 함께 넘실거린다.

양화대교 아래 그늘에는 몇 개의 운동기구와 벤치가 놓여 있다. 운동하는 이는 없고, 달게 낮잠을 즐기는 사람만 몇몇 보인다. 이곳을 지나니 시야가 더욱 넓게 트인다. 공기도 더욱 맑아지는 것 같다. 강가 후미진 곳마다 낚시삼매경에 빠진 강태공들이 보인다. 산책로

양쪽 바닥에는 1.5m 간격으로 조명등이 설치돼 있다. 야간에는 이 길이 더 아름답게 빛날 것이다. 한데, 왼쪽 등은 왜 시멘트로 막아버렸을까. 절전을 위해서인가.

왼쪽으로 보이는 장미화원을 지나면 선유교가 나타난다. 선유도의 상징이자 자랑거리다. 길이 4백 69m에 너비는 3~14m. 보행자 전용이다. 바닥과 난간이 나무로 돼있어 친근감을 느낀다. 선유교는 흔히 무지개다리라 부르기도 한다. 무지개 모양의 미관을 갖춘 아치형이기 때문이다. 야간에는 형형색색의 조명으로 더욱 아름답게 보인다는 얘기를 들었다. 한·불 수교 100주년을 기념해서 2002년에 준공되었다.

선유교 끝에는 '전망데크'가 있다. 이곳에서 한강 성산대교 월드컵경기장 북한산 등을 훤히 볼 수 있다. 전망대에서 내려오면 원형극장과 만난다. 지난날 농축조(濃縮槽)로 사용하던 원형 구조물이다. 지름 24m에 깊이는 4m. 소규모 공연이나 각종 모임이 여기서 열린다. 선유도공원 산책에서 처음 맞은 재활용 공간이다.

선유도(仙遊島)는 한강에 떠 있는 작은 섬으로 행정구역상 영등포구 당산동과 양화동에 속해 있다. 쪽배 모양을 닮은 선유도의 본래 이름은 선유봉(仙遊峰). 우리나라 회화사에 큰 획을 그은 겸재 정선(謙齋 鄭敾)도 그 경관에 매료되어 1742년 같은 제호의 그림을 남겼다. 높이 40m였던 이 매혹적인 섬은 일제 강점기 때인 1925년 큰 시련을 맞는다. 홍수를 막고 길을 포장한다는 구실로 암석을 잘라내고 흙과 모래를 마구 채취한 것이다.

또 1962년부터 시작한 제2한강교 건설과 1978년의 선유도정수장이 들어서면서 선유봉의 옛 모습은 완전히 사라지고 말았다. 정수장은 2001년에 강북정수사업소로 기능이 통합되어 이전했고, 다음해 인 2002년에는 정수장의 건물과 구조물 등을 재활용하면서 '선유도 공원'으로 탈바꿈해 오늘에 이른 것이다.

공원은 크게 네 가지 테마로 구성되어 있다. '시간의 정원' '수생식물원' '녹색기둥의 정원' 그리고 '수질정화원'이 그것이다. '시간의 정원'은 원형극장을 지나 왼쪽에서 볼 수 있다. 옛 정수장의 침전지가 있던 자리로, 주제별 공원 가운데 구조물을 가장 온전하게 활용한 공간이다. 가로 41m 세로 41.4m의 수조 두 개에 118종의 나무와 풀이 어울려 자라고 있다. 흐르는 물과 시간 속에 식물들은 어찌 변하는 지가 궁금해 '시간의 정원'이라고 불렀단다. 그래서일까. 보통 때는 대수롭지 않게 여겼던 대나무 자작나무 물푸레나무 그리고 나팔꽃 원추리 담쟁이 등이 한결 달라 보이면서 의미 있게 느껴진다.

'수생식물원'은 '시간의 정원'과 이웃해 있다. 예전엔 물속의 불순물을 걸러내는 여과장치로서의 역할을 했던 곳이다. 이곳에서는 수련을 비롯해서 부레옥잠 쇠뜨기 갈대 등 연못이나 습지에서 자생하는 각종 수생식물을 감상할 수 있다.

이제 걸음을 옮겨 길 건너에 있는 '녹색기둥의 정원'으로 간다. 이 공원은 정수장 건물의 지붕을 걷어낸 뒤 남아 있는 기둥 30개를 살려 만들었다고 한다. 기둥마다 담쟁이가 기어올라 독특한 분위기를 자아내고 있다. 그런데, 예외가 있다. 정원 복판의 기둥 하나는 녹색 덩굴이 없는 채 맨몸이다. 과거와 현재가 어떻게 다른지를 비교할 수 있도록 일부러 그렇게 만들었다고 한다. 이 정원은 영화와 TV드라마에 자주 소개되어서인지 많은 사람들, 특히 젊은 남녀들이 즐겨 찾는다고 공원 관계자는 말한다.

공원을 벗어나 만나는 2층 건물은 '선유도 이야기관'이다. 선유도의 역사를 영상물과 사진을 통해 볼 수 있다. 지하층에는 1978년부터 2000년까지 서울 서남부지역에 하루 40만 톤의 수돗물을 공급해왔던 송수펌프 넉 대가 원형 그대로 전시돼 있다.

선유도 이야기관에서 왼쪽 한강변으로 잠시 걸으면 아담한 모습의 정자 하나가 눈에 띈다. 선유정(仙遊亭)이다. 50대쯤의 부인네들이 정자마루에 앉아 이야기꽃을 피우고 있는데, 시원한 강바람은 그들의 자지러질듯 한 웃음소리를 실어 나르기에 바쁘다.

선유정에서 10시 방향 70m 지점에는 '환경물놀이터'가 있다. 수질정화원에서 정화된 물은 흐르고 흘러 이곳 놀이터로 이어진다. 바닥의 물은 언제나 15cm를 넘지 않는다. 어린 아이들의 안전을 고려해서다. 작지만 모래밭도 갖춰져 있다. 요즘같이 무더운 여름날, 네댓 살 박이 어린들의 놀이터로는 안성맞춤이다.

'수질정화원'은 환경물놀이터 바로 곁에 있다. 면적 1907㎡. 옛 정수장의 제2침전지로 물속에 약품을 넣어서 불순물을 침전시켜 제거하던 곳이다. 계단식 수조 28개로 구성돼 있다. 이곳 수조들에서는 부엽식물인 부레옥잠 마름 생이가래 외에 미나리 붓꽃 꽃창포 부들 갈대 같은 정수식물 등도 자란다. 이들이 정화시켜내는 한강물의 양이 하루 7㎥나 된다니 기특하고 신기하다.

수질정화원 바로 옆은 문주란 관음죽 용설란이 자라는 온실. 이어서 선유도공원의 정문이 등장한다. 정문이라니? 그렇다면, 공원산책을 거꾸로 한 것인가. 뭐, 아무려면 어떠랴. 가고 싶은 곳 골고루 빠짐없이 들른 마당에.

정문 앞에는 양화대교가 놓여 있다. 그 곁에 붙은 인도를 걷다가 아래로 내려가면 한강공원이 다시 나온다. 거기서 당산역까지는 왔던 길을 되짚어 가면 된다. 걸으면서 생각한다.

"우리 인간도 늙었다 해서 사라지는 게 아니라, 이곳 선유도공원의 옛 정수장 구조물같이 재활용되어 영생할 수는 없을까?"

2016. 07

가마솥더위를 잠재우고
-우장산 숲길

강서구의 우장산(雨裝山).

두 개의 봉우리인 검두산과 원당산을 합쳐 부르는 이름이다. 높이 99m. 야트막한 산이지만 숲이 무성하고 산책길이 잘 단장돼 있어 많은 사람들이 즐겨 찾는다. 서울시가 뽑은 '걷고 싶은 서울 길 37선'이나 '가을철 걷기 좋은 서울 길 10선' 또는 도보전문가들이 '서울 생태문화 길 30선'에 올린 이유다.

우장산이라는 이름은 기우제(祈雨祭)에서 유래한다. 오랜 옛날, 가뭄이 들면 양쪽 봉우리에서 세 번에 걸쳐 기우제를 지냈는데, 마지막 제를 올릴 때마다 신통하게 비가 내려 '우장'을 준비한 것이 산 이름에 우장을 넣게 됐다는 것이다. 전체 산책로의 길이는 5.5 km. 비교적 짧은데다 우레탄이 깔려 있어 걷기에 편하다. 넉넉잡고 두 시간 정도면 산행을 마칠 수 있다. 가볍게 산책하고 싶다거나 걷기를 처음 시작한 사람들에게 권할 만하다.

지하철 5호선 우장산역.

2번 출구로 나오면 20m 전방에 4거리가 보인다. 왼쪽으로 길을 꺾어 아파트 담장을 따라 걷는다. 복(伏) 중 날씨인데다 오르막이어서 이마에 송골송골 땀이 솟는다. 담장 끝에는 우장산동주민센터와 교회가 이웃해 있다. 바로 옆의 주택가 골목으로 접어든다. 잠시 걸으면 돌계단과 만난다. 그 위쪽 길 건너에 보이는 것이 한국폴리텍대학 강서캠퍼스. 우장산 숲길 산책로는 바로 이 대학 정문 앞에서 시작된다.

노폭이 5m 쯤 될까. 산책길은 새로 비질한 듯 깔끔하다. 저쪽 고갯마루의 '생활체육광장'까지는 200m의 거리, 쉬엄쉬엄 걸어 올라간다. 길 왼쪽은 측백나무가 줄지어 서있고, 그 밑으로는 담쟁이덩굴이 치렁치렁하다. 오른쪽은 촘촘한 은행나무. 그 사이에 개나리와 철쭉이 무리를 지어 있다. 녹음 드리워진 산책길에 간간히 불어오는 미풍, 절로 기분이 상쾌해진다.

생활체육광장에는 농구코트를 비롯해서 각종 운동기구, 간이정자와 벤치가 마련돼 있고, 다목적 용도로 쓰임직한 인조 잔디도 보인다. 찜통날씨인데도 여남은 명이나 되는 사람들이 운동에 열중하고 있다.

광장을 벗어나면 내리막길. 길 아래 오른쪽의 인조 축구장을 지나 은행나무 산책길로 들어선다. 400m 쯤 걸었을까. 좌우로 연결된 도로 못 미쳐 왼쪽으로 높게 놓여 있는 나무계단이 눈에 띈다. 공항정(空港亭)이라는 이름의 국궁장으로 가는 길이다. 계단이 하도 많아 세어본다. 86개다. 산 중턱에 짙푸른 숲을 배경으로 서있는 과녁의 모습이 인상적이다.

사대(射臺)에서는 3명의 궁사(弓師)가 활을 쏘고 있다. 과녁까지의 거리는 145m. 내 눈에는 쏜 화살이 잘 보이지도 않는데, 과녁을 때리는 딱 소리와 함께 명중을 알리는 노란불이 번쩍 켜진다. 그리고 보니 사대 옆에 붙여 놓은 '弓身不二(궁신불이), 矢一無二(시일무이)'가

더욱 이해된다. "활과 몸은 둘이 아니고, 화살은 오직 하나 뿐"이니 어찌 집중 안 할 수 있겠는가.

국궁장 앞에는 생태육교가 걸쳐 있다. 다리를 건너면 오솔길을 지나 산책로가 다시 이어진다. 철쭉 원추리 옥잠화가 줄지어 있는 곳을 지나면 소나무 아카시아나무 상수리나무 양버즘나무 등이 뒤섞인 숲을 만난다. 얼핏 주변을 둘러본다. 눈에 보이는 것은 오직 푸르고 푸른 숲 뿐, 하늘조차 보이지 않는다. 울울창창(鬱鬱蒼蒼) 그대로다. 천지 가득한 숲에 온통 정신이 팔린 때문일까. 길 가 나무판에 씌어진 조지훈의 '낙화', 김소월의 '먼 후일' 김영랑의 '오매 단풍 들것네' 같은 시도 음미해 읽지 못한다.

'새마을지도자탑'은 산책길 정상에 있다. 1986년 새마을운동본부가 '새마을운동의 영속적인 발전과 새마을지도자의 숭고한 정신을 표상하기 위해' 건립한 것이다. 직경 40m의 원형 바닥에 높이는 15m. 13층으로 쌓아 올린 화강석 탑이다. 바닥을 덮은 231개의 네모진 돌은 전국 시 군 구의 향토석을 이용했다고 한다. 탑신 정면에 새겨진 황금찬의 시 한 구절을 인용한다.

> 병들었던 가난과 인습이며/ 고단했던 지난날을 씻어버리고/ 땀과 눈물로 아로새긴 보석바구니/ 이 찬란한 역사 위에 태양이여 빛나라

이제 걸음을 되돌려 산책로의 3거리까지 내려간다. 널리 알려진 '우장산 약수터'를 들르기 위해서다. 언제인지 모르지만 서울시로부터 '건강에 좋은 약수터 10선'에도 뽑혔던 터라 기대를 가질밖에. 도로 가에 자리 잡은 약수터는 정자(亭子) 모습이다. 안으로 들어가 본

다. 중앙에 음수대가 놓여 있고, 가장자리는 벤치로 둘러 싸여 있다. 음수대에 붙은 수도꼭지를 튼다. 그리고 몇 모금 약수를 마셔본다.

한데, 물맛은 별로다. 물도 차지 않고 빛깔 역시 그리 맑지 않다. 소문과 실제는 이렇게 다른 것인가. 더 이상 마실 생각이 안 난다. 약수터를 떠나면서 2017년 5월 2일 강서구가 붙여 놓은 안내문을 새삼 읽어 본다. 보건소 의약과의 수질검사 결과 '적합 판정'을 받았다는 내용이다. 그렇다면, 잘못은 내 쪽에 있다는 말인가.

길을 건너 원당산으로 접어들면 왼쪽에 보이는 것이 강서구민회관이다. 길 건너에 간이정자와 야외무대 등 쉼터가 마련돼 있다. 여기서 100m를 더 가면 갈림길. 왼쪽에 '유아숲체험장'이 마련되어 있다. 숲에 있는 여러 가지를 직접 보고 만지는 등 오감을 통해 어린이 스스로가 자연체험을 할 수 있게 만든 공간이다. 징검다리 건너기, 밧줄타기는 물론 숨은 동물 찾기, 곤충과 식물 관찰하기 등 어린들이 좋아 할 프로그램이 많다. 그런데, 체험장 안에는 왜 사람이 하나도 없을까. 관리와 운영에 문제가 있는 것은 아닌지. 괜히 궁금해진다.

체험장에서 원당산 정상까지는 400여 미터. 산책로는 때로 나무터널로 바뀌기도 한다. 길 양쪽의 쭉쭉 뻗은 리키다소나무 느티나무 왕벚나무 등이 연리지(連理枝)를 만들기 때문이다. 신비롭고 아득한 세계를 걷는 느낌을 준다. 호젓한 숲에 가끔 항공기가 지나가는 소리가 들리는 것은 뜨막한 산새소리를 대신하기 위함인가.

무성한 숲에 취하여 걷다가 하마터면 쪽동백나무 군락지를 지나칠 뻔 했다. 이 언저리의 땅 1만㎡가 이름도 희한한 '쪽동백나무'가 무리지어 자라는 곳이라 한다. 5~6월에 벼이삭같이 피는 흰 꽃이 매혹적이라는데, 늦게 찾은 게 유감이다.

정상에는 간이정자와 운동기구들이 놓여 있다. 숲이 시야를 가려 조망은 전혀 불가능하다. 잠시 벤치에 앉아 땀을 식히며 다리쉼을 한다. 푹푹 찌는 날씨인데도 그다지 더위를 느끼지 못하는 것은 무성한 숲이 그늘을 드리운 때문일 것이다.

하산에 앞서 깊은 숨 들이키며 숲 향을 만끽한다. 왔던 길을 되짚어 가다가 갈림길에서 왼쪽으로 접어들면 폴리텍대학이 나올 것이다. 이 길은 흔히 '조각의 거리'로 불린다. 대학까지 700m를 걷는 동안 조각품을 감상하는 재미도 즐길만하다. 폴리텍대학에서 우장산 전철역까지는 처음에 걸었던 길을 그대로 따라가면 된다.

2017. 07

숲속에서 맞는 연초록 샤워
-안산 자락길

5월.

신록의 계절이다. 지금 산과 들은 연두색과 초록빛깔의 풀과 나무로 가득 차 있다. 신록을 볼 때마다 느끼는 것은 생동감과 활력이다. 무어라 짚어내기 어려운 기대감과 희망도 아지랑이인양 피어오른다. 살아 있음이 즐겁고 모든 것에 감사하고 싶어지기도 한다. 싱그러운 초목들이 있기 때문일 터다. 피천득도 그의 시 '오월'에서 말하지 않았나. "오월은 찬물로 세수를 한 스물한 살 청신한 얼굴"이라고. "하얀 손가락에 끼어 있는 비취가락"이라고.

'걷고 싶은 힐링로드', 오늘은 서대문구의 '안산 자락길'을 찾아간다. 국내 최초의 순환 형 무장애길인데다 경관이 빼어나고 숲이 우거져 많은 사람들이 즐겨 찾고 있다. 특히 아카시아 잣나무 메타세쿼이아가 군락을 이루고 있어 피톤치드가 넘쳐나는 곳이다. 일상의 반복에서 벗어나 변화를 갈망하거나, 무언가에 감동하고 전율하기를 원하는 사람에게 안산 자락길은 최적의 장소가 될 것이다.

지하철 3호선 독립문역 4번 출구. 인도 바로 옆이 서대문독립공원이다. 공원 뒤쪽에 보이는 건물은 '이진아 기념도서관'. 오른쪽에 오솔길이 하나 나있다. 위로 오른다. 느티나무 거목 앞에서 길이 갈린다. 왼쪽의 철쭉 길로 들어선다. 산의 초입일 뿐인데도 느낌이 다르다. 공기도 싱그러울 뿐더러 주변은 온통 연두색 신록이다.

경사진 아스팔트길을 따라 오르다 보면 콘크리트 계단과 만난다. 길이 또 좌우로 갈라져 있다. 팻말을 보니 두 길 모두가 안산 자락길로 이어진단다. 사람들의 통행이 적은 왼쪽을 택한다. 3~4분이나 걸었을까. 다시 갈림길이 나타난다. 하지만 아무리 둘러봐도 이정표가 보이지 않는다. 갈림길 코너에서 칡차를 파는 저 아줌마는 알 수 있을까.

"북 카페요? 오른쪽으로 가셔서 길 위의 데크를 이용하세요."

갑자기 부아가 돋는다. 왜 그리 이정표에 인색할까. 꼭 있어야 할 자리에 이정표가 없다니 말이 되는가. 나무 데크는 오른쪽 길 둔덕 너머 왼편에 있었다. 바야흐로 본격적인 안산 자락길 트레킹이 시작되려는 것이다.

안산(鞍山)의 높이는 296m. 모양새가 마치 말의 안장인 길마를 닮았다 해서 그런 이름을 얻었다 한다. 안산의 다른 이름은 무악(毋岳). 봉화뚝 또는 봉우재로 불리기도 한다. 산 정상에 있는 봉수대에서 비롯된 별칭이다. 2013년 11월에 개통한 안산 자락길은 총 길이가 7km. 완주하는데 두 시간 반 정도가 걸린다. 노인과 어린이 그리고 임산부나 장애인 등 보행약자도 편안히 산책할 수 있다고 자락 길 안내판에는 쓰여 있다.

이제 첫 번째 목표지점인 북 카페를 향해 나무 데크에 오른다. 나무 데크는 흙길이나 아스팔트 또는 콘크리트와 달리 묘한 경쾌함이 있다. 길 좌우에는 아카시아 단풍나무 느티나무 팥배나무 잣나무 벚나무 등의 교목과 화살나무 조팝나무 개나리 철쭉 등의 관목 외에 이름도 알 수 없는 초목들이 숲을 이루고 있다.

자락 길 좌우에는 애기똥풀과 황국이 지천으로 피어 있다. 문득 오른쪽을 바라본다. 인왕산의 모습이 손에 잡힐 듯 가깝다. 반대로 저 아래쪽 서대문독립공원은 점점 멀어지고….

얼마나 걸었을까. 오른쪽으로 간이정자가 보인다. 운동기구도 몇 개 설치돼 있다. 자락 길의 경사가 점점 높아진다. 느티나무를 중심으로 빙 둘러 의자를 마련하고 벤치가 두어 개 놓인 간이 휴게소가 나타난다. 독립문으로 가는 길목이기도 하다. 잠시 걸음을 멈춘다. 인왕산이 여전히 오른쪽에서 따라오고 있다. 뒤를 돌아본다. 남산타워가 희미하게 눈에 잡힌다.

계속 걷는다. 간이정자가 또 나타난다. 정자 한쪽에는 최익현, 윤봉길 등 독립투사 네 분의 사진과 행적을 요약한 아크릴판이 세워져 있다. 다시 걷기를 30~40m. 이정표가 나온다. 안산정상은 왼쪽으로 0.71km, 서대문구청은 직진해서 2.6km란다. 잠시 망설이다가 왼쪽 길을 고른다. 정상에 있는 봉수대를 보고 싶어서다. 막상 결정하고 길을 바꿨지만, 돌덩이가 삐죽삐죽 솟아 있는데다 왕 모래투성이어서 걷기가 여간 힘들지 않다.

300m쯤 걸었을까. '산마당네거리'가 나온다. 얼른 이정표부터 읽는다. 안산정상이 460m, 독립문역은 1km란다. 한데, 5m 저 위쪽의 이정표에는 조망명소 270m, 봉수대 370m로 표기되어 있다. 어떤 게 바른 표기인지. 정상과 봉수대의 위치가 각각 다른 것은 아닐까. 그렇다면 '안산정상(봉수대)'이라고 적힌 팻말이나 이정표는 또 뭐란 말인가.

조망명소에 오른다. 망무제애(茫無際涯), 끝없이 드넓은데다 빼어난 경관에 탄복하고 만다. 북한산의 족두리봉 향로봉 비봉 사모바위 승가봉 나월봉 나한봉을 비롯해서 인왕산과 그 성벽, 북악산 천마산 아차산의 위용이 한 눈에 들어온다. 깊은 숨 들이 쉬고 다시 정상을 향한다. 길이 험난하다. 다른 등산객의 도움이 없었더라면 정상의 무악산동봉수대는 오르지 못했을지 모른다. 이 봉수대는 평안도와 황해도를 거쳐 온 봉수(烽燧)를 남산에 전달하는 역할을 맡아 왔다고 한다. 현재의 봉수대는 1994년에 서울시가 복원한 것. 사진 몇 장을 찍은 뒤, 길을 바꿨던 이전의 장소로 되돌아간다. 산 마당 네거리에서 반대 방향의 자락 길을 택할 수도 있지만, 그럴 경우 산행순서가 얽히기 때문이다.

북 카페는 서대문구청 길로 들어서서 7~8분을 걸으면 나온다. 간이정자에 책장이 하나, 그리고 둥근 테이블 두 개와 의자 몇 개가 놓여 있다. 여기서 400~500m를 더 가면 '자락길 전망대'. 북한산의 족두리봉과 보현봉은 물론 기차바위와 인왕산 능선을 잇는 서울성곽을 선명히 볼 수 있다.

나무 데크 길을 가다보면 '추락 위험'이라는 노랑표지가 자주 눈에 띈다. 데크에는 난간이 아래 위 세 개나 있지만, 아래를 굽어보면 오금이 저려올 정도로 높아 조심해야 되기 때문이다.

이제 길은 나무 데크와 콘크리트길이 반복된다. 왼쪽으로 80m 떨어진 곳에 화전민이 사용하던 한국 전통가옥 '너와집'이 있대서 잠시 들러보고 나온다. 자락길에서 몇 분을 더 걸으면 고은초등학교로 내려가는 갈림길과 만난다. 좌우에 동글동글한 바위가 있는데 왼쪽이 바로 흔들바위이다. 바위를 설명하는 안내판은 어디에도 없다. 그나저나 바위 끝에 굄돌 같은 게 붙어 있으니 흔들어본들 꿈쩍이기나 할런지?

여기서 70~80m를 더 가면 다른 전망대와 만난다. 북한산의 비봉 사모바위 칼바위 능선과 인왕산의 기차바위 서울성곽 등이 보인다. 전망대에서 몇 걸음을 떼면 길이 신작로같이 넓어지면서 왼쪽으로 박두진의 시비(詩碑)가 나온다. 높이 2.1m, 폭 1.2m의 시비 3개에 그의 시 '푸른 숲에서' 전문을 나눠 담은 독특한 형태다.

길 건너편에는 사방 1m 크기에 독립투사들의 사진과 약력을 담은 면포가 열댓 개 정도 걸려 있다. 왼쪽으로 다시 나무 데크가 나타나면서 잣나무 숲이 펼쳐진다. 좌우 어디를 봐도 잣나무뿐이다. 1만 9500㎡의 면적이니 당연하달밖에. 신비스런 피톤치드향이 온몸에 배는 것 같다.

이어서 등장하는 메타세쿼이아의 군락. 안산의 명물이자 자랑꺼리다. 하늘 높이 쭉쭉 뻗어 오른 이 귀물은 보는 이에게 이국적인 풍모를 느끼게 한다. 필자가 방문할 때는 전에 없이 세찬 바람이 불 때였다. 1만 6000㎡에 촘촘히 들어선 키다리 나무들이 밑동부터 저 위 끝까지 전후좌우로 흔들릴 때의 장관과 경이로움이라니! 놀랍고 신비롭기 그지없었다.

여기서 700m가량을 더 가면 '숲속 무대'. 500㎡ 가량의 원형공간에 둥근 탁자 두 개와 통나무 의자 40여개가 놓여 있을 뿐이지만, 여기서 산객들은 웃고 떠들며 피로를 풀고 간식도 즐긴다.

울창한 숲은 계속된다. 불면 날아갈듯 한 노린재나무의 흰 꽃이 앙증맞다. 오랜만에 듣는 수꿩의 청아한 울음소리. 자락 길에서 잠시 벗어나 무악정을 찾는 발걸음이 덩달아 가볍구나. 무악정은 8개의 화강암 기둥 위에 올린 정자다. 누(樓)에 오르면 신촌 연희동 상암동 등을 조망할 수 있다.

다시 자락길로 돌아와 지그재그 형태의 나무 데크 길을 걷는다. 7~8분가량 지났을까. '안산천약수터'가 나온다. 약수를 플라스틱 바가지에 받아 거푸 마신다. 갈증을 꽤 느꼈나보다. 약수터에서 300m 가량을 더 가면 '산마당 4거리'. 왼쪽은 안산정상, 오른쪽은 능안정 방향이다. 앞쪽으로 1km를 내려가면 지하철 3호선 독립문역. 오늘의 트레킹이 끝난다.

2016. 05

가을은 익어가고
-서래섬에서 한글박물관까지

지난 7, 8월의 더위는 정말 엄청났다. 8월 21일 서울의 낮 최고기온은 36.6도. 전국적으로 최고일 뿐더러 올여름 가장 높았다는 기온을 가볍게 갈아치운 것이다. 가마솥같이 푹푹 찌는 날씨에 시달리면서 문득 생각나는 게 있었다. 고교시절 국어시간에 배웠던 속대발광욕대규(束帶發狂欲大叫)다. '삼복더위 속에 관 쓰고 띠 두르며 있자니 발광해 고함치고 싶다'는 얘기 아니던가.

하지만 관 쓰고 띠를 두르기는커녕 속옷 바람에 선풍기 에어컨을 꿰차고 있어도 발광하며 고함치고 싶었으니 이번 더위는 분명 몇 수 위였나 보다. 그럼에도 세월은 가고 계절은 바뀌는 법. 처서(處暑)가 지나니 코발트빛 하늘은 푸르고 아득하기만 하다. 코끝에 닿는 바람은 왜 그리 맑고 향기로울까. 소리 소문 없이 아, 가을이 온 것이다.

모처럼 맞은 청추(清秋). 어찌 감탄만 하고 방 안에서만 뒹굴랴. 신발 끈 졸라매고 누에고치 떠난 나비같이 훌쩍 나들이에 나서봄이 어떠한가. 하여, 더위에 시달린 몸과 마음도 추스르고 청량한 가을 속에 하고 싶은 일, 해야 할 일도 찬찬히 챙겨볼 일이다.

지하철 4호선 동작역. 2번 출구로 나오면 15m 전방에서 돌층계를 만난다. 층계를 내려 왼쪽에 보이는 것은 반포천변길. 반포천과 한강이 서로 만나는 지점까지 300m 가량을 걷는다. 오른쪽에 동작대교가 나타난다. 그리고 다리 위에 두둥실 떠있어 보이는 것은 '구름카페'다. 내부가 온통 유리창으로 둘러 싸여 있어 멋진 한강풍광을 즐기기에 그만이다. 커피 맥주 등 음료수말고도 간단한 식사가 가능하다.

동작대교 밑에는 각종 운동기구 10여개가 설치돼 있지만 운동하는 이는 눈에 띄지 않는다. 평일이라 그런가. 방문객 드문 반포한강공원은 더더욱 넓게 느껴진다. 높푸른 하늘에 구름 몇 조각, 왼쪽 저 멀리로 남산타워가 우뚝하고 한강수는 출렁인다. 이따금 부는 바람이 싱그럽다. 억새풀이 우거진 산책길. 그 길가에 핀 코스모스의 청순함. 공원은 벌써 땡볕 여름을 까맣게 잊었나 보다.

길 왼쪽에 보이는 것은 서래섬. 멀리서 보면 제방과 늘어진 수양버들만 보인다. 1972년 한강에 제방을 쌓기 전, 이 일대는 모래벌판이었다. 1986년 한강을 종합개발하면서 인공으로 만든 게 서래섬이다. 면적은 3만㎡. 봄에는 유채꽃 축제, 가을에는 메밀꽃 축제로 유명하다.

반포안내센터 앞에 놓인 작은 다리 서래교를 이용해 섬으로 들어가 본다. 메밀꽃이 궁금해서다. 허나, 너무 일찍 왔을까. 메밀은 고작 한 뼘 정도의 크기로 자라 있을 뿐이다. 강바람에 이리 저리 흔들리는 모습이 안쓰럽다. 그래, 흔들리렴. '흔들리지 않고 피는 꽃'이 어디 있다던?

이제 걸음을 잠수교 쪽으로 옮긴다. 500m 가량 걸으면 세빛섬을 만날 것이다. 세빛섬도 인공섬이다. 다만, 물밑으로 섬을 떠받치는 보조재 없이 와이어만으로 구조물들을 고정시키는 특수 공법을 활용했다.

세빛이란 빛의 삼원색인 빨강 초록 파랑을 가리키는 말. 조화 속에 서울을 빛내라는 염원을 담았다고 한다. 총면적 9995㎡에 세워진 '가빛' '채빛' '솔빛' '예빛'의 섬들은 그 특이한 명칭만큼이나 흥미롭고 환상적인, 그래서 우주 저 멀리에서나 볼 것 같은 최첨단 모드의 건물들을 안고 있다.

이 건물들은 각종 공연을 비롯해서 영상상영 예술전시회 업체발표회 결혼식 등으로 사용할 수 있도록 시설이 마련되어 있다. 착공 8년만인 2014년 10월 '세빛둥둥섬'으로 개장한 세빛섬은 그동안 안전이나 운영문제 등을 둘러싸고 말도 많고 탈도 많았다. 오죽하면 '애물단지'라는 얘기를 들었을까. "한강에 이색적인 문화공간을 만들어 서울의 랜드마크로 삼겠다"는 당초의 기획의도가 지금은 만족하게 수행되고 있는지 모르겠다.

잠수교를 건너간다. 걸어서 건너기는 이번이 처음이다. 발밑 가까이에서 출렁대는 물결이 멋스럽고 특이하게 느껴진 탓일까, 쌩쌩 달리는 자동차 소리도 귀에 거슬리지 않는다. 다리 끝 왼쪽에 놓인 층계를 오른다. 중앙선 전철의 철도건널목이 보인다. 건널목 앞 횡단보도를 건너 왼쪽으로 접어든다. 비교적 한적한 길을 400m 가량 걸으면 길 건너가 서빙고 전철역. 다시 400여 미터를 걸으면 동작대교로 연결되는 고가도로가 보인다. 용산가족공원은 100 여 미터를 더 간 오른쪽에 있다.

용산가족공원은 주한 미군이 골프장으로 사용하던 것을 1992년 서울시가 인수해서 시민들의 휴식공간으로 만든 것이다. 면적 7만

5900㎡에 잔디 연못 텃밭을 비롯해 야외예식장 조각공원 태극기공원 어린이놀이터 등 아기자기한 테마로 구성되어 있다. 소나무 산사나무 구상나무 등 70종 4500그루의 나무들이 조화롭게 심어져 있는 공간이다. 가족공원답게 가족 단위의 나들이객들, 특히 어린이들이 많이 찾는다.

연못과 텃밭을 좌우에 두고 걷다 보면 오른쪽에 조각공원이 나온다. 태극기공원은 그 위 둔덕에 있다. 지름 20m의 둥근 원을 따라 심은 나라꽃 무궁화의 자태가 함초롬하다. 태극기는 무궁화 울타리 안에 설치한 알루미늄 깃대 위에서 펄럭인다. 한두 개가 아니다. 50봉이나 되는 대형 태극기가 바람에 나부끼는 모습이 장관이다. 안내판을 읽어 본다.

"일제 강점기에는 일본군이, 해방 후에는 미군이 이 땅에 주둔함으로써 우리는 주권을 제대로 행사하지 못했다. 따라서 우리의 민족혼을 다시 살리고 애국심을 고취한다는 취지에서 태극기공원을 조성했다."

태극기공원에서 서쪽방향으로 내려가면 '온몸 근육 풀기' '하늘 걷기' 등 운동기구 여남은 개가 설치된 장소가 나온다. 아래로 150m쯤 더 내려간다. 보물 제2호 보신각종이 기다리고 있다. 보신각종이라니? 하면 나도 모르게 국립중앙박물관 경내에 들어선 것인가. 그러고 보니 아까 본 표지판에 '국립중앙박물관'이 있기는 했다. 하지만 방향 표시로만 알았지 이렇듯 아무 경계 없이 마주 대하고 있을 줄은 몰랐잖은가.

종각 안에는 조선 세조 14년(1468) 원각사(圓覺寺 · 지금의 탑골공원)에 걸 목적으로 만든 종이 보관돼 있다. 단청이 깔끔한 4각의 종각과 갓 구워낸 듯 보이는 보신각종이 잘 어울린다.

종각 건너편의 웅장한 건물은 중앙박물관 전시관. 동문을 통해 1층으로 들어선다. 복도에 경천사(敬天寺) 10층 석탑이 수호신인 양 버티고 서있다. 국보 제86호인 이 탑은 고려 충목왕 4년(1348)에 세운 것으로 높이 13.5m에 재질은 대리석이다. 석탑과 마주해서 복도 중앙 저쪽에 서있는 것은 신라 말의 고승 원랑(圓郞) 선사의 탑비다.

이곳 중앙박물관의 전시실은 1층에서 3층까지 마련되어 있다. 시대별 사례별 또는 품목별로 되어 있는데다 전시품이 많기 때문에 꼼꼼히 살펴보려면 시간이 꽤 걸린다. 필자가 방문할 때는 '신안해저에서 찾아낸 자기(瓷器)'와 '아프가니스탄의 황금문화'라는 제목으로 특별전시를 할 때였다. 따라서 관람에 많은 시간이 필요한 상설 전시관은 둘러 볼 겨를이 없었다.

전시실 1층 초입에 '나무'라는 식당이 있어 들어간다. 메뉴판에서 얼핏 찾아낸 음식이 '시골우거지국'. 음식이 나오자 마파람에 게 눈 감추듯 깨끗이 비워냈다. 꽤 시장했었나 보다. 전시실에서 나와 보신각종이 있는 곳으로 다시 간다. 뒤쪽 숲길에 옛날 탑들이 있다는 얘기를 들었기 때문이다.

산사나무 배롱나무 등의 수목과 푸른 잔디가 잘 다듬어진 숲길을 걸으니 아늑하고 편안하다. 숲길에서 처음 만난 것은 탑이 아니라 고려 때 제작한 두 개의 불상이다. 석탑은 거기서도 30m 떨어진 곳에 있다. 고려 때 만든 '남계원(南溪院)칠층석탑'(국보 제100호)과 통일신라 때의 갈항사(葛項寺)동서삼층석탑(국보 제99호)을 포함한 10여 점이 그들이다. 어느 시인의 시구가 생각난다. "탑을 바라보면 무언가/ 무너져야 할 것이 무너지지 않아 불안하고/ 무너져선 안 될 것이 무너질 것 같아 불안하다”

탑들과 이웃해서 국립한글박물관이 자리 잡고 있다. 총면적 11.370㎡에 지하 1층 지상 3층으로 지은 한글박물관은 2014년 10월 9일 한글날에 문을 열었다. 한글의 문자적・문화적 가치를 체계적으로 알리고 확산시키는 것을 주요 사명으로 삼고 있다. 그런데 방문객들이 별로 보이지 않는다. 쓸쓸하기도 하고 화도 난다. 그나마 지하철 이촌역이 중앙박물관 구내에 있으니 얼마나 다행인가. 지치고 고단한 몸으로서는….

2016. 09

단풍잎에 적어보는 '버킷리스트'
-어린이대공원→송정둑길→살곶이다리

또 한 차례 가을이 지나간다. 들국화 한 송이 억새 한 줄기를 눈여겨 본 적도 없는 것 같은데 후딱 계절이 바뀌고 있는 것이다. 지난주에 벌써 입동을 지냈으니 다음 주에는 소설을 맞게 될 터. 이어 추위도 성큼 다가서리라. 세월은 왜 그리 성마를까. 왜 그리 빠르기만 할까. 한 해의 끝자락을 맞고 있음에 가슴은 까닭 없이 허전함을 느끼고 뒤숭숭해진다. 긴긴 여름, 땡볕 더위를 핑계로 무위의 삶을 보낸 것이 여간 후회되지 않는다. 하지만, 이제 와서 무얼 어쩌겠나.

그래도 위안꺼리 하나는 있다. 비취색 푸른 하늘이 아직 저만큼 높고 오색단풍도 여전히 볼만하다는 점이다. 게다가 영혼을 맑히는 늦가을 바람도 시원하고 상쾌하지 않은가. 문득 서울시가 선정해 발표한 '가을철 걷기 좋은 서울 길 10선'이 떠오른다. 그 가운데서 짚어낸 것이 '성동생태길'. 어린이대공원 송정둑길 살곶이다리 그리고 응봉역까지를 아우르는 8.7km의 트레킹코스다. 흐드러진 단풍과 낙엽 속에 유유자적 길을 걷다보면 얼마 남지 않은 올해를 어찌 정리할 것인지가 가늠되고, 그 참에 새해의 '버킷리스트'도 작성해 볼 수 있지 않을까.

지하철 5호선 아차산역. 4번 출구로 나간다. 정면 200m에서 어린

이대공원 후문이 기다리고 있다. 후문까지 가는 좌우의 양쪽 길은 샛노란 은행나무 단풍으로 현란하다. 일부는 낙엽이 되어 땅위에서 뒹굴지만 그건 그것대로의 멋과 운치를 느끼게 한다. 은행나무는 후문을 지나 저 위쪽의 팔각정 앞까지 이어진다. 후문을 지나 넓은 산책길 오른쪽에 협궤열차가 전시돼 있었는데 지금은 보이지 않는다. 올봄에 딴 곳으로 옮겼다니 서운하다.

왼쪽의 편의점을 지나면 '버섯마을'이 나타난다. 버섯을 형상화한 작은 집이 서너 채. 마을이란 표현이 엉뚱하고 과장되다. 실제로는 수유실과 화장실로 쓰이기 때문이다.

버섯마을을 지나 약간 경사진 언덕을 오른다. 길이 세 갈래로 갈라져 있다. 위쪽에는 '조선의 간디'로 불린 독립운동가 고당(古堂) 조만식(曺晩植) 선생의 동상이 우뚝하고, 오른쪽은 동물원 그리고 앞쪽의 가운데 공간은 축구장이다.

동물원으로 내려간다. 이 가을 맹수들은 어떤 모습으로 있을지가 궁금해서다. 처음 만난 녀석은 두 마리의 재규어. 하지만 그들은 잠에 빠진 채 미동도 하지 않는다. 한참을 지나도 그 모습 그대로다. 한 녀석은 엎드려 누운 자세로, 또 한 녀석은 벌렁 누워 한 쪽 발을 든 채로…. 근육질의 다부진 체격에 사냥의 명수로 알려진 재규어. 헤엄을 잘 치고 나무타기에 능숙한 재규어는 사자 호랑이와 함께 먹이사슬 최상위를 차지하는 포식자다. 녀석들의 기민하고 날렵한 움직임을 기대했는데 여간 실망스럽지 않다.

재규어만 그런 게 아니다. 옆 우리의 표범도, 그 옆의 벵갈호랑이와 사자도 곤한 낮잠에 빠져 있기는 매한가지다. 하기야 그들은 야행성이고 손발 하나 까딱하지 않아도 제 때에 영양식을 받아먹는 입장이 아닌가. 가을볕 속에 초원을 달리는 꿈이나 꾸면 됐지 우리 밖의 사정에 신경 쓸 필요는 없을 것이다.

식물원은 동물원과 이웃해 있다. 열대식물인 마란타 고무나무 코코스야자 등의 관엽식물을 비롯해 350종 2700여의 식물이 이곳에서 자란다. 식물원 한 쪽에는 분재원도 마련돼 있으나 관람객은 별로 없다.

여기서 정문까지는 460m. '꿈틀꿈틀 어린이 놀이터'를 왼쪽으로 끼고 직진한다. 좌우의 은행나무 느티나무 포플러나무는 노란색 또는 붉은색 잎으로 치장한 채 오가는 손님들에게 인사하기 바쁘다.

강소천 문학비 앞을 지난다. 그리고 그의 시 '닭'을 혼자 웅얼대본다. '물 한 모금 입에 물고/ 하늘 한 번 쳐다보고/ 또 한 모금 입에 물고/ 구름 한 번 쳐다보고'…. 별것도 아닌 닭의 습관적 행태를 이렇게 압축해 표현할 수 있다니 그의 시적 표현력이 감탄스럽다. '꿈나루' 건너편에 있는 '상상마을'은 각종 폐자재를 이용해 만든 테마공간이다. 천진한 모습의 ET나 오른손에 창을 빗겨든 채 괴물을 타고 질주하는 아바타S 등 흥미로운 작품들로 구성돼 있다.

'열린무대'가 있는 광장에 이르니 30여 명의 유치원생들이 짝을 이루어 선생님으로부터 관람 시의 주의사항을 듣고 있었다. 그들의 울긋불긋한 유니폼 빛깔이 주변의 단풍과 썩 잘 어울린다는 생각을 하면서 정문을 벗어난다.

이제는 송정둑길로 갈 차례다. 둑길로 가려면 정문에서 오른쪽으로 방향을 바꿔 지하철 군자역을 거쳐 군자교까지 걸어야 한다. 이곳 정문에서 군자역까지는 900m, 다시 군자교까지는 600m의 거리다. 짧은 거리가 아니지만, 인도가 비교적 넓고 깨끗한데다 다양한 형태의 가게들이 있어 무료함을 덜어준다. 게다가 잠시 뒤면 송정둑길의 빼어난 단풍을 볼 게 아닌가. 까짓 1.5km의 거리가 무슨 대수이랴.

군자교 바로 앞. '아띠모'라는 바이크 전문점 곁의 소방도로로 접어든다. 도로 오른쪽에는 아크릴제재의 소음방지 판이 설치돼 있다. 500m 쯤 걸었을까. 새말빗물펌프장과 '새말정'이라는 이름의 아담한 정자가 나타난다. 소음방지 판이 걷히고 연두색 철책사이로 중랑천과 동부고속도로가 보인 것도 그때 쯤. 도로 좌우의 촘촘한 벚나무들은 불그레한 빛을 띠고 있다. 터널 모양의 벚나무 산책길을 지나는 이들은 그 독특한 모습에 탄성을 지른다. 3km가 넘는 송정둑길이 본격적으로 시작된 것이다.

얼마나 걸었을까. 벚나무에 이어 은행나무가 등장한다. 샛노란 빛깔로 단풍든 은행잎이 눈부시도록 화사하다. 특히 바람 불어 원무(圓舞)를 그리며 떨어지는 잎들을 보면 우주 밖 저 멀리 딴 세상에 와 있는 느낌이다. 문득 뒤를 돌아본다. 아까 봤던 아차산이 계속 따라오고 있다. 그도 송정둑길의 단풍을 즐기고 있음인가.

장안철교가 보인다. 둑 밑으로 내려간다. 철교를 피하기 위해서다. 다시 둑 위로 오르니 이번에는 버드나무와 은행나무가 줄지어 서 있다. 운동기구가 있는 쉼터를 지나면 지하통로로 이어진다. 살곶이다리는 이 통로를 벗어나자마자 만난다. 보물 제1738호인 이 다리는 너비 6m에 길이는 76.2m. 1420년 세종 때 공사를 시작했으나 홍수를 이겨내지 못해 허물어지기를 거듭하다가 1483년 성종 때 완성되었다. 조선시대 때는 가장 긴 다리였다고 한다.

살곶이라는 이름은 태조와 그의 아들 태종에 얽힌 일화에서 비롯된 것으로 전해진다. 아들 이방원(태종)이 왕자의 난을 일으켜 권력을 잡자, 이에 울분한 태조 이성계는 함흥으로 내려간 뒤 한양으로 돌아오지 않는다. 태종은 아버지의 노여움을 풀고자 여러 차례 사신을 함흥으로 보낸다. 그래도 이성계는 뜻을 굽히지 않고 사신을 죽이거나 돌려보내지 않는다. 함흥차사(咸興差使)라는 말도 그래서 생겨났다.

이후 신하들의 간곡한 청에 못 이겨 이성계가 한양으로 돌아올 때였다. 태종이 이곳 중랑천에서 자신을 맞이하고 있다는 것을 알고 강 건너의 태종을 향해 화살을 날린다. 하지만 맞히지 못하고 땅에 꽂히고 만다. 해서 살꽂이 또는 살곶이로 불렀다는 것이다.

비라도 내리려는 것일까. 회색구름이 몰려오면서 바람결이 거세다. 강가에서 너풀거리는 갈대들의 군무(群舞). 그 맵시 그 우아함이 여느 꽃만 못지않다. 하니, 갈대인들 꽃을 닮으려 안달하랴.

가까운 거리에 지하철 응봉역이 보인다. '걷고 싶은 힐링로드'. 오늘 하루 유쾌하게 걸었고, 유감없이 힐링되었음에 행복하다.

2017. 11

투명한 햇살에 백과는 여물고

-배봉산과 중랑천둑길

배봉산(拜峰山).

동대문구에 있는 높이 108m의 야트막한 산이다. 전체 면적은 26만 5천여 평방미터. 1992년에 공원으로 지정되었다. 울창한 숲에 잘 닦인 산책로가 깔끔하고 각종 운동기구나 쉼터 등이 과부족 없이 마련돼 있어 많은 시민들이 즐겨 찾는다. 2.7km에 이르는 자락길에서 휠체어나 유모차들을 자주 볼 수 있는 까닭은 길 자체가 완만하기도 하려니와 상당 부분을 데크로드로 만든 때문일 터다.

배봉산 자락에는 영우원(永祐園)과 휘경원(徽慶園)이라는 이름의 왕실 묘가 있던 곳으로 알려져 있다. 영우원은 정조의 아버지인 사도세자가 뒤주에 갇혀 비참한 최후를 맞은 뒤 처음 묻힌 곳이고, 휘경원은 정조의 후궁이자 순조의 생모인 수빈 박 씨의 묘가 있던 장소다.

배봉산의 이름은 바로 이런 역사적 배경에서 비롯된다. 지나는 길손들이 왕실 묘를 향해 고개를 숙여 예를 갖춘 데서 유래했다는 게 그것이다. 또 아버지에 대한 효를 다하지 못한 정조가 날마다 배례를 올린 때문에 배봉이 됐다는 설도 있다.

지난해 9월 이 산에서는 매우 경이로운 일이 발생했다. 삼국시대의 관방유적(關防遺蹟 · 국경방비를 위해 설치한 군사적 목적의 시설) 가운데 하나인 보루(堡壘)를 발굴한 것. 그렇잖아도 배봉산은 '역사가 숨쉬는 공원'의 이미지를 갖고 있는데, 보루가 새로이 발견됨으로써 배봉산을 또 다른 차원에서 평가할 수 있는 계기가 마련된 셈이다.

산을 내려가서는 중랑천제방을 찾아가자. 그리고 매봉산연육교에서 군자교까지 3.4km의 둑길을 걸어 보자. 느티나무 은행나무의 향을 맡고 투명한 햇살에 여물어가는 감 대추 모과 등을 보노라면, 몸과 마음에 쌓인 피로 저절로 풀리고 살아 있다는 것, 걸을 수 있다는 사실에 새삼 고마움을 느끼게 되리라.

지하철 1호선이나 중앙선 회기역의 2번 출구. 은행나무가 촘촘히 늘어선 길을 300m 가량 똑바로 걷는다. 첫 번째 건널목을 건너서 만나는 큰길이 망우로. 다시 길을 건너 삼육서울병원에 들어선다. 오르막길 앞쪽 저만치에 '병원 정문 · 응급실'이라는 안내표지가 보인다. 배봉산 자락길은 바로 이 표지를 지나 오른쪽의 오솔길에서 시작된다. 경사가 완만한 흙길을 오르면 운동기구와 맨발지압로가 있는 쉼터가 나온다. 신발을 벗은 사람 또는 양말조차 벗어 버린 맨발의 40~50대 남녀 대여섯이 지압로를 걷고 있다. 쉼터 바로 왼쪽은 휘경원 터. 낡고 찢어진 안내판에 잠시 눈길을 준다. 휘경원은 철종 6년(1855)에 양주로 옮겼다가 풍수지리상 문제가 있어 철종 14년(1863) 지금의 남양주시로 이전했다고 한다. 휘경동이라는 지명은 휘경원에서 따온 것이다. 휘경원 터 건너편은 '히어리광장'. 히어리는 환경부가 지정한 멸종위기의 야생식물로 우리나라에서만 자란다고 한다. 광장 옆에는 350m의 황톳길이 마련돼 있다.

쉼터에서 전망대로 오르는 길 왼쪽에 참나리 붓꽃 구절초 원추리 비비추 등이 피어 있어 숲속 분위기를 환하게 바꿔준다. 오른쪽 길가에는 개나리 철쭉. 봄철에는 이 길이 더욱 밝고 아름다울 것이다. 전망대에서는 휘경동과 장안동의 아파트촌 저 너머로 백봉산 망우산 용마산의 당당한 모습을 볼 수 있다.

배봉산의 정상은 전망대 바로 옆이다. 본래 정상에는 군부대 시설이 40여년 동안자리 잡고 있었다. 그런데 2015년 군부대가 떠난 뒤 공원을 조성하는 과정에서 역사적・학술적으로 가치를 인정받은 관방유적이 발굴된 것이다. 필자가 방문할 당시엔 이 일대의 면적 2935㎡가 흙만 쌓아 놓은 채 공사는 중단돼 있었다. '유적 보존 처리와 공원 조성 때문'이라고 했다. 동대문구청은 이 지역을 '해와 구름을 테마로 하는 공원'으로 만들어 주민들 품에 안겨줄 것이란다.

이제 영우원 터로 걸음을 옮기자. 한데, 아무리 둘러봐도 안내판이 눈에 띄지 않는다. 할 수 없이 지나가는 산책객에게 물어 방향을 잡을 밖에. 전망대에서 오른쪽으로 내려가면 갈래길이 나온다. 왼쪽의 나무계단 길을 택한다. 다시 100여 미터를 아래로 내려가다가 만나는 것이 6각형 정자. 영우원 터는 바로 정자 오른쪽이다. 사도세자의 묘는 애초에 수은묘(垂恩墓)로 불리다가 정조 즉위년(1776)에 생부인 사도세자의 존호를 장헌(莊獻)으로 바꾸면서 무덤의 봉호도 영우원으로 고쳐 불렀다. 정조 13년(1789)에는 경기 화성으로 이장한 뒤 현륭원(顯隆園)으로 이름이 바뀌다가 광무 3년(1899) 사도세자가 장조(莊祖)로 추존되면서 융릉(隆陵)이라 높이 부르게 된 것이다. 아버지의 죽음을 얼마나 애절 통분하게 여겼으면 정조는 이토록 무덤의 명칭과 묘 터에 집념을 보이며 극존(極尊)의 예를 다 했을까. 지금 배봉산에 휘경원 영우원은 사라지고 없다. 있는 것은 그저 미심쩍은 터뿐이다. 그럼에도, 이 터를 보는 심사가 고르지 못한 것은 무슨 까닭일까.

영우원 터를 벗어나 잠시 걸으면 데크가 나온다. 좌우 양쪽으로 갈라진 길에서 왼쪽으로 간다. 오르막 내리막이 반복되고 흙길과 나무계단이 번갈아 이어진다. 계속 걷는다. 약수터가 나올 때까지. 도로를 달리는 찻소리가 가까이서 들린다. 산 밑이 멀지 않은가 보다. 좋이 500m쯤은 걸어온 듯싶다. 약수터에 닿기에 앞서 놀란 게 하나 있다. 이웃해 있는 배드민턴장 숫자 때문이다. 이곳저곳에 마련한 코트가 열 개도 넘어 보인다. 그 가운데 서너 개는 이용객으로 활기찬 분위기이고.

'지하 100m에서 공급하는 지하수'라는 약수. 물맛은 어떨까. 하나, 제한 급수시간에 걸려 스테인리스 강철 통에 미리 담아둔 물로 갈증을 달래고 만다. 약수터를 지나면 짧은 숲길에 주택가가 이어진다. 담쟁이덩굴이 덮인 축대 옆길로 들어선다. 다시 숲이 나온다. 길가 왼쪽에 홀로 서 있는 정자가 쓸쓸하다. 정자를 뒤로 데크길을 따라 간다. 오른쪽은 주택가, 왼쪽은 산. 때죽나무 느티나무 상수리나무 등이 서있는 밑쪽 빈자리를 영산홍 자산홍이 메우고 있다. '측백나무 쉼터' '밤나무쉼터' 를 거쳐 5~6분 걸었나 싶은데, 산이 끝나면서 흰색 페인트칠을 한 육교가 나타난다.

한천로 위에 걸쳐진 배봉산연육교를 건너면 중랑천둑길이 시작된다. 노폭 7~8m의 산책길에는 왕벚나무 느티나무를 비롯해서 이팝나무 잣나무 은행나무가 빽빽이 심어져 있다. 봄에는 화사한 꽃들이, 가을에는 오색 단풍이 가슴을 설레게 하리라. 둑길의 전체 길이는 3.4km. 해마다 '걷기 좋은 서울 길 베스트 10'에서 빠진 적이 없다. 우레탄이 깔린 산책로는 걷기에 편하다. 곳곳에 운동기구와 쉼터 전망데크 등이 설치돼 있으니 운동과 휴식 그리고 여가시간을 활용하기에 안성맞춤이다. 왼쪽으로 고개를 돌리면 동부간선도로와 중랑천이 가까이 보이고 멀리로는 용마산의 음전한 자태가 눈에 잡힌다.

장안교 부근에 '장안벚꽃길작은도서관'이 있어 잠시 들른다. 서가에 각종 서적 3000여 권이 꽂혀 있다. 그러나 아쉽게도 열람실에서 책을 읽는 사람은 보이지 않는다. 다들 책을 빌려가 집에서 읽기 때문일까. 장평교 언저리에서는 화강암을 깎아 만든 이색 장기판을 볼 수 있다. '장기는 훈수 맛'이라는 말도 있듯, 5개의 장기판 주변은 구경꾼들로 언제나 북적인다.

그러나 뭐니뭐니해도 이곳 둑길의 백미는 유실수에 주렁주렁 매달린 열매를 보는 일일 것이다. 감 대추 꽃사과 모과 등은 지금 에메랄드빛 하늘과 싱그러운 바람결 속에 여물어간다. 녀석들을 보노라면 괜스레 기분이 즐거워진다. 그리고 모든 것에 감사하고 싶어진다. 뭐, 힐링이 별것이랴.

둑길이 끝나는 군자교 앞. 지하철 5호선 장한평역으로 가는 발걸음이 마냥 가볍구나.

2017. 09

제6장

로저 와그너 코랄의 프리마 돈나

딜쿠샤 1923

궁금한 게 한두 가지가 아니다.

왜 하필이면 집 이름이 '딜쿠샤(DILKUSHA)'일까. 건물의 용도가 유별난 것도 아니고 그저 평범한 여염집에 지나지 않는데, 굳이 생뚱스런 이름을 갖다 붙인 이유를 모르겠다. 건물주만 해도 그렇다. 미국출신의 무역업자이자 광산기술자라는 건 이해가 되는데, 내로라하는 통신사의 한국특파원까지 지냈다니 그 다양한 직업과 폭 넓은 활약상이 얼른 가늠되지 않는다. 게다가, 일제의 만행에 항거하다가 추방까지 당했다지 않는가. 나이 73세에 심장병으로 세상을 떠나면서 "내가 사랑한 한국 땅에 묻어 달라"는 유언을 남긴 그 사람 앨버트 테일러(Albert W. Taylor). 신비스런 이름 딜쿠샤를 떠올릴 때마다 궁금증이 더더욱 부풀어 오른다. 초복의 불볕더위를 마다않고 종로구 행촌동에 있는 딜쿠샤를 찾아 나선 이유다.

현장을 찾기는 비교적 수월했다. 지하철 3호선 독립문역에서 내려 3번 출구로 나오면 70~80미터 앞에서 독립문로터리와 만난다. 거기서 횡단보도를 건너 사직터널 쪽으로 방향을 바꾼 뒤 언덕길을 오른다. 여남은 발짝을 걸으면 벌써 왼쪽 저 너머로 행주대첩의 명장 권율 도원수의 생가 터에 심었다는 은행 거목이 눈에 잡힌다. 바로 그 옆의 빨간 벽돌 2층집이 딜쿠샤다.

멀리서 본 딜쿠샤의 외양은 아주 당당해 보인다. 건물의 연면적만 해도 600㎡가 넘으니 당연할밖에. 헌데, 왜 지붕이 온통 루핑으로 덮여 있을까. 빗물이라도 새서인가. “집이 너무도 낡아 흉가같이 보였다”는 말들이 터무니없는 과장이기를 바라면서 발걸음을 재촉한다.

공식 행정지번이 서울특별시 종로구 사직로2길 17인 딜쿠샤는 얼핏 봐도 예사로 지은 집 같지는 않다. 한 뼘 가웃 두께의 화강암 여러 개로 기단을 마련한 뒤 벽돌을 쌓아올린 프랑스식 건축방법이 그렇고, 건물의 좌우 모서리를 두 번씩이나 꺾어 맵시를 더 한 모습도 여간 특이하지 않다. 또, 쌓은 벽돌에 열십자 구멍을 냄으로써 멋을 살린 점, 창틀의 윗부분을 라운드로 처리한 점 등도 독특하게 느껴진다. 지금으로부터 90년 전 인왕산자락 언덕배기 위에 처음 딜쿠샤가 등장할 당시에는 2층 양옥의 상큼한 모습과 더불어 그 별난 공법들이 더욱 화제가 되지 않았을까 싶다.

하지만, 적지 않은 세월이 버거웠을까. 아니면 주인 떠난 뒤로 방치되다시피 한 관리 탓일까. 건물은 풍상에 할퀴어지고 사람들에 홀대를 받아 퇴락이 선연하다. 현관에 이르는 8개의 돌계단은 군데군데 넓은 틈이 벌어져 대충 시멘트땜질이 되어 있고, 쪽 나무판자로 만든 추녀는 낡고 바스러져서 당장이라도 우수수 쏟아져 내릴 듯 위태롭게 느껴진다.

건물이 상해 있기로는 내부도 마찬가지다. 아니, 바깥보다는 더 엉망으로 망가져 있다. 마루와 벽, 그리고 천장 어느 하나 온전한 데가 없다. 문짝과 창들은 부서지거나 깨진 채 엉성히 걸려 있어 깔끔하고 산뜻했을 옛 모습은 찾을 길이 없었다. 현재 이곳에는

15~6 세대가 무단으로 입주해 있다고 한다. 사람들이 모두 밖에 나가 텅 빈 탓일까. 인기척 하나 들리지 않는데다 집 안 구석구석이 어두컴컴해서 기분이 언짢고 스산하다.

딜쿠샤는 국유 일반재산으로 분리되어 한국자산관리공사가 관리한다고 한다. 관할기관인 종로구청과 서울시청은 1년 전부터 이 건물을 문화재로 등록해 줄 것을 문화재청에 신청해 놓은 상태다. 건축양식이 특이한데다 아름답고 기품이 있어 건축사 측면으로도 뜻이 깊다고 판단한 때문이다. 하지만, 딜쿠샤의 문화재 등록사업은 아주 지지부진하다. 무단 입주해 사는 사람들이 오랜 연고를 내세우면서 이사하기를 거부하고 있어서다.

그 옛날 집주인 내외가 한 눈에 반했다는 400년 거목의 은행나무와 사방으로 탁 트인 전망, 그러나 지금의 딜쿠샤 주변은 왼쪽의 은행나무 외에 아무 것도 볼만한 것이 없다. 오히려 빼곡하게 들어선 집들에 가려 숨이 막힐 지경이다.

1923년. 미국 출신의 금광기술자이자 무역업자이며 UPA(UPI의 전신)의 한국특파원이기도 했던 앨버트 테일러(Albert W. Taylor)는 아내 메리(Mary L. Taylor)와 함께 지금 이 자리에 딜쿠샤를 짓는다. 멀리 뒤쪽으로는 북한산이 우뚝하고 앞쪽으로는 한강과 관악산 그리고 서울 시내가 한 눈에 들어오며 좌우로는 독립문과 사직단이 굽어보이는, 그야말로 산자수명(山紫水明)이 뛰어난 자리에….

딜쿠샤는 힌두어로 '이상향', '행복한 마음' 또는 '기쁨'의 뜻이라던가. 아내 메리는 영국 출신의 배우이자 화가로 언젠가 인도의 북부 지역을 여행한 적이 있는데, 그때 곰티(Gomti)강 근처에서 봤던 딜쿠샤궁(宮)의 독특한 아름다움을 늘 잊지 못하다가 딜쿠샤를 지으면서 그 이름을 그대로 사용한 것이다.

앨버트 테일러는 1875년생으로 금광기술자였던 아버지 조지 테일러(George A. Taylor)에 뒤이어 1897년 한국에 온 사람이다. 역시 금광기술자였던 그는 아버지의 사업을 도우면서 한국의 독립운동에 깊은 관심을 쏟는다. 1919년 4월 15일 일제가 마을주민 30여 명을 교회 안에 몰아넣고 집단 학살한 화성 제암리교회 사건을 외부에 알려 그들의 죄과를 전 세계에 전파시켰는가 하면, 그에 앞선 2월 28일에는 아내의 출산소식을 접하고 찾아간 세브란스병원에서 3·1 독립선언서를 발견하고 이를 동생인 빌 테일러에 부탁하여 미국으로 전송하기도 한 사람이다. 결국 이러한 활동으로 일제는 테일러를 6개월 간 서대문형무소에 수감시키기도 했다.

1941년 12월, 일제는 미국령 진주만을 기습 폭격함으로써 태평양 전쟁을 일으킨다. 이 때문에 미·일 관계는 급속히 악화되고 테일러 가족은 가택에 연금된 채 생활한다. 한국의 독립운동을 적극적으로 도왔으니 당연한 결과였다. 이듬해인 1942년, 테일러 부부와 아들 브루스는 조선총독부의 외국인 추방령에 따라 어쩔 수 없이 미국으로 되돌아간다. 19년간 정들어 살았던 딜쿠샤를 버리고….

아버지에 이어 큰 성공을 거뒀던 광산사업도 잃고 시름만 깊어진 탓일까. 한국과 한국인을 누구 못지않게 사랑했던 앨버트는 1948년 6월 심장마비로 사망한다. “내가 죽거든 사랑하는 한국 땅에 묻어 달라”는 유언을 남긴 채. 그 후 딜쿠샤는 8·15해방과 6·25전쟁이라는 격변과 혼란을 거치면서 사람들의 기억에서 시나브로 사라지기 시작한다. 그리고 마침내 깡그리 망각되어 누가 언제 왜 그런 집을 지었는지를 모르게 된 것이다. “아무려면 그 정도까지야 되겠는가? 터무니없는 과장이다"라고 말하려는 사람들이 적지 않겠지만 사실이었다. 1995년 6월 17일자 경향신문의 다음 기사를 보자.

> 서울시는 16일 광복 50주년 기념사업으로 대한매일신보 사옥, 항일의거 유적지 등 9곳을 올해 안에 정비, 역사의 산 교육장으로 조성하기로 했다. 시는 이에 따라 현재 세입자들이 거주하고 있는 종로구 행촌동 1의 88 옛 대한일보 사옥 2층 건물을 언론박물관으로 조성키로 했다.

테일러가 지은 딜쿠샤를 영국인 베델(Ernest T. Bethell)과 양기택(梁起鐸)이 창간한 대한매일신보의 부속 건물쯤으로 잘못 알아버린 것이다. 얼마나 엉뚱한 착각이며 부끄러운 오류인가. 그것도 다름 아닌 한 나라의 수도 행정을 책임지는 서울시에서 저지른 행태이니 기가 찰 노릇이다. 허나, 이 사업은 갑자기 보류되고 만다. 왜 그랬나? 건물의 동쪽 벽 밑에서 초석을 찾아냈기 때문이다. 화강암 위에 두 줄로 음각된 명문(銘文) 내용은 이렇다.

DILKUSHA 1923
P.S. ALM CXXVII-I

P.S.로 시작하는 아랫줄은 구약성경 시편가운데 127편 1절을 가리킨다. '여호와께서 집을 세우지 아니하시면 세우는 자의 수고가 헛되며, 여호와께서 성을 지키지 아니하시면 파수꾼의 경성함이 허사'라는 뜻이다.

그렇다면, 'DILKUSHA 1923'이란 무엇인가. 듣고 보는 사람마다 그 뜻을 알지 못해 골머리를 앓다가 2006년 테일러의 아들(Bruce T. Taylor)이 한국을 방문, 서울시를 방문해서야 누가, 언제, 왜 딜쿠샤라는 이름의 건물을 지었는가에 대한 의문이 풀리게 된다.

브루스 테일러가 서울을 찾은 나이는 87세. 일제의 강제 추방령으로 부모와 함께 한국에서 쫓겨난 때로부터는 실로 64년의 세월이 흐른 뒤였다. 한국에 머무는 동안 그는 딜쿠샤는 물론이고, 그가 태어났던 옛 세브란스병원, 제암리의 3・1운동순국기념관, 할아버지와 아버지가 안장돼 있는 양화진의 외국인 묘역, 그리고 서울시청을 고루 방문했다. 특히 서울시청 방문으로 딜쿠사는 베일 속 존재에서 벗어나 제 모습을 찾을 수 있게 된 것이다. 서울시로부터 명예시민증을 받은 브루스는 아버지가 한국에 머물며서 찍은 기록사진 17장을 서울시에 기증했다고 한다.

모처럼 딜쿠샤를 방문한 날, 필자는 내친걸음에 양화진의 외국인 묘역을 찾아갔다. 앨버트 테일러와 그의 아버지 조지 테일러의 묘를 보기 위해서다. 그들의 묘소는 묘원 초입에 있었다. 왼쪽이 아들, 오른쪽이 아버지의 것이었다. 크기만 조금 다를 뿐 나란히 안치된 두 사람의 묘는 살아생전 도타웠을 부자(父子)의 정을 가늠케 해주었다. 때마침 구름에 가렸던 태양이 얼굴을 드러내고 초복의 뜨거운 햇살을 빗돌에 쏟아낸다.

도대체 한국의 무엇이 좋기에, 어떤 점에 매력을 느꼈기에 이들 부자는 고향과 처자도 버린 채 머나 먼 땅 이곳에 묻혀 휴식을 취하는 걸까. 문득 마음이 숙연해진다. 브루스의 딸 제니퍼조차 할머니 메리의 서울생활을 기록한 회고록 ≪호박 목걸이(원제: Chain of Amber)≫를 영화로 만든다니 4대에 걸친 그들의 한국사랑은 얼마나 경탄스러운가. 더불어, 낡아 바스러지는 딜쿠샤를 저 모양으로 방치해 버린 불민함과 나태가 부끄럽다.

'건축양식이 특이하고 미려하여 건축사 측면에서도 의미가 깊다'는 딜쿠샤, 그 복원은 언제쯤 이루어질는지.

2014. 08

※ 2016년 2월 28일, KBS 9시 뉴스는 "정부와 서울시가 딜쿠샤를 국가문화재로 지정하고, 3·1운동 100주년인 2019년까지 원형대로 복원해 관리할 계획"이라는 낭보를 전했다. 다만, 이 뉴스에서 담당 기자는 지금까지 딜쿠샤 복원의 걸림돌로 작용해 왔던 무단 입주자 문제가 어떤 방법으로 해결됐는지 또는 해결될 것인지에 관해 전혀 언급이 없어 궁금했다. 또, 딜쿠샤의 존재가 세상에 알려진 동기도 "영화 소재를 찾던 제작자에 의해서"라는 등 사실과 다른 보도를 한 점도 아쉽게 느껴진다.

물망비(勿忘碑)

1

서울 영등포구 여의도동 18.

공영방송 KBS의 지번이다. 본관 건물의 뒤쪽 빈터는 지상 주차장. 그 한 쪽 추모공원에 독특한 비(碑)가 하나 서있다. 화강암을 깎아 만든 이 비는 가로 2.5m에 세로가 80cm, 높이는 3m쯤 될까. 정면에서 볼 때는 원추형인데 좌우 양쪽에서 바라보면 영락없이 긴 3각자를 세워놓은 모양새다. 포개 쌓은 1m 두께의 돌덩이를 삼각형 빗변같이 다듬어 세웠기 때문이다.

깔끔하게 손질된 파란 잔디. 대여섯 그루의 반송(盤松)과 재래송 사이에 홀로 자리를 지키고 있는 비가 까닭 없이 쓸쓸해 보인다. 오랫동안 기승을 부리던 불볕더위가 가뭇없이 사라지고 스산한 가을바람을 갑자기 맞아서인가. 아니, 그보다는 눈 씻고 둘러봐도 방문객이 전혀 보이지 않아 허전하게 느낀 탓일 게다.

비신(碑身) 정면에 음각된 글자를 읽는다. '勿忘碑'(물망비). 오직 세 글자가 전부다. 물망비? 대체 무엇을 잊지 말라는 걸까. 눈길을 돌려 비 뒤쪽에 따로 세운 안내판에 다가선다.

이 물망비는 일제 강점기에 항일의거사건인 '단파방송 연락운동'으로 인해 1942~1943년 사이에 연행 투옥되어 옥사(獄死)한 6명 등 고초를 당한 수많은 선배 방송인들의 숭고한 정신을 기리기 위하여 1991년에 후배 방송인들이 세운 것임.

비 앞쪽 둥근 돌에 새겨 넣은 '단파방송 해내외 연락운동'에 관한 소개도 내용은 비슷하다. 그러고 보면 하늘을 찌를 듯 뾰족이 세운 탑도 공중높이 퍼져나가는 전파를 형상화하기 위해서가 아닐까. 아울러, 단파방송을 청취하면서 '일제의 패망과 조선의 독립'이라는 장밋빛 소식을 두루 알리다 목숨을 잃거나 수형(受刑)된 선배 방송인들의 고귀한 애국심을 높이높이 기리기 위한 뜻일 터다.

단파방송이란 단파(短波) 3~30MHz(메가헤르츠)를 이용한 라디오방송을 말한다. 전파의 도달거리가 수천km에 이르기 때문에 국제방송 등에 활용하고 있다. 우리나라는 1925년 12월 17일 오후 7시부터 8시까지 1시간에 걸쳐 단파방송의 첫 전파를 한국 상공에 시험 발사한 바 있지만, 이 방송은 그야말로 실험에 그쳤을 뿐이었다.

1930년대 말, 일제는 새로운 방송계획 하나를 세워 실천에 옮긴다. 일본 NHK가 발사하는 단파방송을 경성방송국(JODK)이 수신하기로 한 것이다. 프로그램을 다양하게 편성하고 방송자료를 효율적으로 활용할 수 있다는 판단에서다. 이 계획에 따라 경성중앙방송국 지휘실(주조정실)에는 미국 RCA가 제작한 단파수신기가 설치된다. 그리고 지휘실에 근무하는 엔지니어는 단파방송을 능숙하게 수신할 수 있도록 훈련받는다.

그런데, 전혀 예기치 못한 상황이 벌어진다. 한국인 기술자가 근무하는 야간에 NHK의 단파방송을 수신하려고 다이얼을 돌리다가 귀에 익숙한 목소리를 듣게 된 것이다. 이승만 박사와 김구 선생의 방송이 그것이다. 미국에서 발사하는 VOA(미국의 소리)와 중국 중경 방송을 통해서 두 분은 한결같이 "일본의 패망이 머지않고, 우리도 곧 해방과 독립을 맞게 된다"고 자신 있게 역설하는 것이었다. 우연찮게 이 방송을 들은 엔지니어는 감동 감격한 나머지 이 사실을 지인들에게 또는 독립 운동가들에게 몰래 알린다.

당시 일제는 외국 선교사들로부터 단파수신기를 압수하여 그 일부를 전국 지방방송국에 분배할 때였다. 게다가 방송국에 근무하는 엔지니어나 라디오 수리상의 기술자들은 스스로 단파수신기를 만들어 사용하기도 했으므로, 단파방송을 밀청하거나 밀청한 내용을 전달받는 사람들의 숫자는 기하급수적으로 증가하고 소문 또한 무성할밖에 없었다.

결국 '단파방송 연락운동'은 일본 경찰에 누설되어 전국에서 3백 50여 명에 이르는 사람들이 구금되어 곤욕을 치른다. 체포 구금된 사람들을 좀 더 세분하면, 중앙방송국에서 40여 명, 지방방송국에서 1백 50여 명, 그리고 일반 민간인 1백 몇 십 명이었다. 이들은 모진 고문을 받은 것은 물론이고, 억울하게 형(刑)을 살아야 했으며, 심지어는 옥사(獄死)하기도 했다.

단파방송 연락운동은 번뜩이는 일본경찰의 눈을 피해 감행한 애국 애족의 자발적인 거사로 세계 방송사에서도 그 유례를 찾기 어렵다. 1990년 8월 15일 정부가 제45주년 광복절을 기해 뒤늦게나마 이 사건을 '독립운동'으로 인정하고 관계자들을 서훈(敍勳)한 이유다.

2

1941년 이른 봄 어느 날. 성기석(成基錫·경성방송국 기술부 조사과 시험실)은 자신이 직접 제작한 단파수신기를 통해 우리말방송을 듣고 소스라치게 놀란다.

> 여기는 중경방송국입니다. 조선 임시정부 우리말 방송시간입니다. 각 전선에서 용전분투하시는 독립군 전사 여러분! 그리고 고국에 계신 동포 여러분! 일본 침략군의 패망과 아울러 우리 조선의 독립이 멀지 않았습니다.
>
> 동포 여러분! 전사 여러분! 항일투쟁에 앞장서 일본 침략군을 몰아냅시다. 장개석 주석께서도 우리 조선의 독립을 위해 적극 협조하겠다고 약속했습니다.

'조선 임시정부'니 '독립군 전사'니 하는 말을 처음 들어본데다가 "일본 침략군은 곧 패망하고 조선이 해방된다"는 말에 그는 화들짝 놀라고 만 것이다. 성기석은 이 엄청난 소식을 그의 부친 성희경에게 알린다. 보성전수학교 출신인 부친은 한때 교편을 잡은 경험이 있는데다, 동일은행과 조선신탁회사에서도 근무했던 식자였다. 그는 당시의 거물 정객들인 조병옥(趙炳玉), 김병로(金炳魯), 이인(李仁) 등과도 친교가 두터웠다. 따라서 중국 중경과 미국 샌프란시스코에서 보낸 단파방송의 내용도 자연스레 그들 정치인들에게 낱낱이 전달되었다.

마침내 성기석은 형법과 해군 형법, 그리고 무선전신법 위반으로 2년의 징역형에 처해진다. 그는 심문과정에서 당한 혹독한 고문 때문에 나머지 삶을 마칠 때까지 수전증과 요통을 앓아야 했다.

단파방송사건의 또 다른 핵심인물인 홍익범(洪翼範)의 경우를 보자. 그는 1921년 일본으로 건너가 와세다대학 전문부 정치외교학과에 입학, 1924년에 졸업한다. 같은 해에 홍익범은 미국 콜롬비아대학의 정치경제학과에 입학한 뒤 1931년 6월에 졸업하고 11월에 귀국한 것으로 일제의 수사기록은 밝히고 있다. 1933년 동아일보에 입사한 그는 1940년 8월 동아일보가 강제 폐간당할 때까지 정치부 기자로 근무한다. 7년간 재직하면서 국제관련 해설기사를 많이 작성한 것으로 알려져 있다.

신문이 폐간되자 그는 국제정세를 분석해 주는 정치평론가로 활약하면서 에세이를 쓰기도 했다. 하지만, 그의 주된 관심사는 국외로부터 전해지는 단파방송이었다. 홍익범은 미국선교사들을 통해 알고 있는 국제정치 상황을 혼자서만 소화하지 않고 백관수(白寬洙 · 전 동아일보 사장), 함상훈(咸尙勳 · 조선일보 편집국장), 국태일(鞠泰一 · 전 동아일보 영업국장), 허헌(許憲 · 변호사), 경기현(景祺鉉 · 민중병원 의사) 등에게 알려 준다. 때로는 직접 찾아가 일본과 미국에서 익힌 해박한 지식을 바탕으로 정세를 분석해 주기도 했다.

홍익범은 1943년 체포되어 육군 형법, 해군 형법 외에 조선임시보안령을 위반했다는 죄목으로 징역 2년형을 언도받고 복역 중 옥사했다. 모진 고문이 원인이었다.

송진근(宋珍根 · 경성방송국 방송부 한국어방송 전담)은 1936년에 아나운서로 입사한 사람이다. 당시는 일제가 한국말 자체를 말살시킬 목적으로 일본어 상용을 강요할 때였다. 그러나 방송국은 예외였다. 그도 그럴 것이 방송국에는 한국어를 전담하는 부서와 그 부서를 지휘 통솔하는 책임자가 있으므로 한국말을 사용한대도 하등 이상

할 것이 없기 때문이다.

송진근은 아나운서 가운데 가장 먼저 단파방송을 접한 사람으로 알려져 있다. 그는 단파방송을 통해 얻은 정보에 관심이 많았을 뿐더러, 동료나 관련인사들에게 방송내용을 전하는 데도 적극적이었다.

그는 아나운서실 주임으로 주야간 교대근무를 하면서 일본인 기술과장이 출근하지 않는 야간에는 으레 아나운서와 엔지니어들이 함께 모여 단파방송을 듣고 시국에 관한 얘기를 나누었다. 단파를 통해 알게 된 국제정세는 외국 선교사들의 강제 출국으로 정보원(情報源)을 잃었던 국내의 우국지사들에게 낱낱이 전달되었는데, 그 역할을 선두에서 이끈 사람이 송진근이었다.

1942년. 일제가 실시한 전파관제로 난청지역이 발생하면서 개성에 송신소가 새로 문을 열고 이이덕이 소장으로 임명된다. 송진근은 내심 쾌재를 부른다. 개성은 그의 고향인데다, 소장 이이덕은 단파방송에 관심이 많다는 것을 알기 때문이다.

이후 송진근은 고향집을 방문한다는 구실로 개성송신소를 자주 방문, 그동안 밀청(密聽)했던 단파방송에 관해 얘기를 나누면서 서로의 정보를 교환하고는 했다. 그는 1943년 2월 초에 체포되어 육군 형법, 해군 형법, 안정질서 위반죄로 1년 징역형을 선고받았다. 하지만 미결수로서 호된 매질과 가혹한 고문을 당한 날짜를 포함하면 수형기간이 훨씬 더 늘어날 것이다.

3

단파방송 밀청작업은 일제가 경성방송국에 단파수신기를 설치한 1930년대 말부터 싹트기 시작했다. 1941년 12월 8일 일본이 하와이

진주만(眞珠灣)을 기습 공격함으로써 시작된 태평양전쟁 때 본격적으로 번져나가다가 1942년과 다음해 초에 절정을 이루었다.

당시 민족지인 동아일보와 조선일보는 강제로 폐간된 상태이고, 유일한 조선어신문인 매일신보는 진실성 없는 허위보도만을 일삼던 시기였다. 더욱이 외국 선교사들까지 일제에 의해 강제 추방된 터여서 각종 정보망은 거의 폐쇄된 언론의 암흑기였다. 때문에 일반인은 말할 나위없고, 국내에서 활동하는 항일 민족주의자들은 나라안팎의 소식과 국제정세가 여간 궁금한 게 아니었다.

이러한 상황에서 구세주같이 나타난 존재가 바로 단파방송이었다. 단파방송 수신은 방송국에서 근무하는 한국인 직원들 만에 그치지 않고 라디오 수리점이나 라디오 상담소 또는 HAM 통신사 등 통신 분야의 요원들까지 밀청에 열을 올렸다. 해서, '일본이 패망하고 조선은 곧 해방된다'는 소문이 언론인과 학교 교사는 물론 교회 목사, 병원 의사, 일반 상인 그리고 일제에 저항하는 민족주의자들에게 무서운 기세로 퍼져 나간 것이다.

1943년 11월의 결심공판에서 41명이 유죄판결을 받았다. 그 가운데 34명이 징역 2년에서 6월 사이의 실형을 받았고, 7명은 300엔, 200엔 또는 100엔의 벌금형에 처해졌다. 형량이 밝혀진 것은 아니지만, 실형을 선고받았을 것으로 추정되는 사람도 30여 명이나 되었다.

일제는 단파방송 밀청사건에 연루된 피의자들을 시국사범으로 단정하고, 유언비어 유포, 불온언동, 치안유지법 위반, 보안법 위반, 육·해군 형법위반, 외국방송청취 등의 죄목을 걸어 형을 언도했다. 어디 그뿐인가. 일본경찰이 취조하는 기간은 짧아야 2개월, 길게는 10개월이었다. 취조할 때면 모진 매와 혹독한 고문이 뒤따랐다. 그렇다고 취조나 심문기간이 언도받은 형기에 포함되는 것도 아니었다. 예컨대 위에서 소개한 성기석은 1942년 12월 28일에 체포되어 이듬해 10월 21일에야 2년 징역의 언도를 받았고, 홍익범은 체포에서 언도까지 8개월을 미결수로 있었지만, 언도받은 형기를 그대로 채워야 했다.

1972년 국가보훈처가 엮어낸 ≪독립운동사≫에는 단파방송사건과 관련해서 홍익범 문석준 이이덕 등 6명이 옥사한 사실을 밝히고 있는데, 이들의 옥사 원인 모두가 미결수로 있을 때의 심한 매질과 고문의 결과라는 점에 예외가 없다.

4

방송사를 연구해 온 유병은(兪炳殷 · 전 KBS 대전방송국장)은 그의 저서 ≪단파방송 연락운동≫에서 이렇게 말한다.

> 단파방송 연락운동에 관한 문제를 연구함에 있어 가장 어려운 점은 사료의 미흡이다. 그 까닭은 일제가 패전 후 일본으로 철수할 때 이를 폐기 또는 소각했을 가능성이 많기 때문이다. 단파방송사건과 관련된 복역자가 75명이라 하지만 더 있을 것으로 생각한다. 당시는 창씨개명을 할 때였다. 그러므로 이름도 기록과 실제가 서로 달라 미상(未詳)으로 분류되기도 했다.

미상이 어찌 이름 만에 그치랴. 형량이나 구체적인 활동사항을 알 수 없는 사람도 적지 않다.

일제가 이 나라를 강점한 36년 동안 때와 곳을 가리지 않고 허다한 항일운동이 일어났음을 우리는 기억한다. 하지만, '단파방송사건'

만큼 덜 알려지거나 쉽게 잊어버린 경우도 흔치 않은 것 같다. 사건의 성격이나 규모 또는 파급효과가 대단했음에도 불구하고…. 특히 이 사건과 밀접한 관련이 있는 방송 신문 등 언론사에 근무하는 요원들조차 대부분 사건의 전말에 깜깜한 입장이니 부끄러운 일이다.

단파방송사건은 재조명되고 재평가되어야 한다. 너무 늦었다고 탄식만 할 것이 아니다. 작은 것 하나라도 바로잡는 노력이 필요하다. 80년 전, 그것도 일제 강점기 중의 사건이므로 관련 자료도 망실되거나 훼손된 것이 적지 않은데 이 또한 안타까운 일이다. 따라서 관련 자료의 보존과 발굴에도 적극적인 관심을 기울여야 할 것이다.

지금까지 정부는 3・1절이나 8・15광복절을 맞아 이 사건의 희생자 7명에게 훈・포장 등 포상을 한 것으로 알고 있다. 하지만, 아직도 서훈에서 누락된 분들이 많다. 단파방송사건은 일제에 항거해서 독립을 쟁취하고자 감행한 애국・애족운동이므로 이들에게도 합당한 보훈이 있어야 될 것이다. 죽음을 무릅쓰고 단파수신기를 제작하거나 밀청하고, 그 내용을 국내외의 뜻있는 사람들에게 전한 결과가 무관심과 냉대뿐이라면, 지하의 어느 누군들 야속하고 괘씸한 마음을 갖지 않겠는가.

2005. 09

경기민요의 큰 별 지다
-담월(潭月) 묵계월(默桂月)의 소리 인생

엄청난 비였다. 작은 우산으로는 장대같이 쏟아지는 비를 도저히 막아낼 수 없었다. 게다가 비 맞는 사람은 둘이었고 우산은 하나뿐이었다. 가까이 우산을 파는 곳도 없는데다 빈 택시조차 얼른 눈에 띄지 않았다. 해서, 우리 부부는 지하철에서 내려 국립국악원에 도착하기까지 비를 흠뻑 맞을 수밖에 없었다. 겉옷은 말할 것도 없이 속옷까지 젖는 바람에 몸은 축축해 오고 오슬오슬 춥기까지 했다. 그래도 발길을 집으로 돌리지 않은 것은 초청자의 간절한 바람과 나 자신의 까닭 없는 호기심 그리고 기대가 여간 높지 않았기 때문이다. 2015년 4월 2일. 그날 오후 7시 30분 국악원 예악당에서 열린 담월(潭月) 묵계월 선생의 1주기 추모공연에 관한 얘기다.

예악당에 들어서서도 어려움은 마찬가지였다. "이런 빗속에 어느 누가 구경 오랴" 하는 생각과 달리 초대권을 입장권으로 바꾸는 장소는 그야말로 인산인해 그대로였다. 발 디딜 틈이 없었다. 이리 밀리고 저리 밀리기만 할 뿐 좀처럼 줄은 줄어들 줄 몰랐다. 개막 직전에야 겨우겨우 표를 구해 입장할 수 있었던 것은 행운이었다. 나중에 들은 얘기지만, 미처 입장하지 못한 사람들은 밖에서 CCTV를 통해 공연을 관람했다는 것이다.

공연은 경기 12잡가 가운데 적벽가, 출인가, 선유가, 방물가로 시작되었다. 무대는 소복차림의 출연자들로 꽉 찼다. 세어보니 44명. 모두가 담월의 제자들이었다. 이어서 담월을 추모하는 영상이 무대에 걸리면서 긴 아리랑, 정선아리랑, 한오백년, 강원도아리랑 등이 애제자들인 김영임, 박윤정, 박영실, 김정희에 의해 불려졌다.

두 시간에 걸친 공연은 회심곡, 이별가를 거쳐 '선생님 가시는 길'로 대단원의 막을 내렸지만 국악을 잘 모르는 나로서는 김영임의 '한양 천신맞이 조상굿'이 가장 인상에 남는다. 무속인으로 출연한 이날의 김영임은 노래 말고도 무속인 특유의 유머와 너스레 등으로 관객을 울리고 웃게 하면서 공연장을 쥐락펴락했다.

지금 나는 이날의 프로그램을 하나하나 소개하거나 느낌을 밝히려는 게 아니다. 제자들이 마련한 추모공연을 통해서 그들이 스승에 대해 바치는 애틋한 사랑과 무한한 존경심을 소개하고 싶은 것이다.

담월의 수석 제자이자 중요무형문화재 제57호 전수조교인 김영임은 이날의 추모공연을 이렇게 소개한다.

> 제자들이 선생님의 소천 1주기 추모공연을 준비한 것은 선생님께서 올곧은 열정으로 일궈 오신 예술혼을 기리기 위해섭니다.

그랬다. 담월의 예술혼은 언제나 올곧고 열정에 차 있었다. 이날 김종덕 문화체육부 장관의 축사는 제자 김영임의 얘기를 더욱 구체화하고 있다.

> 담월 선생은 구십 평생을 예술가로서, 제자들을 길러내는 스승으로서 모범을 보이시며 오직 우리 소리의 보존과 전승을 위해 헌신하셨습니다. 그리고 이러한 노력이 밑거름 되어 우리 전통예술

저변을 튼튼히 했고, 이를 바탕으로 인재 육성이라는 값진 열매를 맺게 되었습니다.

아흔이 넘은 나이에도 무대에 올랐던 사람, '경기민요의 산 역사'였던 담월묵계월은 지난해 5월 2일 노환으로 별세했다. 향년 92세였다.

나는 개인적으로 담월을 잘 모른다. 국악에 관해서도 아는 게 별로 없다. 그런 내가 담월의 빈소를 연 이틀 두 차례나 찾게 된 것은 그럴만한 이유가 몇 가지 있어서다. 무엇보다 담월의 둘째 따님 김연진 씨와는 옛 동아방송(DBS) 아나운서실의 선후배 관계라는 점이다. 또 2년 전부터는 '아나운서 동우회'의 회장과 총무로서 함께 모임을 이끌어 가는 입장이고, 내가 살고 있는 집조차 북가좌동이어서 세브란스병원 장례식장과는 아주 가까운 거리였던 때문이다.

오후에 방문한 장례식장은 조문객들로 여간 붐비지 않았다. 특히 이튿날은 추적추적 비가 내리는 날씨임에도 아침부터 문상객들이 몰리는 바람에 길게 줄을 서서 분향 차례를 기다려야 했다. 대부분은 담월의 제자들로 보였다. 서로 아는 척을 한다거나 건네는 말씨가 그런 짐작을 가능케 했다. 빈소에서 각종 허드렛일을 돕고 있는 사람들도 담월의 제자들이었다. 그들은 하나같이 검은 상복을 입은 채 문상객들을 안내하고 헌화용 조화를 건네며 신발을 정리하는가 하면 식사 시중을 거드는 등 바쁘게 돌아가고 있었다. 그 가운데는 TV를 통해 이미 낯이 익은 얼굴들도 있었다. 회심곡으로 널리 알려진 김영임 명창과 임정란 명창이 그들이었다.

담월 제자들의 이러한 행위들은 어디서 나온 것일까. 무엇이 그들을 이 자리에 불러내 헌근지성(獻芹之誠)을 다하게 하는 것일까. 여러 가지 이유가 있을 테지만, 살아생전 담월과 그 제자들이 나누었던 정의(情誼)가 유달리 돈독했던 때문이라는 게 내 판단이다. 김영임은 스승 묵계월을 이렇게 기억한다.

> 20여 년 전 소리꾼으로 한창 방황하고 있을 때 선생님이 제자로 불러 주셨다. 과묵하신 선생님은 가르침도 묵직했다. 혹 실수하는 대목이 있어도 별말씀 없이 반복해 소리를 들려주며 고쳐 주셨다.

소리에는 은퇴가 없다지만, 경기명창 담월 묵계월은 이제 이승을 떠나고 없으니 무대를 통한 그의 소리는 분명 은퇴한 것이 분명하다. '곰삭듯 진하고 고우며 넉넉한 소리'도 우리는 듣지 못할 것이다. 담월의 작고를 애석하게 여기는 이유다.

묵계월의 본명은 이경옥(李瓊玉). 그녀는 어려서부터 노래를 잘 했다. 남이 부른 노래라도 한두 번 들으면 그대로 따라 불렀다고 한다. '소리'라고 다르겠는가. 가사가 아무리 어렵고 음계가 까다로워도 경옥은 매끈히 소화해 냄으로써 주위사람을 놀라게 했다. 나이 11살 때인 1931년, 그녀는 부모가 살고 있는 서울 광희동에서 낙원동으로 거처를 옮긴다. 양녀로 입적하여 본격적인 노래 수업을 받기 위해서다. 이때부터 경옥은 이름을 계월이라 바꾸고 성 씨 또한 오래전에 죽은 양부를 따라 묵으로 고쳐 부른다.

양어머니는 소리를 직접 가르치지 않았지만, 이름 있는 소리선생을 찾아 지도를 맡기곤 했다. 이경옥, 아니 묵계월은 주수봉, 김윤태 등으로부터 시조 잡가 가사 12잡가를 익히고 경기소리를 다듬어 나갔다. 힘들고 바쁜 나날이었다. 언젠가 묵계월은 그때를 회상하며 이렇게 말한 적이 있다. "어린 나이에 이만저만한 고충이 아니었어요. 하지만 하나하나 배워가는 재미도 그에 못지않았죠."

이름이 점차 알려지면서 묵계월은 경성방송국(JODK)에도 출연한다. 나이 열네 살 때였다. 출연횟수는 1년에 몇 차례였으나, 2년 뒤인 1936년부터는 매달 한 번씩 고정으로 출연할 만큼 능력과 기량을 인정받았다. 부민관(현 서울시의회)에서 첫 무대공연을 가진 것도 바로 그 무렵이었다.

나이가 14~5세가 될 지음 묵계월은 전통적인 공연장소라 할 수 있는 사랑에서 송서(誦書)의 대가인 이문원을 만난다. 송서란 고문이나 옛 소설을 가락에 얹어 구성지게 읽어나가는 것. 그로부터 배운 것이 삼설기와 짝타령이었다.

한 국악연구자는 말한다. "묵계월 명창의 송서는 일반 사람들이 글을 읽는 것과는 다르다. 전문적인 소리꾼으로 철저한 교육을 받지 않고서는 부르기 어렵다"고. 특히 이문원이 장기로 삼던 서울식 송서는 유독 묵계월만이 배우고 익혀 오늘날까지 명맥을 잇고 있다. 따라서 묵계월이 아니었다면 전통사회의 독특한 음악 장르 하나가 소리 소문 없이 사라졌을지 모른다는 생각이다.

나이 16세 때 묵계월은 속요계의 거성이던 최정식을 만난다. 그로부터 익힌 것이 금강산타령 풍등가 같은 신 민요였다. 그러나 묵계월은 소리만 배운 게 아니라 부잣집 사랑방이나 요정에 불려 다니며 돈을 벌기도 했다. 번 돈은 모두 양어머니에게 드렸다. 그래도 양어머니는 번 돈을 다른 데로 빼 돌리는 게 아닐까를 걱정했다. 양오빠를 결혼시키고 집을 늘려 이사시켜도 양어머니의 감시와 구속은 여전했다. 결국 20세가 되던 1940년, 묵계월은 양어머니 집을 나와 친가로 간다. 양녀로서 10년을 지내는 동안 그가 겪었을 어려움이 적지 않았을 테지만, 묵계월은 오히려 양어머니에 대한 감사함을 잊지 못한다. "그분이 아니었다면 소리를 어디에서 어떻게 배웠겠느냐"면서…. 뒤에 담월이 제자들을 알뜰하게 보살피고 챙겼던 것도 이와 같은 맥락에서 비롯됐으리라는 판단이다.

1975년, 담월 묵계월은 안비취, 이은주와 더불어 중요무형문화재 제57호 경기민요의 예능보유자로 지정받는다. 1971년에 민요연구회를 개설하고 1981년에 중요무형문화재 제57호 전수소를 운영한 것은 제자 양성에 혼신의 노력을 다하기 위해서였다. 이에 덧붙여 담월은 수많은 국내외 공연활동을 비롯해서 방송에 출연하고 음반을 제작하는 등 경기민요의 보급과 활성화를 위해 동분서주한다.

특히 1990년 호암아트홀에서 가졌던 '인생 70 소리 60'이라는 주제의 기념공연과 역시 호암아트홀에서 열린 소리인생 65년의 기념공연인 '끝없는 소리의 길', 2005년 국립국악원 예악당에서의 '묵계월 경기소리 대공연', 그리고 2011년 9순 기념공연으로 KBS홀에서 베풀어진 '묵계월의 소리인생 80' 등은 소리를 사랑하는 사람들에게 좀처럼 잊지 못할 의미 있는 무대로 기억될 것이다.

1968년 담월은 제1회 세종상을 받은 것을 시작으로 제4회 국악대상, 1997년의 보관 문화훈장, 그리고 2004년에는 제11회 방일영 국악대상을 받는 영예를 차지한다. 소리계의 내로라하는 상들은 다 받은 셈이다. 방일영 국악대상과 관련해서는 미담이 하나 전해진다. 미국 UCLA 민족음악대학의 한국음악과가 재정문제로 폐과될지 모른다는 소식을 듣자, 담월은 방일영 국악대상의 상금을 선뜻 내놓은 것이다. 소리를 지켜내려는 그의 애착과 훈훈한 심성을 읽어낼 수 있다.

"담월은 긴 잡가를 오랜 시간 불러도 지친다거나 막히는 일이 없다. 영글고 단단한 목을 지닌 때문이다. 곰삭듯 진한 목소리는 곱고도 넉넉해 독보적이다. 100년에 한두 명 나올까 말까한 소리의 보물이 아닐 수 없다."

생전에 그의 소리를 두고 국악계의 큰 스승 성경린 선생이 평가한 말이다.

그가 훌쩍 떠나고 없는 지금, 곰삭듯 진한 목소리와 곱고도 넉넉한 소리를 어디서 들을 수 있을까.

다시 한 번 담월의 명복을 빈다.

2015. 04

로저 와그너 코랄의 프리마 돈나

-쌍둥이 두 딸의 대활약

1

12월 7일.

그날의 날씨는 사나웠다. 갑자기 들이닥친 추위도 그러려니와 바람이 여간 아니었다. 지하철에서 내려 예술의 전당으로 가면서 나는 몇 차례나 외투 깃을 여미고 모자를 고쳐 써야 했다. 근처 화원에서 꽃다발 하나를 마련한 뒤 콘서트홀로 걸음을 옮긴 시각이 저녁 6시 50분, 공연이 시작되려면 한 시간 이상을 더 기다려야 했다. 하지만 우리 부부는 재촉이라도 받은 양 걸음을 서둘렀다. 조금이라도 빨리 쌍둥이 딸들을 보고 싶어서다.

큰딸 윤정은 출연자 대기실에서 우리를 기다리고 있었다. 작년 10월 영국 왕실 근위병 군악대가 서울에서 공연을 가졌을 때 만난 이후 처음 갖는 상봉이다. 그런데 첫눈에 본 윤정의 모습이 너무 핼쑥해 놀라웠다. 어깨뼈가 드러날 정도로 몸이 마른데다 피부도 까칠해 보였다. 함께 간 아내도 똑같이 느꼈는지 "어디 아픈 데는 없냐? 꽤 피곤한 것 같구나. 저녁식사는 했냐?" 등 이것저것을 걱정스레 묻는다.

하기야 윤정은 지금 정신적으로나 육체적으로 무척 피곤하고 힘들 것이다. 서울에 오기 전 일본에서 도쿄 오사카 나고야 고베 등을 돌며 순회공연을 가졌으니 얼마나 지치고 힘들었겠나. 게다가 쉴 틈도 없이 연달아 서울에서 공연을 갖는 입장이라 적잖은 스트레스를 받고 있을 것이다. 한국에 도착해서도 집에 들르지 못한 채 간단히 전화만 한 통화 했을 뿐이었다.

오늘 윤정은 합창곡 외에 '아리랑'을 독창으로, '오페라 유령'을 듀엣으로, '그리운 금강산'을 게스트 테너인 조민웅·유혁 등과 트리오로 부를 것이란다. 모처럼의 고국 공연이라 꽤 긴장도 될 법 하련만, 딸의 겉모습에서 그런 기색은 찾을 수 없었다. 오히려 태연하고 당당한 자세다.

"최선을 다 해야죠. 너무 걱정하지 마세요". 그래도 부모 된 입장은 노심초사할 밖에 없었다. 로저 와그너 합창단의 창단 70주년을 기념해 갖는 특별 공연이 아닌가. 게다가 한국의 대표적 공연장인 예술의 전당에서 많은 관객을 모시고 베풀어지는 음악제이니 만큼 최고의 기량을 발휘해줄 것을 마음 속 깊이 기원하며 방을 나섰다. 자꾸 지체했다간 공연을 앞에 둔 딸에게 방해가 될지도 모른다는 생각이 든 때문이다. 만난 지 겨우 10분 정도가 흘러서였다.

홀은 벌써 많은 관람객들로 붐비고 있었다. 혹 관객이 없으면 어쩌나 염려했는데 완전히 기우였다. 윤정의 해외 매니저이자 일본 헤이세이음대에서 호른을 지도하고 있는 이마세 야수오(今瀨康夫) 교수와 쌍둥이 작은딸인 윤주 내외, 그리고 외손녀 지윤도 홀에서 만났다. 윤주는 오늘 공연의 하이라이트가 될 '아리랑'을 편곡했을 뿐 아니라, 앙코르곡으로 마련한 '그리운 금강산'에서는 피아노반주를 하기로 되어 있다. 쌍둥이자매가 세계적으로 유명한 합창단 공연에서 주요 역할을 맡다니 이 얼마나 감사하고 영광스러운 일인가.

그러고 보니 자랑도 할 겸 일가친척과 친구들을 초대하지 못한 것이 못내 후회된다. 초청 계획을 처음부터 안 세운 건 아니다. 부부가 함께 머리를 맞대고 초청대상을 골라봤다. 금세 100명이 넘는다. 아무리 추리고 추려도 7, 80명 이하로는 줄지 않는다. 이 분들을 어찌 일반석으로 모실 것이랴. 로열석은 아닐지라도 1등석 표는 준비해야 된다는 생각이 들었다. 그리고 계산해 본 결과는 1천만 몇 백만 원. 나로서는 감당키가 쉽지 않은 금액이었다. 여러 날 궁리 끝에 아예 없던 일로 덮어버린 이유다. 그래도 이런 기회가 어디 흔하랴. 내 판단이 잘못이었음을 시간이 갈수록 진하게 느낀다.

10분 전 8시. 좌석을 찾아 콘서트홀로 들어선다. 공연장 뒤쪽에 KBS 카메라가 몇 대 보인다. 궁금해서 물으니 녹화 후 'KBS중계석'이라는 프로그램에서 방영할 것이란다. 좌석 위치는 앞에서 세 번째 줄의 중간쯤이었다. 힐끗 뒤를 돌아본다. 만석이다. 엎드려 절이라도 할 만큼 감사하다.

2

불 꺼진 객석. 숨소리 하나 들리지 않는 고요 속에 텅 빈 무대만이 밝고 환하다. 바로 이 때 로저 와그너 합창단 단원들이 등장한다. 터지는 박수. 황금빛 유니폼을 입고 일렬로 들어서는 여성단원들 속에서 바삐 윤정의 모습을 찾는다. 아, 저기 있구나. 여섯인가 일곱 번째가 바로 윤정이다. 한 시간 전에 봤던 모습과는 딴 판으로 젊고 아리따운 평시 그대로의 환한 모습이다. 여성단원 10명에 이어 검은색 정장차림의 남성 단원 10 명이 뒤따른다. 맨 뒤로 지휘자이자 감독인 지니 와그너가 모습을 드러낸다. 박수소리가 더욱 높아진다. 꽃무늬를 수놓은 검정색 웃옷에 검은 빛깔의 바지차림, 나이는 70대 후반쯤 될까. 당당한 체격인데 보행이 다소 불편한 것 같다.

관객에 대한 인사가 끝나자 지휘봉이 허공을 가른다. 역사적인 한국공연이 시작된 것이다. 첫 번째 합창곡은 '켄터키 옛집'. 포스터가 작곡한 미국 민요다. "The sun shines bright on my old Kentucky home(켄터키 옛집에 햇빛 비추어…)" 부드럽고 우아한 화음이 2,500석 콘서트홀을 감미롭게 감싼다. 스무 명으로 이뤄진 합창단이지만 어느 누구 하나 튀는 음성이 없다. 잔잔하면서도 밝고 아름다운 목소리가 선율을 이루어 가슴 깊은 곳을 어루만진다. 다음 곡인 '시골 경마'도 마찬가지다. 질풍같이 달리는 말과 구경꾼들의 떠들썩함이 이 곡의 특색이지만, 로저 와그너 합창단은 즐겁고 유쾌한 시골 경마장의 분위기를 더도 덜도 없이 완벽한 화음으로 표현하고 있다.

로저 와그너 합창단은 1947년 'LA 콘서트 코랄'이라는 이름으로 LA에서 창단되었다. 창립자는 로저 와그너. 그는 주로 LA에서 연주하다가 점차 미국의 전 지역 그리고 전 세계로 활동영역을 넓혀나간다. 포스터의 미국 민요, 성 가곡, 흑인 영가, 디즈니랜드의 영화음악 등 다양한 레퍼토리가 폭발적인 반응을 보이고, 서정성 풍부한 음색이 듣는 이들을 매혹시킨 때문이다.

이 합창단은 1949년 캐피털레코드와의 음반 계약 후 '그래미상' '최고 공연상'을 수상하는 등 명성이 급속도로 세계 곳곳에 퍼져나가기 시작한다. 1953년에는 영국 엘리자베스 2세의 계관식(桂冠式)에 초대되어 공연했고, 1966년에는 미 국무성의 문화사절단으로 월드 투어에 파견돼 이탈리아에서 성 파울러 6세를 위해 노래하는 영예를 입기도 했다.

70년의 역사와 전통을 지켜가는 가운데 폭넓은 레퍼토리로 변화를 추구하면서 합창의 화음과 매력을 만끽시키고 있는 로저 와그너 합창단, 전 세계의 사람들로부터 절대적인 사랑과 박수갈채를 받는 이유일 것이다.

1992년. 로저 와그너는 병으로 사망한다. 그리고 그 자리를 딸 지니 와그너가 물려받는다. 지니는 세 살 때부터 피아노 비올라 성악 등을 익힐 만큼 음악에 대한 재능이 뛰어났다고 한다. 열여덟 살에는 로저 와그너 악단에 입단해 단원과 솔리스트로 활약했다. 그녀가 지휘에 각별한 관심을 둔 것은 아버지의 뒤를 잇겠다는 의지가 투철했기 때문이다.

1992년 아시아에서 순회공연을 가질 때다. 지니 와그너는 병상에 있던 아버지를 대신해서 지휘봉을 잡는다. 그리고 대성공을 거둠으로써 세계의 주목을 받는다. 그녀는 풍부한 예술적 기질을 바탕으로 세련되고 품격이 넘치는 합창을 이끌어낸다는 세평이다.

오늘 공연의 제1부는 포스터의 미국가곡을 비롯해서 클래식 캐럴 송 그리고 가스펠송으로 이루어졌다. 모두 주옥같은 곡으로 청중을 매료시켰지만, 특히 나이가 지긋한 사람들에게는 지난날을 떠올리고 감동에 젖게 하는 레퍼토리였을 것 같다.

3

제2부는 카운터 테너(counter tenor · 콘트랄토나 메조소프라노 같이 여성 음역을 노래하는 남자 성악가)의 '울게 하소서'로 무대가 열렸다. 이어서 팬텀싱어로 인기를 끌고 있는 조민웅 테너의 시원한 목소리에 객석

이 뜨겁게 반응한다.

이어서 쌍둥이 맏딸 윤정이 무대에 놓인 스탠딩 마이크 앞에 다가선다. 우레 같은 박수가 쏟아진다. 가슴이 울렁대며 머리가 쭈뼛해지는 느낌이 들었다. 본인은 지금 얼마나 긴장하고 있을까. 편곡한 쌍둥이 막내 윤주도 비슷한 심정일 것이다.

"아리랑 아리랑 아라리요…" 청아한 목소리가 콘서트홀에 울려 퍼지기 시작한다. 때로는 미움과 원망(怨望)을 담아, 때로는 기대와 호소를 실어 듣는 이의 가슴에 파동(波動)을 일으킨다. 특히 맨 마지막 부분, 높은 음(音)으로 끝난 "아…!"의 절규는 압권이었다. 아리랑은 멜로디와 가사 자체가 한(恨)이 바탕이지만, 아무런 수사(修辭)없이 절규로 처리한 것은 한이 절망으로만 끝나지 않는다는 또 다른 메시지였을 것 같다. 노래가 끝나자 콘서트홀은 박수와 휘파람 "브라보!" "앙코르!" "원더풀!" 등으로 난리법석이었다.

바로 이어 '대니 보이'와 '디즈니 메들리'가 합창곡으로 선정된 것은 달아오른 장내의 열기를 식히기 위해서일까.

윤정이 다시 무대 중앙에 선다. 이번엔 '오페라의 유령' 가운데 'All I ask of you(그대에게 바라는 모든 것)'을 듀엣으로 부르기 위해서다. 이 곡은 노래도 노래지만 연기가 받쳐줘야 뮤지컬로서의 가치를 인정받게 된다. 과연 잘 해낼 수 있을까. 방금 전 아리랑으로 받은 절찬에 흠을 남기는 건 아닐까. 하지만, 기우였다. 부질없는 걱정이었다. 윤정은 노래나 연기 모두를 추호의 결점 없이 완벽히 해냈다. 얼마나 대단한 일인가. 얼마나 자랑스러운 일인가.

레퍼토리가 다시 바뀌면서 합창단은 지금 '미녀와 야수' 'Let it go' 등 영화음악을 부르는 중이다.

그런데도 내 머리 한 구석은 아까부터 앙코르곡으로 준비했다는 '그리운 금강산'에 신경이 간다. 그리운 금강산은 한국의 대표 가곡. 성악가라면 누구를 가리지 않고 한번쯤은 불러봤을 터다. 노래를 듣는 입장이라고 다르겠는가. 많이 들어 잘 알기에 누가 잘 부르는지 여부가 금세 판명나기 마련이다. 이런 곡을 윤정은 잘 부를 수 있을까가 염려되었다.

프로그램 말미에 Zip-a-Dee-Doo-Dah라는 노래가 소개돼 있다. 장르가 다른 곡을 덧붙인 것은 선곡의 다양화를 꾀할 뿐더러 관객에 대한 일종의 서비스 차원이 아니었을까. 북치는 소리의 의성어(擬聲語)인 '지파디두다'는 멜로디가 경쾌하고 가사도 익살스러워 웃음이 절로 나온다. 지휘자인 지니 와그너도 합창에 참여해서 분위기를 띄우고 있다., 매우 이색적인 코너였다고 본다.

이제 앙코르곡인 그리운 금강산이 대미를 장식할 차례다. 박수와 환호 속에 게스트 싱어인 조민웅과 유혁이 등장한다. 합창단석에 있던 윤정이 그들 사이에 자리를 잡는다. 뒤이어 피아노 반주자인 쌍둥이 막내 윤주도 등장한다. 박수갈채가 계속된다. 관객에 대한 출연자들의 인사가 끝나고 피아노 전주가 시작된다. 그리고 첫 소절, "누구의 주제런가 맑고 고운 산…" 그야말로 '맑고 고운', 그리고 밝고 활기찬 목소리가 관객들을 사로잡는다. 방금 전 아리랑이나 오페라의 유령을 부를 때와는 또 다른 분위기와 정취를 느끼게 한다.

특히 윤정의 자연스런 제스처가 일품이었다. 이 한 곡을 위해서 윤정이 쏟아 부었을 열정과 노력의 심도가 짐작된다. 한 곡이 그럴진대 수많은 곡을 익히고 소화하여 대중에게 감동을 안기는 입장은 오죽하랴.

어쨌든, 오늘의 공연은 대 성공이었다. 그 중심에 프리마 돈나로서의 윤정이 있었던 점이 대견하고 자랑스럽다.

4

로저 와그너 합창단의 창단 70주년 한국공연에 출연한 윤정·윤주는 5분 차이로 태어난 쌍둥이 형제다. 일란성쌍둥이라 그런가, 둘의 얼굴은 판박이 그대로다. 어떤 때는 아비인 나조차도 구분 못할 때가 있다. 그리고 무엇보다 예쁘고 아름답다. '고슴도치도 제 새끼면 함함하다'는 속담이 있음을 왜 모를까만, 정말 둘의 미모는 군계일학(群鷄一鶴), 아니다. 군계이학(群鷄二鶴)이라고 자신 있게 말할 수 있다. 1975년 4월생이니 벌써 그들도 마흔 세 살이 됐나보다.

둘 모두 대학에서 음악을 전공했다. 언니 윤정은 경희대 음대에서 전 학년 장학생으로 성악을 공부했고, 동생 윤주는 연세대 음대에서 작곡을 전공했다. "정치나 주식에 몰두하거나 자식이 예·체능을 하게 되면 집안이 거덜난다"는 우스개 말이 떠돌 때였다. 하나도 아닌 둘이 음악을 하겠다니 가뜩이나 시답잖은 가산이 온전할까. 게다가 맏이 윤정은 미국으로 유학을 가겠다는 뜻을 굽히지 않아 여간 난감하지 않았다.

결국 윤정은 2001년 미국 캘리포니아 주립대학 음악대학원에 입학했다. 석사학위를 받고 졸업한 2004년에는 다시 칼아트(California Institute of Arts)에 진학하여 2006년 예술석사학위를 받았다. 뒷바라지를 하기에 혼쭐이 난 서울의 어미 아비도 그렇지만 사고무친(四顧無親)한 입장의 딸은 그동안 얼마나 고생이 자심했을까.

2006년. 큰딸 윤정의 칼아트 졸업식에 맞춰 우리 내외가 미국 서부로 패키지투어를 가졌을 때다. LA 북쪽 캐사디나 지역에 살고 있는 윤정을 방문했다. 깨끗하고 조용한 마을이어서 마음이 놓였는데, 딸은 차고를 개조한 구석진 방을 하나 얻어 살고 있었다. 허름한 것은 둘째 치고 살림살이는 TV세트 말고는 눈에 띄는 게 없어 보였다. 옷장과 찬장을 칸막이로 삼아 한쪽은 침실 다른 한쪽은 주방으로 사용하고 있었다. 객지에서 무척 고생이 많다는 것을 대뜸 알 수 있었다. 가슴이 미어지 듯 아파왔다.

그날 오후에는 딸의 차를 타고 LA시내 관광에 나섰다. 한데, 차에 소음이 어찌나 많던지 귀가 멍멍할 지경이었다. "몇 차례 수리를 했는데도 이 모양이네요." 딸은 대수롭지 않게 여기는 눈치였다. 그보다, 운행 중 갑자기 서기도 한다니 기겁할 노릇이 아닌가. 귀국하자마자 중고차 값을 등기우편으로 보내야 했다.

칼아트를 졸업한 뒤 'Julia 황'이라는 이름으로 다양한 연주활동을 벌이던 윤정은 우연한 기회에 로저 와그너 합창단의 현 지휘자이자 감독인 지니 와그너와 인연을 맺게 된다. 그리고 그 인연은 성악도로 커가려는 딸 윤정의 미래에 적잖은 영향을 미친다.

2011년. 저명한 성악 지도자로부터 레슨을 받고 귀가한 어느 날이었다고 한다. 그 레슨 강사로부터 다음과 같은 내용의 전화를 받는다.

> 오늘 Julia 황 다음에 레슨을 받은 사람이 지니 와그너다. 현재 로저 와그너 합창단의 감독이자 지휘자다. 당신 노래가 꽤 인상적이라고 칭찬하더라. 오디션을 한 번 받아 봐라. 그쪽에서도 그렇게 해주기를 바라고 있다. 좋은 일이 있을 거다.

이렇게 해서 윤정은 아무 어려움 없이 로저 합창단의 멤버가 됐고, 바로 그해 일본 말레이시아 등 아시아투어에 참여하여 마음껏 기량을 펼칠 수 있었다. 윤정은 이를 발판으로 미국 전역은 물론 영국과 러시아, 그리고 아시아 여러 나라에서 솔리스트로 활약하고 있다. 모차르트페스티벌콩쿠르에서 입상한 것을 비롯해서 재미 이탈리아협회음악콩쿠르 1위라는 수상 이력에 블라디보스토크국제콩쿠르의 심사위원으로 활약했던 점은 성악도로서의 맏딸 윤정이 얼마나 부지런한 삶을 살아왔는지를 보여주는 증표일 것이다.

5

쌍둥이 작은딸 윤주.

로저 와그너 합창단의 서울 공연에서 한국의 대표 가곡인 '그리운 금강산'의 피아노연주를 담당한 것은 아주 독특한 케이스가 아닌가 싶다. 곡의 반주를 피아노 전담자가 아닌 작은딸로 교체할 것을 제의한 사람은 일본인 매니저 이마세 야수오다. 로저 와그너 합창단의 아시아권 매니저인 그는 몇 번 서울을 방문하면서 윤정의 쌍둥이 동생인 윤주가 피아노연주에 능하다는 사실을 잘 알고 있는 터였다. 해서 가사와 곡에 담긴 분위기를 제대로 살릴 겸 한국인 반주자를 택하자는 제안이 받아들여진 것이다.

어쨌거나 큰딸 윤정이 성악가로, 작은딸 윤주가 피아니스트로 함께 무대에 섰을 때의 감격과 감동을 무어라 표현할 수 있을까. 오랜만에 서 보는 큰 무대라 자칫 어설퍼하거나 떨리기도 하련만, 윤주의 피아노 반주는 구김살 없이 매끈했다.

윤주는 2000년 2월 연세대 음대 졸업생들로 구성된 제이 더블유 코랄(J. W. Chorale)의 멤버로 2주간 미국순회공연을 가진 바 있다.

당시에는 합창단원으로 참여했으니 언니 윤정을 닮아 성악에도 꽤 재능이 있다고 봐야 하지 않을까.

윤주는 그 뒤 한국예술종합학교 작곡과에서 석사과정을 마친 뒤, 오페라가수들의 반주는 물론, 국립 발레단 단원들의 현대무용공연에서 음악연주를 담당하고 있다. 즉흥스타일의 연주에 뛰어나다는 전문가들의 평가다.

2016년인가. 윤주는 소리 소문 없이 수필문학에 도전, 수필가로 한국문단에 깜짝 데뷔한 재주꾼이기도 하다.

어쩌다보니 로저 와그너 합창단 소개보다는 쌍둥이 딸들에 대한 칭찬과 자랑이 더 많아진 듯해 겸연쩍다. 그러나 사실 아닌가. 앞으로 윤정 윤주가 더 더욱 건강해지고 그들이 꿈꾸고 펼치는 일들…성악, 작곡 그리고 수필 모두에서 대성하기를 바라는 마음이 간절하다.

2017. 11

자마미 요코(座間味 陽子)

1

'Long absent, soon forgotten'이라는 영어속담이 있다. 오래 안 보면 쉬 잊어버린다는 뜻이다. 가까운 친구였던 일본인 자마미 아사오(座間味 朝雄)와의 관계가 바로 그 짝이 아닐는지.

1992년 11월, 방송관련 업무를 매개로 나는 처음 서울에서 그를 만났다. 그의 직함은 NHK의 위성부장. KBS의 위성방송준비국에서 종합기획 부장으로 근무하던 나와는 우선 업무 면에서 친할 수밖에 없었다. 게다가 나이도 비슷한데다 개인적인 취향, 특히 술까지 즐겨 마시는 편이라 둘의 교분은 급속도로 가까워졌다. 서울과 도쿄를 오가면서 돈독한 우정을 쌓고 해마다 연하카드를 주고받은 이유일 터다.

한데, 이 같이 가까웠던 사이가 아무 특별한 까닭 없이 오랫동안 뚝 끊어져버린 것이다. 왜 그랬을까를 곰곰이 따져본다. 자마미가 승진해서 오키나와 방송국장으로 근무할 때와, 뒤늦게 공부한답시고 내가 대학원에 다닐 무렵이 엇비슷하니 그때부터 연락이 뜸해지다가 아예 연락이 끊어져 버린 게 아닌가 생각된다. 피차 바쁘다는 핑계로, 또는 '무소식이 희소식'이니 어련히 잘 있을까 하는 생각과 나태함으로…. 그래도 그렇지. 10년이 넘도록 아무런 연락 없이 지냈다는 건 너무하지 않은가.

나이를 자꾸 먹어서일까. 최근 들어 자마미에 대한 근황이 몹시 궁금하던 차에 2012년 9월 아주 반가운 소식을 접하게 되었다. 미국 LA에서 소프라노로 활약하고 있는 쌍둥이 맏딸 윤정(允禎)이 도쿄 오페라시티의 콘서트홀에서 공연을 갖는다는 게 그것이다. 일본과 러시아의 국교 수립을 기념해서 열리는 음악회에 특별 출연을 하게 됐다고 한다. 공연일은 석 달 뒤인 12월 21일. 이번에는 꼭 도쿄 현지로 가서 딸의 공연을 봐야겠다고 마음먹었다.

윤정은 작년에도 로저 와그너 합창단의 일원으로 일본투어(Japan Tour)에 참여해서 도쿄 오사카 가고시마 나고야 등지를 순회하며 공연을 가졌었다. 그러나 당시는 일정이 너무 타이트해서 공연을 관람한다는 게 무척 어려울뿐더러, 가뜩이나 바쁜 딸에게 이것저것 신경을 쓰도록 만들 듯싶어 일본 현지에서의 공연관람을 포기했었다. 대신 공연을 마친 뒤 딸이 서울에 들러 사흘인가를 가족과 함께 지내기는 했다. 그래도 모처럼의 기회, 그것도 가까운 일본에서의 공연을 참관하지 못한 섭섭함과 아쉬움은 오랫동안 가슴에 남아 있었다.

"오냐, 이번에는 엄마 아빠가 도쿄로 가마. 가서 화려한 조명을 받으며 무대에 선 네 모습을 감동으로 지켜볼 테다. 그리고 청중을 매료시킬 네 노래에 뜨거운 박수갈채를 보내마."

벌써부터 나는 들뜬 마음을 주체하기 어려웠다.

2

2012년이 거의 끝나갈 무렵인 11월 18일, 우리 내외를 포함해서 쌍둥이 막내딸 윤주(允珠) 그리고 외손녀 지윤(知潤) 등 네 식구는 일본행 비행기에 올랐다. LA에 사는 윤정의 신랑 제이슨 볼은 도쿄에서 합류하기로 했다. 그동안 딸의 해외공연을 단 한 번도 구경해 본 적이 없는 나였다. 뛸 듯이 기쁜 마음, 벅차오르는 감동을 누가 제대로 헤아릴 수 있을까.

이번 여행을 더욱 뜻있게 할 것은 하나 더 있었다. 자마미 아사오 옛 친구를 만나는 일이었다. 미리 약속한 바는 없지만, 만날 수 있을 것이다. 혹 못 만난다 해도 소식은 들을 수 있잖겠나. 하여, 그 옛날의 도타웠던 우정도 되살리자. 세월이 이만큼 흘렀으니 그도 이제는 많이 늙었을 터. 하지만 그게 무슨 상관인가. 내 마음 속 깊은 곳에 그가 간직되어 있듯, 그도 분명 마음 속 어느 귀퉁이에 나라는 존재를 담고 있을 게 아닌가.

나리타공항에는 맏딸 윤정과 이마세 야수오(今瀨 康夫)라는 이름의 일본인 매니저가 마중을 나와 있었다. 그가 건넨 명함에는 '벨칸토 저팬의 대표'·'헤이세이(平成)음악대학의 호른 강사'로 적혀 있었다. 이 사람은 내 일본인 친구를 알아낼 수 있지 않을까.

"아, 네. 잘 알겠습니다. 제 친구 한 사람도 NHK에서 근무하고 있습니다. 확인해서 연락드리겠습니다."

이번 여행에서 꼭 만나고 싶은 친구가 있다는 말에 그의 답변은 시원스러웠다. 드디어 자마미 아사오를 만나게 되는구나. 자그마한 키에 인정이 넘치는 얼굴 모습, 애주가이면서 풍류를 알던 사람, 위성방송이라는 업무에는 해박한 지식을 갖춘 전문인 그리고 다른 무엇보다 나를 좋아했던 사람을 만날 수 있다는 기쁨에 벌써부터 가슴이 뛰기 시작한다.

그리고 이틀 뒤, 나는 마침내 자마미 아사오에 관한 소식을 들을 수 있었 다. 허나, 이게 도대체 어찌된 일인가. 그가 죽었다는 것이다. 작년 11월에 병으로. 기가 막혔다. 순간 머리가 어뜩해지면서 온몸의 힘이 빠져버리는 느낌이었다. 왜 진작 그를 찾지 못했을까. 뒤늦게야 옛 친구를 찾는답시고 수선을 피운 내가 부끄럽고 원망스러웠다. 내 나이 또래인 그가 아니던가? 벌써 가다니. 난 이렇게 그대 만나려 와 있는데….

무슨 병으로 죽었는지는 NHK조차도 알려주지 않더라는 것이다. 살던 집주소나 전화번호를 물어봤지만 거절을 당했다고 한다. 프라이버시를 대단히 중요한 가치로 알고 있는 일본사람들이라 이해는 가지만, 그냥 여기서 포기할 수는 없잖은가. 어떻게든 연락처를 알아내 유족들에게나마 조의를 표하는 것이 도리일 것 같다는 생각이었다.

3

딸의 공연은 다음날 오후 7시에 있었다. 빈자리가 전혀 보이지 않는 만석에 관객들 특히 러시아사람들의 열띤 반응은 시종일관 콘서트홀을 달궈냈다.

사람은 망각의 존재라 했던가. 공연장에서는 내 친구 자마미 아사오의 죽음을 까맣게 잊을 수 있었다. 그런데 공연장을 벗어나 숙소에 이르면서부터 눈물이 고이기 시작하더니 잠자리에 들 무렵에는 엉엉 소리 내어 울어버렸다. 위성방송에 대해서는 맹탕이던 나를 격려하면서 용기를 불어넣어 주던 사람도 그였고, 장어덮밥의 진미를 알게 한 사람도 그였다. 특히 단 둘이서만 찾아 갔던 일본식 선술집 이자카야(いざかや・居酒屋)와 그의 단골 카페에서 흠뻑 술을 마시며

함께 불렀던 조용필의 '돌아와요 부산항에'. 그 노래의 여운이 상기도 가시지 않았는데 그가 죽어버리다니 이게 될법한 노릇인가.

1993년, 방송업무로 일본 NHK를 방문했을 때였다. NHK를 방문한 기념품이라며 쇼핑백 하나를 주는 것이었다. 숙소에 돌아와 꺼내보니 볼펜을 비롯해 포켓용 시계 등 너더댓 개의 물품이 들어 있었다. 값비싼 물건은 아닐지라도 하나하나 얼마나 신경을 써가면서 준비했는지를 알만 했다. 시계는 먼 훗날에 사용할 요량으로 잘 보관해 두었지만, 까만 빛깔의 뚜껑 달린 볼펜은 아직도 고마운 마음으로 쓰고 있다. 그런데, 자마미 아사오 당신은 이 마음도 몰라주고 홀로 훌쩍 어디로 사라졌는가.

"작년에 사망했다"는 사실 이외에 다른 어떠한 추가 소식도 듣지 못한 채 나는 도쿄를 떠나야 했다. 자신의 차로 우리 일행을 공항까지 바라다 준 이마세 야수오 씨는 "계속 알아볼 테니 걱정하지 말라"면서 거듭 나를 달래고 위로하는 것이었다. 아픈 가슴으로 내가 귀국 비행기에 오르는 것이 마치나 자신의 잘못인양 미안해 하며….

서울에 도착해 보니 야수오 씨로부터 다음과 같은 내용의 이메일 한 꼭지가 도착해 있었다. "꼭 당신의 친구 가족을 찾아내겠다. 조금만 참고 기다려라"

이메일은 그 뒤로도 몇 차례 더 오고 갔다. 그래도 별로 진전이 없자 그가 새로운 제안을 한다. KBS에서 근무한 내 경력과 일본친구 자마미가 KBS를 방문했던 이유, 그리고 증빙할 수 있는 사진자료를 내가 저술한 에세이집과 함께 보내주면 좋겠다는 것이다. 나는 2008년 가을 ≪저녁놀 푸른 꿈≫이라는 에세이집을 출간하면서 '잊을 수 없는 사람들'이라는 장(章)에서 '자마미 아사오, NHK 오키나와방송국장' 얘기를 쓴 적이 있다는 얘기를 그에게 한 적이 있는데, 이런 자료들을 증거삼아 제출하면 아무리 까다로운 NHK라도 규제를 풀지 않겠느냐는 속셈을 한듯하다. 당장 작업에 들어갔다. 그리고 이튿날 아침엔 요구받은 모든 자료들을 관련 사진 열 장과 함께 등기우편으로 보낼 수 있었다.

4

우편물을 보낸 지 이틀, 야수오로부터 반갑고 감사한 이메일을 받았다. 자마미 아사오의 미망인 이름과 주소, 휴대전화 집 전화 번호 등이 그것이다. 대뜸 전화를 걸었다. 아무도 받지 않는다. 휴대전화는 받겠지. 그러나 역시 응답이 없다. 다시 시도해도 같은 상황이다. 나중에 걸어야겠다며 마음을 눅친 지 한 시간이나 지났을까. 평상시에는 별로 사용하지 않는 집 전화기에서 벨이 울린다. 느낌이 좀 이상하다. 덥석 받아들으니 "모시모시!", 자마미 아사오의 미망인 자마미 요코(座間味 陽子)였다. 금세 콧날이 시큰하면서 울음이 터져 나왔다. 느닷없는 행동이 상대방을 곤혹스럽게 하든 말든 나는 전화통을 붙잡고 흐느껴 울었다. 비록 짧았지만, 그리고 외국인이었지만 이 세상 다른 누구보다도 돈독했다고 믿었던 우정의 끝이 바로 이것이란 말인가. 미망인은 연신 일본말로 무어라 얘기하며 나를 달래는 눈치였다. "아리가도"라는 표현을 자주 쓴 까닭은 애도에 대한 답례의 표현일까. 오래 전에 잠시 익혔던 일본어를 다 잊어버린 것에 대해 그때만큼 속이 상하고 부끄럽게 여긴 적이 있었을까. 게다가 미망인은 영어와 중국어를 못하니 서로가 답답할 뿐, 그야말로 おしの問答(벙어리 문답) 그대로였다. 아니, 그보다 훨씬 못했는지 모른다.

"편지를 쓸 테니 기다려 주십시오." 겨우 이 한마디를 한 뒤 전화를 끊어야 했으니까.

그날 저녁 나는 일어사전과 씨름하며 A4용지 두 장 분량의 편지를 써냈다. 온몸에 비지땀을 흘려가면서…. 그리고 다짐을 새로이 했다.

"일본어? 그래 다시 한 번 붙어보자. 이번엔 반드시 해내고 말 테다."

미망인으로부터는 한 주일도 채 지나지 않아 답장이 왔다. 소포 꾸러미에 덧붙여서. 남편의 한국 친구를 뒤늦게 알게 돼서 반갑다는 인사, 그리고 책과 사진을 잘 받았으며, 따님의 도쿄공연을 관람하지 못해 아쉽지만 다시 일본에서 공연을 가지면 꼭 참석하겠다는 내용이었다. 소포 안에 있는 3권의 책은 시사월간지≪世界(세계)≫였다. '미군의 정보 분단정책과 싸운 오키나와' 를 비롯해서 친구가 NHK의 오키나와방송국장으로 근무할 때 쓴 글들이 실려 있었다. 그리고 비닐 봉투에 곱게 싼 가족사진도 한 장 있었다. 원형 테이블 가에 친구 내외와 두 딸이 앉아 있는 모습이었다, 친구인 자마미는 꽤 변해 있었다. 머리는 온통 백발이고 몸집도 꽤나 불은 모습이어서 다른 사람 같아 보였다.

소포 안에는 또 다른 흰색 봉투가 있었는데 친구의 고별식 때 사용한 이력서와 미망인의 인사말 사본이었다. 그의 이력을 간추리면 이렇다.

1939년 도쿄에서 출생. 1964년 도쿄대학 법학부 졸업. 바로 그 해에 NHK에 입사, 보도국에서 뉴스와 시사프로그램을 제작하다가. 오사카지국과 NHK 엔터프라이즈에 잠시 적(籍)을 두었었고, 1990년부터는 위성방송부 부장으로 봉직. 1995년에 NHK 오키나와 방송국장에 취임. 3년 뒤에는 NHK엔터프라이즈의 대표로 부임, 새로운 디지

털 콘텐츠 사업에 열중하다가 2003년에 퇴사.

5

이력을 볼 때 그는 39년 동안 오직 방송인으로 동분서주하며 최선의 삶을 살았던 듯싶다. 어디 그뿐인가. 퇴직 후에는 오사카예술대학 방송학과의 교수로 취임하여 후학들을 지도했고, '전후(戰後)의 오키나와 방송사' 집필에도 몰두했으니 방송인으로서 그가 보인 집념과 열정 그리고 부단한 노력을 읽기에 충분했다. 그러니 병마가 만만하게 봤는지 모른다. 2011년 담관암(膽管癌)에 걸려 수술을 받았지만 재발하여 양방 한방치료를 받는 중에 영면했다고 한다.

그의 학력이나 직장인으로서의 경력 또는 퇴직 후의 인생 도정은 거짓말처럼 나와 흡사하다. 다만 확연히 다른 게 있다면 병을 얻었으되 그는 죽어 이승에 남아있지 않고, 나는 살아 있다는 점일 게다. 진즉 그를 알았더라면 우리는 더 더욱 좋은 친구가 됐을 것을 잃어버린 20년이 너무도 가슴 아프다. 아니, 살아 있을 때 그를 만나기만 했어도 이토록 아쉽지는 않을 것 같다. 어쨌든 그는 가고 없다. 같잖은 푸념이 무슨 소용 있을 것인가.

지금까지 미망인과는 두 번에 걸친 전화통화와 네 차례의 서신교환을 나누어 피차 안부를 확인했었다. 한 번은 이런 일이 있었다. 두 번째 편지를 보냈는데 영 답장이 오지 않는 거다. 한두 주일이 아니라 몇 달을 지나쳐도 소식이 없자 궁금함 대신 더럭 겁이 났다. 무슨 병이나 사고 등 큰일이 일어난 건 아닐까. 좀 더 기다려 봐야 하는지 어떤지를 몰라 애를 태우던 참에 윤정의 도쿄공연이 다시 잡혔다는 소식을 듣게 된 것이다. 2013년 10월에 영국여왕 근위군악대와 협연을 갖는다고 했다. 먼저 런던에서 리허설을 가진 뒤 일본으로 날아와 오사카, 나고야, 도쿄 등지에서 순회공연을 갖는 일정이란다. 미망인은 전에도 "따님이 또 도쿄에서 공연할 경우 꼭 관람하겠다"고 말한 적이 있던 터라 서둘러 공연 일시와 장소를 알리는 편지를 썼다. 그동안 답장이 없어 걱정을 많이 했다는 점도 일깨워 주면서….

도쿄공연이 있던 다음날 딸에게서 전화가 왔다. 공연은 아주 성공적이었고, 아빠의 친구부인도 관람을 했다는 것이다. 그러나 만나지는 못했단다. "심장이 별로 좋지 않으시다는 가 봐요. 노래가 끝난 뒤 꽃다발과 메모지만 대기실에 전달하고 곧장 공연장을 떠나신 것 같아요." 딸의 얘기였다. 심장에 이상이 있다고? 딸과의 상면조차 마다하고 공연장을 떠났다면 상태가 위중한 것은 아닐까? 그동안 답장을 받지 못한 것도 건강이 나빴던 게 원인이 아니었을까. 뭐, 전후곡절을 따질 겨를이 어디 있는가. 대뜸 미망인에게 전화를 걸었다.

부인은 전화를 받자마자 "브라보!" 하고 외친다. 딸이 노래하던 날 관람석에서도 박수를 치며 브라보를 연발했다는 것이다. "꽃다발까지 주셨다니 감사합니다. 심장이 불편하시다는 얘기를 들었습니다만…" 부인은 내 말이 끝나기도 전에 "따님의 목소리가 아름다웠어요. 모처럼 좋은 공연을 관람했습니다"라며 자신의 건강에 대해선 아무 말도 하지 않는다. 다시 묻는다는 것도 실례라 생각되었다. 전화통화는 그렇게 끝이 났지만, 친구의 미망인 자마미 요코가 아프다는 소식은 궁금증과 함께 측은지심, 그리고 연민까지를 느끼게 했다.

딸은 일본에서의 공연을 마치고 잠시 서울을 방문했다. 이번 공연의 매니저 이마세 야수오와의 동행이었다. 야수오는 다음의 공연기획과 관련해서 몇 몇 서울의 성악가들을 만나볼 일이 있다고 했다. 내 일본인 친구의 행방을 수소문하느라 많은 고생을 했고, 그가 이미 작고했다는 소식을 들은 뒤에도 미망인의 주소와 전화번호를 찾아 알려준 수고를 어찌 잊으랴. 그 일을 해내기에 얼마나 고생을 했으면 인터넷 편지에서 '이제야 도쿄공연의 모두가 끝난 기분'이라는 말을 했을까. 인천국제공항에서 그를 픽업, 강남의 어느 식당에서 한식을 대접하고, 귀국할 때 한국의 토속주와 민예품으로 성의를 표시한 것은 그렇게라도 해야 마음의 빚을 조금이라도 덜겠다는 생각 때문이었을 것이다.

6

그 해 2013년 말. 나는 특등 김 여러 톳을 마련해서 자마미 요코에게 등기 우편으로 보냈다. 일주일쯤 됐는가. 미망인으로부터 그림엽서 한 장이 배달됐다. 김 잘 받았고, 김을 무척 좋아한다는 얘기, 그리고 외손녀를 돌보느라 무척 바쁘지만 너무 귀엽다는 말 등 서너 문장으로 요약한 짧은 글이었다. 부인으로서는 할 말을 다 했는가 몰라도, 오랫동안 소식을 기다린 입장에서는 섭섭한 마음이 들었다. 하기야 손녀를 돌보느라 얼마나 바쁘겠나. 게다가 병으로 부대끼는 처지라면 한줄 소식을 전하기도 여간 어렵지 않았을 것이다. 미쳐 답장을 내지 못한 채 해를 넘기면서 자마미 요코에 대한 궁금증은 더해 갔다.

맏딸 윤정이 도쿄에서 또 공연을 갖는다는 소식을 접한 것은 바로 1월 중순 그 무렵이었다. 공연일은 4월 12일. 블라디보스토크에서 공연을 마친 뒤 바로 도쿄로 갈 것이란다. 마침 잘 됐다 싶었다. 이 기쁜 소식을 자마미 요코에게 알리자. 그동안의 소식도 전하고, 무엇보다 그녀의 건강이 어떤지를 자연스레 확인할 수 있으리라고 여긴 것이다.

즉시 전화를 걸었다. 전화벨이 울린다. 하지만 벨이 끝까지 다 울려도 전화를 받지 않는다. 웬일일까. 출타 중인가. 이번엔 휴대전화를 이용해 봤다. 역시 받지 않는다. 그 다음 날도, 그 다음 주, 그 몇 달 뒤에도 마찬가지였다. 연락이 닿으면 딸의 공연에 초청함은 물론, 우리 식구들과 같이 밥 먹고 차 마시며 당신의 남편인 자마미 아사오와 사귀던 옛 얘기도 들려줄 수 있을 텐데….

그래도 도쿄 현지에서는 전화가 통하지 않을까. 어차피 이번 공연에 맞추어 도쿄를 방문키로 했으니 그때 다시 전화하기로 마음을 고쳐먹었다. 그래도 기분은 개운치 않았다. 한줌 불안감도 뒤따랐다.

2014년 4월 10일. 우리 내외는 쌍둥이 작은 딸 그리고 외손녀와 더불어 도쿄행 비행기에 다시 올랐다. 공연을 이틀 앞두고였다. 특히 작은 딸 윤주는 이번 공연 프로그램의 하이라이트인 아리랑을 편곡했기 때문에 도쿄 여행은 여러모로 뜻이 있었다. 쌍둥이 딸들을 음악도로, 그것도 소프라노와 작곡가로 키운 보람이라 할까. 이국 하늘을 날면서 마음은 마냥 뿌듯하고 기분 역시 덩달아 고조되는 느낌이었다. 그나저나 친구 부인 요코와의 일이 잘 풀려야 할 텐데….

일본에 도착한 다음날, 미망인에게 전화를 걸었다. 안 받는다. 집 전화와 핸드폰 모두 벨소리만 울릴 뿐 아무 응답이 없다. 딸의 공연이 내일인데, 아니 그보다 내일 모레면 내가 귀국해야 하는데…. 대체 무슨 일일까. 이번엔 호텔 카운터 직원에게 대신 전화를 걸어달라고 부탁했다. 그래도 마찬가지. 통화할 수 없었다. 알다가도 모를 일이었다. 뭐, 좋은 방법이 없을까.

아무리 궁리해도 좀처럼 좋은 방법이 생각나지 않는다. 결국 나는 내 스스로가 직접 미망인의 집을 찾아가기로 했다. 그녀의 주소지는 스기나미(杉並) 구(區)의 시미즈(淸水). 지도를 보니 내가 유숙하고 있는 신주쿠에서 그리 멀지 않은 거리였다. 지하철 주오선(中央線)을 이용하면 된다는 사실도 알아냈다.

그러나, 나는 포기하고 말았다. 왜 그랬나. 첫째는 물어물어 찾아간들 여태까지 무소식이던 사람이 집에 있을 것 같지 않고, 혹 최악의 소식이라도 접한다면 내 스스로 감내하기가 여간 어려울 것 같아서다. 뜻밖의 소식을 접하는 것은 내 친구 자마미 아사오로 족하지 않겠는가. 그뿐이 아니었다. 딸의 공연을 하루 앞둔 터에 엉뚱한(?) 짓을 한다는 것이 여간 마음에 켕기지 않았다. 그렇지 않아도 아내는 딸의 성공적인 공연을 위해 이것저것 신경을 곤두세우고 틈만 나면 기도하고 있지 않은가. 죽은 친구를 조문하고 그 미망인의 행방을 알아보는 것도 중요하지만, 당장 해결해야 될 현실은 더욱 엄중(嚴重)하다는 판단이었다. 그래, 요코 부인에 대한 궁금증은 다음 기회에 풀기로 하자.

7

그 후 다시 일본을 방문한 것은 다섯 달 뒤인 2014년 9월 28일이었다. . 그해에 7순을 맞은 아내를 위해 유럽여행을 계획하다가, "패키지로 다녀온 사람들 얘기를 들어보니 걷는 게 많다고 합디다. 그리고 유럽은 당신이 방송국에 다닐 때 6개월이나 지낸 곳 아니오? 내 생각을 해 주는 것이야 고맙지만, 어디 가깝고 경치 좋은 곳에서 맛있는 음식이나 즐기는 게 어때요"라는 아내의 제의를 못 이긴 척 들어주기로 한 것이다. 그리고 바꾼 여행지가 하필이면 일본으로, 도쿄 오사카 교토 고베를 잇는 3박 4일의 패키지투어였다.

다른 곳도 아닌 일본, 그것도 도쿄에 머물면서 요코 여사 생각을 안 했다면 거짓일 것이다. "전화해 볼까?" 당연히 그래야 한다는 생각이었지만, 그리고 실제로 다이얼을 돌리기도 했지만 중간에 멈춰 버렸다. 애써 전화를 걸어도 전혀 연결이 안 되었던 지난날의 낭패를 또다시 경험할까 두려웠기 때문이다. 더욱이 7순을 맞아 여행길에 오른 아내를 위해서도 예(禮)가 아니라고 생각되었다.

여행에서 돌아 와 몇 년 세월이 흘러 오늘에 이르렀어도 나는 자마미 요코 소식에 깜깜하다. 아직도 도쿄의 스기나미에 살고 있는지, 전화번호도 그대로인지, 심장병은 많이 호전됐는지, 아니면 상태가 악화돼 혹 세상을 떠난 것은 아닌지…아는 사실이 전혀 없다.

전화라도 걸고 몇 줄 편지라도 쓰고플 때가 자주 있다. 그런데 어쩐 일인지 그걸 행동으로 옮기기가 쉽지 않다.

'Out of sight, out of mind.'란 말은 '안 보이면 마음에서 멀어진다'는 뜻이다. 우리의 속담 '去者日疎'(거자일소 · 서로 멀리 떨어져 있으면 점점 사이가 소원해 짐)와 같다. 나는 이제껏 요코 여사의 뒷모습조차 본 일이 없다. 그럼에도 그의 소식과 안위를 염려하는 것은 그의 망부(亡夫)이자 내 친구인 자마미 아사오를 그리워하는 마음이 애틋하기 때문일 것이다.

이 풍진 세상, 이 혼탁하고 어지러운 세상에 그와 같이 연령과 체격, 학력과 경력, 생활관과 사회관 인생관이 비슷한 사람과 어울린다는 것은 큰 행복이 아닐 수 없다. 게다가 책임감과 의리를 삶의 가치 첫 번째로 알고 멋과 풍류를 지닌 사람을 친구로 두고 있음에랴. NHK의 오키나와방송국장 자마미 아사오. 그는 그런 사람이었다. 그의 미망인 요코에게 아무 일이 없기를. 그리고 여생이 더없이 평안키를 기원 드린다.

'거자일소', 그래도 언젠가는 전화를 걸어 그녀의 소식을 듣고 싶다. 그것이 사람 사는 도리가 아닐까.

2019. 03

리우 올림픽의 감동

2016년 8월 21일. 브라질 리우데자네이루의 마라카낭 주경기장에는 비가 내리고 있었다. 바람도 거세게 불었다.

"날씨가 왜 이 모양이지? 하필 폐막식 날에…."

많은 사람들이 염려하고 걱정했다. 하지만, 그건 기우였다. 비옷을 걸치고 경기장에 들어선 선수들이 없지 않았으나, 대부분은 환하고 밝은 표정들이었다. 옆 사람과 떠들며 얘기하는 사람, 사진을 찍는 사람, 삼바리듬에 춤을 추는 사람 등등… 경기장은 축제 분위기 그대로였다.

지난 8월 5일부터 21일까지 17일 동안 남미대륙 리우데자네이루에서 처음 열린 하계올림픽. '새로운 세상(New World)'이라는 슬로건 아래 208개국 1만 903명의 선수들이 참가하여 자신은 물론 조국의 명예를 걸고 경기력을 다퉜던 제31회 올림픽대회가 마침내 대단원의 막을 내리려고 한다.

한국선수단은 금메달 9, 은메달 3, 동메달 9개로 종합 8위를 차지했다. 당초 한국이 목표로 삼은 금메달은 10개. 비록 그 숫자는 채우지 못했지만 자신의 한계를 극복하는데 혼신의 노력을 다한 선수들에게 메달 숫자가 무슨 대수인가.

그렇잖아도 이번 리우 올림픽에서는 경기결과와 상관없이 감동적이고 감격적인 장면이 많아 듣고 보는 이들의 가슴을 뭉클하게 만들지 않았던가. 승리에 대한 신념과 불굴의 감투정신 외에도 선수들은 스포츠를 통한 인간애를 발휘함으로써 리우 올림픽을 진정 '국제교류를 통한 평화의 제전'으로 승화시킨 것이다.

아르헨티나의 산티아고 랑헤(55). 그는 리우데자네이루 올림픽에 출전한 최고령 요트선수였다. 게다가 1년 전에는 암 판정을 받고 폐의 일부를 잘라내는 수술까지 받았다. 하지만 올림픽에 나가 메달을 따겠다는 그의 당찬 꿈은 변함이 없었다. 이번 리우 올림픽은 6번째의 도전. 랑헤는 마침내 꿈을 이뤄내 메달을 목에 건 것이다. 그것도 금메달을.

여자 육상 5000미터 예선에서 니키 햄블린(아일랜드)과 애비 다고스티노(미국)는 레이스 도중 다리가 뒤엉키며 넘어지고 말았다. 먼저 일어난 다고스티노가 햄블린을 부축해 일으켜 세운 뒤 함께 달린다. 그런데 저런! 이번엔 다스코디노가 다리 통증으로 트랙에 쓰러지는 불상사를 맞는다. 이를 본 햄블린이 다고스티노를 부축해 나머지 구간을 완주한다. 이 모습을 지켜본 관중들이 뜨거운 박수갈채를 보낸다.

한국에 8대 0으로 패하는 등 축구 예선전에서만 23골을 허용한 피지는 영락없이 '동네 북' 신세였다. 그런 피지가 남자 7인제 결승에서 영국을 43대 7로 꺾고 조국에 사상 초유의 금메달을 선사한 사실을 누가 믿어 줄까. 그러나 피지의 우승은 어쩌다가 굴러 떨어진 행운이 아니었다. 8강전에선 뉴질랜드를 12대 7로 물리쳤고, 준결승전 때는 일본을 20대 5로 격파했으니까. 특히 피지의 우승은 영국 식민지 시절의 상흔을 씻어준 것이기도 해서 그들에게는 더욱 뜻있는 쾌거였을 것이다.

약물중독자이면서 술을 입에 달고 사는 엄마. 그리고 누가 아빠인지도 모르는 흑인소녀 바일스(19 · 미국)는 외할머니 밑에서 자랐다. 어려운 집안사정 때문에 체육관 등록은 꿈도 못 꿨다. 주로 집안에서 체조연습을 해야 했다. 이 불우한 환경 속에서도 그녀는 기계체조 여자 단체전을 비롯해서 개인 종합, 도마 그리고 마루에서 메달을 따냈다. 올림픽체조에서 4관왕은 32년만의 대기록이었다.

마이클 펠프스(31 · 미국). 그는 수영의 귀재다. 흔히 '수영의 황제' 또는 '수영의 신(神)'이라 불리기도 한다. 그는 올림픽 역사상 가장 많은 23개의 금메달을 목에 걸었다. 리우 올림픽에서도 펠프스는 남자 계영 400m와 800m, 접영 200m, 개인 혼영 200m, 혼계영 400m 등 5종목에서 금메달을 따내는 위업을 세웠다. 베이징 올림픽에선 혼자 8개의 금메달을 목에 걸었으니 '수영의 신'이라는 말은 맞을지도 모르겠다. 그러나 그가 매일 7kg의 주머니를 차고 훈련에 열중했다는 사실을 안다면, 결코 타고난 재주만으로 '수영의 황제'나 '수영의 신'이 될 수 없다는 걸 알 것이다.

또 다른 수영선수 조지프 스쿨링(21). 그는 남자 접영 100m 결승에서 올림픽 신기록(50초 39)을 세우고 우승, 싱가포르에 금메달을 선사했다. 건국 이래 최초의 금메달이었다. 스쿨링과 함께 경기에 나선 펠프스의 기록은 어땠을까. 51초 14로 스쿨링보다는 한참 뒤져 있었다. 사람들이 깜짝 놀란다. "있을 수 있는 일인가. 저 애송이가 감히 펠프스를 이기다니! 게다가 올림픽 신기록으로!" 그러나 잘 모르고 하는 얘기다. 스쿨링은 펠프스를 만났던 열네 살부터 그를 롤 모델로 삼고 밤낮으로 연습에 몰두 매진했으니 펠프스인들 배겨날 수 없었을 것이다.

다른 나라의 선수들은 그랬다 치고, 이번엔 태극전사들로 시선을 돌려보자. 그들은 리우 올림픽에서 어떤 감동을 주었고, 올림픽정신을 어떻게 발휘했는가를.

태권도의 이대훈 선수(24). 그는 8강전에서 패하자 상대인 요르단 선수에게 다가가 손을 들어주고 박수를 보냄으로써 패자의 품격을 보여 주었다. 치열한 승부의 세계에서 자신의 패배를 솔직히 인정하고 승자에게 박수를 보낸다는 것이 어찌 쉬운 일일 것인가.

정말로 최선을 다했지만 4위를 확정짓고 참았던 눈물을 보인 리듬체조의 손연재 선수(22). 그녀가 눈물을 흘릴 때 같이 가슴 아파하지 않은 사람, 함께 울지 않은 한국 사람이 있었을까.

양궁 대표팀의 맏언니인 장예진(30). 그는 대표 선발전에서 꼴찌로 합류한 끝에 리우 올림픽 개인전에서 금메달을 따낸 입지전적 인물이다. 역경에 굴하지 않고 투지와 신념으로 따낸 금메달. 모든 이들이 뜨거운 박수를 보낸 이유일 터다.

116년 만에 부활한 여자골프에서 우승한 박인비는 어땠나. 지독한 컨디션 난조와 부상으로 올림픽 출전자체를 고민해 오던 그였다. 하지만 박인비는 도전을 선택했다. 그리고 예의 그 뚝심으로 금메달을 따낸 것이다. “태극마크를 다니 없던 힘도 솟아나오더라.” 한 인터뷰에서 그녀가 한 말이다.

놀라운 집중력으로 50m 남자권총에서 금메달을 목에 건 진종오(37). 경기 초반에는 부진해서 6위까지 밀려나는 바람에 보는 이를 실망시키던 그였다. 그러나 권총황제는 남달랐다. 후반에 강한 그답게 앞선 선수들을 따라잡더니 마침내 우승, 세계 사격 역사상 최초로 올림픽 종목 3연패라는 대기록을 이룩해낸 것이다. 어찌 자랑스럽고 감동스럽지 않겠나.

또 있다. 바로 박상영 선수(21)다. 많은 이를 뜨겁게 감동시켰을 뿐 아니라 포기와 절망을 기대와 희망으로 바꿔 줬다는 측면에서 필자는 위에서 나열한 그 어느 선수들보다 펜싱의 박 선수를 첫 손가락에 꼽고 싶다.

2016년 8월 10일 새벽 5시 45분(한국시각). 그는 브라질 리우데자네이루 올림픽파크의 카리오카 아레나3 경기장에 있었다. 남자 펜싱 에페 개인결승전을 갖기 위해서다. 상대는 헝가리의 게자 임레(42). 세계랭킹 3위의 선수로 1996년 애틀랜타 올림픽에서 동메달을 따고 2015년 세계선수권대회에서는 우승을 차지한 백전노장이 아니던가. 그에 비해 박상영(21)은 나이도 어린데다 작년 3월에는 외쪽무릎 십자인대수술을 받았고, 올림픽을 앞두고는 3~4개월 한동안 시합에 참가하지 못해 세계랭킹도 21위로 떨어진 상태였다. 해서, 어떤 매체는 두 사람의 대결을 '어른과 아이의 경기가 될 것'이라고 폄하해 예측하기도 했다.

1피리어드는 6:8로 끝났다. 비록 두 점을 잃고 있었지만 5:5 동점도 만든 적이 있으므로 실망할 단계는 아니었다. 이를 증명하듯 박상영은 2피리어드에서 9:9 동점을 만들며 희망의 불꽃을 키워 나갔다. 한데, 그것도 잠시. 박상영은 연달아 4점을 잃어 9:13이라는 절망적 스코어를 기록한 채 2피리어드를 마쳤다. "나는 할 수 있다"는 자기최면을 건 것이 바로 이때였다. 박상영은 3피리어드 경기를 앞두고 홀로 앉아 "나는 할 수 있다"는 말을 독백처럼 반복한 것이다.

마침내 제3 피리어드. 두 선수는 각기 1점을 따내 10:14의 스코어를 만들었다. 한 점만 더 잃으면 경기가 끝나는 절체절명의 순간이었다. 에페는 몸 전체의 공격이 가능하고 선수들의 동시 점수도 가능한 경기. 따라서 막판에 4점을 뒤졌다는 것은 좀처럼 회복하기 어렵다고 봐야 한다. 그런데 기적이 일어났다.

박상영은 막고 찌르기 공격으로 상대방을 무력화시키더니 연달아 3점을 얻어내 점수 차이를 13:14로 바짝 좁혀 나간 것이다. 경기가 제대로 풀리지 않는 답답함 때문일까. 헝가리 선수는 헬멧을 벗다가 다시 쓴다. 남은 시간은 1분 41초. 박상영은 다시 상대의 허점을 공격, 14:14 동점을 만드는데 성공한다. 손에 땀을 쥐게 하는 긴장의 순간. 누구든 한 점만 얻으면 금메달을 차지할 것이다.

공격신호가 울린다. 이때다 싶게 박상영은 기습적으로 헝가리 선수의 어깨를 찔러 경기를 마무리한다. 한국 펜싱 에페에서의 첫 올림픽 금메달이었다.

두 주먹을 불끈 쥐고 몸을 젖혀 포효하는 박상영. 쓰고 있던 헬멧이 떨어져 뒹굴 정도였다. 경기를 중계하는 아나운서나 상황을 설명하는 해설자도 기적 같은 대반전에 목이 멘다. 외신들도 박상영 선수에 대해 찬사를 아끼지 않았다. 특히 LA타임스는 "남자펜싱의 미래"라고 격찬했다.

박상영이 혼자 말한 "할 수 있다"를 두고 심리학에서는 이미지 리세팅(image resetting)이라 부른다던가. 벼랑 끝 상황을 맞아도 "할 수 있다"는 자기 암시를 하게 되면 일종의 초능력을 발휘하게 된다는 것이다. 맞는 얘기일지 모른다. 그러나 32강전에서 러시아의 파벨 수코브를 비롯해 16강전에선 세계랭킹 2위인 엔리크 가로조를 물리치고, 8강과 4강전에서도 상대를 가볍게 꺾고 올라온 것 모두도 이미지 리세팅 탓일까.

박상영은 '연습 벌레'라고 한다. 펜싱 이외에는 아무 것도 몰라 '미친 펜서'가 그의 별명이라는 것이다. 새벽부터 늦은 밤까지 훈련에 몰입하고, 쉬는 시간에도 비디오분석 등 펜싱에만 매달리니 기량인들 어찌 안 늘었을까. 때문에, 박 선수의 금메달 획득은 뼈아픈 훈련에 덧붙여 절망적인 상황에도 포기하지 않는 신념의 고취(鼓吹)가 시너지효과를 보인 까닭이라 여겨진다.

2016. 08

※ 2019년 9월 9일 미국 조지아주 브런즈윅 해안에서 전도(顚倒)된 자동차운반선 골든글레이호에는 미국 도선사 1명을 포함해 24명이 타고 있었다. 20명은 바로 구조됐지만, 기관실에 있던 한국인 선원 4명은 가슴까지 차오른 물과 칠흑 같은 어둠 속에서 구조를 기다리고 있었다. A 씨도 그 가운데 한 사람. 무엇보다 견딜 수 없는 것은 기관실의 뜨거운 열기였다. 자그마치 65도를 넘어 턱턱 숨이 막힐 지경이었다.
이때 A 씨에게 떠오른 사람이 박상영 선수였다. 패색이 짙은 절박한 상황에서도 "나는 할 수 있다"를 되뇌어 대망의 금메달을 따내지 않았던가. A 씨는 입속으로 거듭거듭 되뇌었다. "나는 죽지 않는다. 죽을 수 없다"고. 결국 A 씨 등 4명은 사고발생 41시간 만에 무사히 구조되었다.

평창 동계올림픽 최고의 스타

2018년 평창 동계올림픽의 성화는 이제 꺼졌다.

지난 2월 9일부터 25일까지 17일간, 92개국 2925명의 선수들이 출전해 15개 종목 306개의 메달을 놓고 열띤 경쟁을 벌였던 스포츠 제전이 막을 내린 것이다.

'하나 된 열정(Passion Connected)'이란 슬로건 아래 시작된 평창 겨울올림픽은 역대 최대 규모로 치러진 대회답게 많은 화제를 낳으면서 지구촌 관객들에게 환희와 감동을 안겨주었다.

한반도 깃발을 앞세우고 개회식장에 들어서는 남과 북의 선수들, 한국의 눈부신 IT기술력을 입증하며 평창의 밤하늘을 수놓았던 오륜기, 빼어난 경기장 시설과 체계적인 운영 시스템, 경기장 안팎을 가리지 않고 희생적인 봉사활동을 벌인 1만 6000여 명의 자원봉사자들, 이 모두는 1988년의 서울올림픽 이후 30년 만에 한국에서 맞은 겨울올림픽의 자부심과 국격을 드러내 보인 본보기였다.

스포츠 경기의 실력과 기량도 다채로웠다.

먼저, 대회를 개최한 한국의 경우를 보자. 썰매종목 사상 처음으로 올림픽 금메달을 목에 건 스켈레톤의 윤성빈, '의성마늘소녀들'이라는 별칭으로 불모지 컬링에서 탁월한 기량을 발휘한 5명의 막강한 여자 대표들은 경기 때마다 우리 가슴에 기쁨과 즐거움을 안겨주었다. 또 메달과는 거리가 멀었지만 한복의상과 아리랑 편곡으로 은반 위에서 명연기를 펼쳐 보인 재미동포 민유라는 우리들 모두에게 한국인으로서의 긍지와 자부심을 갖게 해주는데 부족함이 없었다.

이번 대회에 참가한 각국 선수들의 경기내용은 어땠을까. 한마디로 그들의 실력은 대단했다. 금 은 동 5개의 메달을 따냄으로써 역대 가장 많은 메달리스트가 된 노르웨이의 크로스컨트리 선수 마리트 뵈르겐, 3관왕에 오른 프랑스의 바이애슬론 황제 마르텡 푸르카드, 여자 알파인 스키 대회전과 스노보드 여자 평행 대회전 두 종목을 석권한 체코의 에스터 레데츠카의 뛰어난 경기 등은 실로 감탄을 자아내게 했다.

평창올림픽을 빛낸 이들의 노고는 아무리 높이 평가해도 충분치 않다는 생각이다. 하지만, 빠져서는 안 될, 어느 누구보다 훌륭한 선수가 있으니 그가 바로 일본의 고다이라 나오(小平奈緖)다.

이번 대회에서 고다이라는 스피드 스케이팅 여자 1000m에 출전하여 은메달을 차지했다. 나흘 뒤인 2월 18일, 고다이라는 빙속 여자 500m에 출전, 올림픽 신기록인 36초 94로 금메달을 목에 걸었다. 그녀의 나이 32세. 남들 같으면 은퇴를 고려할 나이에 그렇듯 대단한 기록을 냈으니 경이롭다.

'빙속 여제' 이상화 선수는 1000m를 포기하고 500m에만 출전했다. 두 경기에 다 출전할 경우 자칫 '리듬이 꼬일 수 있다'는 것이 이유였다. 하지만, 잘 나가다가 마지막 코너에서 발이 삐끗하는 바람에 올림픽 3연속 금메달 획득에 실패하고 만다. 이 경기에서 이상화의 100m 주파기록은 10초 20이었다. 고다이라는 0.6초 늦은 10초 26. 때문에 코너워크만 제대로 해냈다면 3연속 제패도 가능했을 것이라는 아쉬움이 남는다.

이상화 본인 스스로는 얼마나 속이 상했을까. 경기를 마친 뒤 울먹이는 모습을 본 사람들은 내남없이 무거운 마음에 함께 울었으리라 생각한다. 이상화의 우는 모습을 고다이라라고 못 봤겠나. 이상화에 다가와 어깨에 팔을 얹고 포옹하며 위로의 말을 건넨다.

"잘 했어. I still respect you."

"아직도 너를 존경해". 고다이라의 이 말은 진심이었을 것이다. 이상화가 올림픽에서 2연패를 할 때 고다이라는 언제나 저 밑에서 헤매야 했다. 따라서 세 번 연거푸 금메달을 딴다는 게 결코 쉬운 일이 아니라는 걸 너무나도 잘 안 것이다.

고다이라의 따뜻한 위로에 이상화의 얼굴은 금세 밝아졌다. 그리고 둘은 11년을 함께 사귀어온 친구답게 태극기와 일장기를 손과 등에 걸친 채 트랙을 돌며 관중의 환호에 답했다. 그들을 보고 가슴이 뭉클해졌음은 승패를 떠난 우정이 너무도 아름다웠기 때문이다.

고다이라가 14조에서 먼저 경기를 마쳤을 때다. 대단한 기록에 열광하는 관중을 향해 고다이라는 "쉿! 조용히!"하라며 오른손 검지를 입술에 갖다 댔다. 바로 다음 15조에서 경기를 펼칠 이상화가 방해를 받을지 모르니 자제해 달라는 주문이었다. 최종결과를 코앞에 두고 자기 자신을 다스리기도 어려운 판에 경쟁자를 위한 마음씀씀이라니, 도대체 고다이라의 배려는 얼마나 깊고 넓은 것일까. 올림픽 신기록을 냈음에도 우쭐하거나 오만하기는커녕 남을 진심으로 염려할 줄 아는 고다이라 나오, 이름만 들어도 가슴이 훈훈해지는 것 같다.

고다이라는 2001년 중학교 2학년 때 전 일본 주니어 스프린트 부문에서 고교생들을 제치고 우승하는 등 두각을 나타내기 시작했다. 고교시절에도 500m와 1000m에서 2관왕을 차지함으로써 단거리의 신예로 각광을 받았다. 고교를 졸업할 무렵에는 실업팀으로 진출하라고 주변에서 권유했지만, 고다이라는 신슈(信州)대학에 입학한다. 1998년 나가노(長野) 동계올림픽에서 남자 500m 금메달리스트를 키워낸 유우키 마사히로(結城匡啓)의 지도를 받기 위해서다. 코너를 도는 감각을 몸이 기억할 수 있도록 양동이를 중심으로 작은 원을 그리는 연습이나, 높은 굽이 한 개만 있는 나막신을 신고 장딴지나 허벅지를 강화시키는 특수훈련 등은 그에게서 익힌 것이라 한다.

학생이면서 선수였지만 고다이라는 어느 쪽도 소홀하지 않았다. 졸업에 앞서 "스피드스케이팅 곡선 활주동작에 관한 분석"이라는 제목의 논문을 제출한 점이나, '일본학생빙상선수권대회'가 열렸을 때 스피드스케이팅 500m와 1000m에 출전, 우승했던 사실이 이를 증명한다.

2009년. 고다이라는 대학을 졸업한다. 그러나 선수로서 그를 불러주는 기업은 아무 데도 없었다. 국내에서는 펄펄 날았어도 올림픽같이 규모가 큰 대회에서는 무명이나 마찬가지였기 때문이다. 이때 나타난 사람이 나가노 현에 있는 아이자와(相澤)병원의 이사장인 아이자와 다카오(相澤孝夫) 씨다. "나가노는 동계올림픽까지 치렀던 곳이다. 이 지역 출신이 올림픽을 준비하고 싶다는데 왜들 잠자코 있나. 아무도 안 한다면 내가 하겠다"며 고다이라를 자신이 운영하는 병원의 스포츠장애 예방치료센터의 직원으로 채용, 지원에 나선 것이다.

아이자와가 후원한 금액은 1년에 1억 원 정도. 대기업의 화려한 지원에는 못 미치지만, 해외훈련이 있을 때는 수행직원을 동행시키고 비행기 좌석도 비즈니스 급으로 올려주는 등 최선을 다했다. 홍보효과를 들먹이는 사람들에겐 이렇게 대꾸해 주었다고 한다. “고다이라가 아이자와병원의 직원이 됐다 해서 환자 수가 늘어나겠는가. 메리트는 전혀 없다. 나는 그저 선수로서 최선을 다하는 그녀를 돕고 싶을 뿐이다.”

2010년 캐나다에서 열린 제21회 밴쿠버 동계올림픽. 마침내 고다이라는 ‘올림픽 데뷔전’을 치른다. 스피드스케이팅 여자 500m 경기에 나선 것이다. 그러나 결과는 참담했다. 12위. 그녀가 받은 성적표다. 이 대회에서 이상화는 당당히 우승을 차지함으로써 세상을 놀라게 한다. 유럽선수들의 독무대로 알고 있던 스피드스케이팅에서 우승을 차지하다니! 놀란 것은 고다이라도 매한가지였다. 언젠가 고다이라는 이렇게 실토한 적이 있다. “그때부터 나는 이상화를 우상으로 삼기 시작했다”고.

2014년 러시아의 소치에서 개최한 제22회 동계올림픽, 고다이라는 다시 500m에 출전한다. “이번엔 좀 다르겠지. 아니, 달라야 한다.” 그러나 기대와는 달리 5위에 그치고 말았다. 이 경기에서 이상화는 다시 금메달을 따내 올림픽 2연패라는 위업을 달성한다. ‘빙속여제’라는 애칭은 바로 이때 얻은 것이다.

애써 준비한 올림픽에서 번번이 참패한 고다이라의 심사가 어땠을까. 참혹하고 암담했을 것이다. 그리고 많은 사람들은 이렇게 생각했을지 모른다. “나이도 있으니 선수생활은 이제 접어도 되지 않겠느냐”고. 하지만, 고다이라는 정반대였다. 스케이트 강국인 네덜란드로 훌쩍 유학을 간 것이다. 소치 올림픽이 끝난 뒤 한 달여 만에. 그것도 혼자서….

유학생활은 고달팠다. 마구간을 개조한 듯 보이는 낡은 아파트엔 냉장고도 없었다. 음식도 맞지 않았다. 무엇보다 큰 문제는 외로움이었다. 언젠가 고다이라는 말했었다. "창 너머로 보이는 조랑말만이 유일한 벗이었다" 고. 그가 얼마나 향수에 시달려 왔는지를 짐작케 한다.

이 모든 어려움을 극복해 나갈 수 있는 것은 혹독한 훈련뿐이었다. 고다이라는 매일 사이클로 150km를 달리면서 지구력을 끌어 올리고 체력을 단련한다. 또, 빙속계의 전설인 마리안네 팀메르 코치를 통해 '성난 고양이' 자세를 배우고, 막판 스퍼트(spurt)를 강화하는 방법도 익힌다. 성난 고양이 자세란 양 어깨를 들고 허리와 몸의 중심이 낮춰지도록 하는 것. 이 자세를 취하면 공기의 저항을 덜 받을 뿐 아니라 스케이트 날을 내밀기도 수월하다고 한다. 이밖에도 네덜란드 유학을 더욱 값지게 한 것이 있다. 그것은 덩치 크고 힘이 좋은 선수들과 경기하면서 기술은 물론 뱃심을 두둑이 키웠다는 점이다.

2016년 4월. 만 2년의 훈련일정을 마치고 귀국한 고다이라는 환골탈태(換骨奪胎)의 실력을 발휘한다. 2016~2017년 시즌부터 그는 국제무대에서 스피스케이팅 500m의 우승을 단 한 차례도 남에게 내주지 않는다. 국제빙상경기연맹(ISU) 월드컵 시리즈에서만 15번이나 우승한 고다이라는 2017년에 세계선수권대회를 제패, 이 분야의 제1인자임을 과시한다.

이어서 맞은 평창 동계올림픽. 고다이라는 36초 94의 올림픽 신기록으로 37초 33을 기록한 이상화를 따돌리고 대망의 금메달을 목에 건 것이다. 그의 우승은 일본으로서도 최초의 여자 스피드스케이팅 금메달 획득이었다. 이렇듯 그녀가 뒤늦은 나이임에도 가파른 상승세를 보인 이유가 무엇일까. 어떤 이는 이상화의 끊임없는 부상 때문이라고 말한다. 무릎과 발목 부상 또는 하지정맥류증상으로 주춤하는 사이 고다이라가 치고 올라왔다는 것이다. 다른 분석도 있다. 네덜란드 유학이 고다이라의 잠자는 능력을 흔들어 깨웠다는 얘기다. 다 맞는 말일지 모른다. 그러나 목표를 뚜렷이 세우고 한눈팔지 않는 집중력과 성실한 자세가 오늘의 그녀를 만든 게 아닐까. 또 있다. 은퇴할 나이임에도 유학을 결심한 단호함과 만난(萬難)을 극복해 내는 인내와 투지가 오늘의 고다아라를 키워냈으리라고 믿는다.

제24회 동계올림픽은 2022년 중국 베이징에서 열린다. '빙속 여제'인 이상화와 '평창의 큰 별' 고다이라는 아직 이 대회에 참석할지 여부를 공식적으로 밝히지 않았다. 바라건대 두 선수가 모두 참석하여 다시 한 번 불꽃 튀는 경기를 펼쳐 주면 어떨까. 정말 그런다면, '나이는 숫자에 불과하다'는 것을 진리로 받아들일 수 있을 것 같다.

2018. 03

※ 이상화는 2019년 5월 16일 공식 은퇴식을 갖고 선수생활에 마침표를 찍었다. 늘 말썽을 부려왔던 무릎과 하지정맥류 증상이 재활치료에도 불구하고 몸의 컨디션을 최상으로 끌어올리지 못해 은퇴를 결심했다고 한다. 따라서, 중국 베이징에서 고다이라와 함께 스피드 스케이팅 500m 금메달을 다툴 일도 없어진 셈이다.
울먹이면서 은퇴를 발표한 빙상 여제 이상화. 이 모습을 TV로 지켜본 많은 시청자들도 눈시울을 적시지 않았을까.

열다섯 살 때 국가대표로 선발되었던 이상화였다. 올림픽에서 3연속 메달을 차지했던 이상화, 그녀의 빛나는 기록은 아직까지도 깨지지 않는 빙속 여자 500m 세계기록(36초 36)과 함께 오래 오래 팬들의 가슴에 남을 것이다.

제7장

고인돌과 마애불과

늦가을의 절경… 장봉도(長峰島)

'늦가을의 절경…' 과 그 다음에 이어지는 '고인돌과… ' 는 필자가 동우회보(東友會報)의 편집위원으로 참여했을 때 쓴 글들이다. 동우회보란 이 에세이집의 제4장 첫 머리에서 밝힌 대로다. 당시 필자는 르포물인 '걷고 싶은 힐링로드' 를 전담 집필하면서 때로 산클럽의 동정을 회보에 싣기도 했다. 그 가운데 두 편을 여기에 옮겨 싣는다.

잠자리에서 일어나던 맡에 하늘을 쳐다 봤다. 날씨가 걱정이 되어서다. 모처럼의 나들이, 그것도 벼르고 벼른 산행에 비라도 내리면 얼마나 큰 낭패인가. 다행히 새벽하늘은 멀쩡했다. 초롱초롱한 별까지 몇 개 눈에 띄니 비 걱정은 안 해도 좋을 것 같다. 배춧국에 밥 몇 숟갈을 뜨고 지하철 6호선 DMC역으로 향한다. 공항철도를 타기 위해서다. 약속된 장소는 운서역 광장. 하지만 광장에는 아무리 둘러봐도 낯익은 사람이 보이지 않는다. 그도 그럴 것이, 필자가 도착한 시간은 약속시간보다 거의 1시간이나 앞서 있었으니까. 역사 안팎을 반시간이나 서성거리고서야 회원들은 하나 둘씩 나타나기 시작한다.

오전 9시 40분. 참가를 희망한 44명(부부 동반 9명 포함)의 회원들 모두가 삼목선착장으로 가는 버스에 올랐다. 바야흐로 '동우회 산클럽'(회장 성낙오)이 기획하고 동우회가 주관한 가을 단합대회가 시작된 것이다. 선착장까지 걸린 시간은 고작 10여 분, 버스에서 내리니 카페리는 이미 도착해 우리를 기다리고 있었다.

10시 10분. 마침내 카페리 세종 7호의 스크루가 급속히 회전하면서 출항하기 시작한다. 배가 물살을 내고 갈매기의 윤무가 시작되자 회원들은 너나없이 선실 밖으로 나가 어린아이같이 웃고 떠들며 야단법석이다. 언제 준비한 것일까. 2, 3층의 이물과 측면 난간에서 회원들은 갈매기들에게 새우깡을 던져주며 희롱한다.

배는 운무(雲霧) 속을 계속 달린다. 날씨가 청명하다면 주변의 풍광이 더 또렷이 보일 텐데 하는 아쉬움 속에 3형제 섬인 신도 시도 모도가 어렴풋이 눈에 잡힌다. 몽환 속에 딴 세상을 접하는 느낌이다. 신도에서 잠시 섰던 배가 장봉도에 도착한 시각이 10시 50분. 카페리에서 내려 장봉4리행 버스로 갈아탄다. 산행 코스의 시작점을 그곳으로 잡았기 때문이다. 선착장에서 장봉4리까지는 8km의 거리다.

장봉도는 인천광역시 옹진군 북도면에 위치한 면적 7㎢의 섬, 인천에서는 서쪽으로 21km, 강화도에서는 남쪽으로 6.3km 지점에 있다. 섬의 형태가 길고 산봉우리가 많아 장봉도라는 이름을 얻게 되었다 한다. 해안 곳곳에 해식애(海蝕崖·파도나 조류의 작용으로 이루어진 해안의 절벽)가 발달해 있는 장봉도는 천연기념물 제360호인 노랑부리백로와 제361호인 괭이갈매기의 집단 서식지이기도 하다.

이리저리 굴곡진 길을 10분가량 달리던 버스는 마침내 장봉4리에 도착. 35명 대부대의 동우 회원들을 내려놓는다. 산행은 지체 없이 시작되었다. 도시락과 술 음료수 간식거리 등이 담긴 여남은 개의 상자들을 들고 걷는 모습이 이채롭다.

노폭 4m의 길은 잘 정비돼 있었다. 다만, 콘크리트길이 아니라 흙길이면 더 좋겠다는 생각이다. 3백여 미터를 걸으니 이정표가 하나 세워져 있다. 윤옥길 0.7km, 가막머리 전망대 2.5km, 장봉 4리는 0.3km라고 한다.

우리는 길가에서 잠시 휴식을 취했다. 만추를 맞은 산은 단풍져 화려하고 소나무에서 뿜어내는 솔 향과 바닷가에서 풍기는 갯내는 코끝에서 스멀거린다. 지금 바다는 어떤 모습일까. 그러나 나뭇가지에 가려 바다는 보이지 않고 간혹 개펄의 칙칙한 모습만 비치다 사라진다.

휴식을 끝낸 우리는 어느 회원의 제의로 A와 B 두 팀으로 나누어 트레킹을 하기로 했다. 보행에 자신이 없는 A팀은 해안 길을 택하고, 걷기에 자신이 있다면 B팀을 택해 산행을 계속하기로 한 것이다. 각 팀이 합류하는 시간은 11시 30분. 장소는 해안가 유노골로 정했다. A팀은 11명에 여성이 4명, B팀은 24명에 여성이 5명이었다. B팀에 5명의 여성이 참가하다니 놀라운 일이다. 듣자하니 산행 길은 오르막 내리막이 빈번하고 깔딱 고개도 있다던데, 그 쉽지 않은 길을 선뜻 택한 동우회 사모님들의 용기가 경탄스럽지 않은가.

다른 경우도 있다. 연세가 80인 어느 회원은 분명 A팀이었는데 홀연 산행 쪽을 택한 것이다. 아무 갈등 없이 쉬운 해안 길을 선택한 필자가 부끄럽고 쑥스럽다. 해안 길을 택한 회원들의 경우 짐까지 들어야 한다는 것이다. 코스가 짧다는 게 그 이유다.

이래저래 부아가 터진 A팀 회원들의 입에서 불평이 터진다. “이게 모두 각자가 먹고 마실 물건들이야. 제가 먹을 건 제가 들게 하라고!” “A팀이 뭐 짐꾼이야! 돈도 못 받고 짐 나르는 포터냐고!” “나,

김샜어. 지금 B팀으로 가면 안 되나?" "맛있는 건 다 먹어버릴 거야. 점심 때 빈 박스나 찾으러 오라고!" 그러나, 이 모든 불평불만의 소리는 우스개요 농담일 뿐, A팀은 A팀답게(?) 박스 모두를 유노골 해안가에 정성스럽게 옮겨 놨다.

유노골은 물이 흐르는 골짜기에 길이 나 있다 해서 붙여진 이름이란다. 윤옥길 또는 유녹길로 불리기도 한다. 어느 게 맞든 표기만큼은 통일시켜야 하지 않을까. 이정표 따로 안내판 따로 표기가 제멋대로라면 얼마나 혼란스럽겠나.

유노골이 품은 바다는 넓고 아름답다. 저쪽 멀리에는 동만도와 서만도가 그림같이 떠 있고, 오른쪽 끝으로는 그로테스크한 형상의 바위 절벽이 우뚝하다. 바람도 없는데 잔물결은 고기비늘인양 반짝인다. 산클럽의 총무는 이곳 유노골에서도 여전히 바쁘게 움직인다. '동우 산클럽'의 깃발을 세우는가 하면, 점심에 대비해 자갈 위에 도시락과 술 음료 과일을 두 줄로 세팅하는 등 수고를 아끼지 않는다.

10분도 채 안 돼 트레킹을 끝내버린 A팀은 할 일이 아무것도 없었다. 해서, 여성 회원들은 해변을 걷는다며 일찌감치 자리를 뜨고, 남성 회원들은 취향대로 하얀 조개껍질을 줍는 사람이 있는가 하면, 수석을 고른다고 자갈밭을 뒤적이는 사람도 있고, 모래밭에 누워 잠을 청하거나 막걸리를 마시는 사람 등 구구각색이다. 제각기의 행동들이지만, 다들 즐겁고 행복해 보인다. 사람들은 왜 메마르고 지친 일상에서 탈출하려 애쓸까. 매임 없는 자유 속에 작은 행복이나마 뜻대로 누리기 위해서일 것이다. 이곳 A팀 회원들의 유유자적(悠悠自適)한 모습이 그렇게 보인다.

오후 1시 40분이 되어서야 B팀들은 나타났다. 표고 100여 미터의 산을 여남은 번 넘고 넘어 가막머리 전망대까지 갔다던가. 장봉도 긴긴 섬을 세로로 쩍 갈라놓듯 보이는 트레킹 코스에서 산행의 묘미야 만끽했을지 모르나, 조금은 지친 모습들이었다.

회원들은 두 줄로 마주보고 앉아 도시락으로 점심을 해결하면서 술을 마셨다. 넓고 푸른 바다, 단풍진 초목, 맑고 깨끗한 공기, 마음이 밝고 정이 물씬한 동우들, 그리고 맛있는 도시락과 향기 높은 술…이들 전부를 차지한 마당에 무엇이 더 부러우랴. 2분마다 장봉도 하늘을 나는 여객기의 굉음도 이날만은 귀에 거슬리지 않았다.

해안가에서의 점심식사는 이러구러 오후 3시쯤에 끝났다. 생각 같아서는 장봉도의 장관인 일몰까지 보고 싶지만 다음을 기약하기로 한다. 돌아가는 길은 올 때의 역순. 장봉도선착장에서 카페리로 옮겨 탄 시각이 오후 4시쯤, 해가 질 무렵이라 그런지 갈매기는 보이지 않는다. 회원들도 조금은 피곤을 느끼는 것 같다. 그나저나 장봉도와 헤어져야 하니 아쉽고 섭섭하구나. 옹암선착장의 인어동상과 옹암해수욕장, 그리고 국사봉(151m)과 봉화대는 꼭 들러보고 싶었는데….

오후 5시 30분. 카페리에서 버스로 이동한 뒤 운서역 앞에서 내린 회원들은 부근에서 유명하다는 횟집을 찾았다. 뒤풀이를 하기 위해서다. 점심식사를 한 지가 얼마 안 됐는데도 입맛이 당긴 것은 그만큼 횟감과 곁두리 음식이 좋았다는 반증일 터다. 게다가 산클럽의 성낙오 회장은 이날도 그 특유의 회전문 식 건배사 주문을 빠뜨리지 않아 회원들은 싫든 좋든 쉴 사이 없이 술을 마셔야 했다. 여러 가지 건배 말씀 가운데 박기정 함경북도 지사의 건배사를 끝으로 이 글을 매듭지으려 한다.

"동우 여러분. 저는 지금 함경북도에 있어야 될 사람입니다. 그럼에도 이 자리에 참석한 것은 나라가 분단돼 있는 현실에서라기보다, 동우 여러분이 그립고 보고 싶었기 때문입니다. 좋은 자리를 마련해 주신 동우회와 산클럽의 성낙오 회장께 감사의 말씀 드립니다.

동아는 우리 삶의 버팀목이고 주춧돌입니다. 동아를 사랑합시다. 그리고 자주 만납시다. 정말 행복한 오늘, 오랫동안 기억에 남을 겁니다. 감사합니다."

2015. 11

고인돌과 마애불과

-동우회(東友會)의 고창(高敞) 문화유적 답사 동행기

동아일보 · 동아방송의 퇴직사원들이 구성 운영하는 동우회(東友會)에는 서예, 사진, 클래식음악 등 여러 클럽이 있어 해당 분야의 식견을 넓히고 회원들끼리의 친목을 돈독히 다지고 있다. 산클럽(회장 성낙오)도 마찬가지다. 산클럽은 한 달에 두 번씩 모임을 갖는다. 둘째 화요일에는 산에 오르고 네 번째 토요일에는 평지를 걸어 건강을 지키며 친목을 다지는 것이다. 동우회의 여러 클럽 가운데 가장 먼저 조직 · 운영한데다 회원 수도 압도적으로 많아 모임이 있는 날은 늘 북적인다.

이렇듯 '2화 4토'식의 모임이 11월 11일 화요일이라고 예외였겠나. 이날도 산 클럽은 등산화에 배낭을 둘러메고 산행 길에 올랐다. 그런데, 이번엔 산클럽 회원들만이 아니라 여타의 동우회원들까지 동참하도록 문호를 개방해 버린 것이다.

행선지는 전북의 고창. 일정을 보니 고인돌 유적지와 선운사, 그리고 도솔암의 마애불을 방문하는 외에 동우회 조강환 부회장(현 회장)의 고택을 들러볼 것이란다. 필자의 경우 고창 나들이가 처음은 아니다. 하지만, 고택과 고창의 고인돌은 귓결로만 들었을 뿐 가본 바 없기에 호기심과 관심을 갖게 했다. 그렇잖아도 낙엽이 시작되려는 늦가을, 괜스레 심사가 어수선하던 참이 아니던가. 잘 됐다 싶어 일찌감치 신청에 응했다. 한데, 나보다 더 간절히 이 행사를 기다린 동우들이 많았나 보다. 나중에 안 일이지만 내가 신청한 차례는 저 만치 뒤쪽에 있었다. 하마터면 산행모임에서 탈락할 뻔 했음이다.

어쨌든, 11일 아침 8시 5분. 산행을 신청한 40명 모두가 빠짐없이 참석하는 이변(?)을 낳으면서 전세버스는 충정로 사옥을 출발했다. 까칠하고 무덤덤한 일상에서 벗어나 여행길에 오르는 것은 얼마나 유쾌한 일인가. 얼마나 신바람 나는 일인가. 이날 김태선 회장과 김광희 명예회장, 그리고 이대훈 대선배의 노안에서도 마냥 기쁘고 즐거운 표정을 읽을 수 있었다. 그러기에, "처음엔 망설이기도 했는데 나오기를 너무 잘했다. 부쩍 젊어지는 기분이다." "오늘 하루 마음껏 즐기자. 그리고 이런 모임이 연령과 지역을 넘어 확산되었으면 한다"는 말씀들까지 하셨나 보다.

벌써부터 버스 뒷자리에서는 술판이 벌어진 듯, 권커니 잣거니 하며 떠들썩하다. 가끔은 폭소도 터진다. 필자는 술은 사양하고 산클럽이 마련한 떡을 찾았다. 멥쌀가루에 말린 호박과 서리태를 넣고 쪄서 빚은 것인데 맛이 그만이었다. 집에서 배춧국에 밥 몇 숟갈을 뜬 터라 이미 초다짐은 해 뒀는데도 널름 한 덩어리를 먹어치웠다.

목적지를 반쯤 왔을까. 조 부회장이 약간은 상기된 표정으로 고향 고창이 어떤 곳임을 소개한다. 인촌(仁村) 김성수, 근촌(芹村) 백관수, 미당(未堂) 서정주, 동리(桐里) 신재효, 만정(晩汀) 김소희 등 역사상 걸출한 인물들을 배출한 곳이고, 수박 복분자술 풍천장어 등 특산물의 고장 역시 고창이라는 것이다. 하기야 고창은 지금도 인구 6만 5천 정도를 헤아리는 군단위의 작은 도시가 아닌가. 그럼에도 그토록 출중한 인물들이 쏟아져 나왔고, 3·1운동의 단초를 제공했던 인물에 동학농민봉기의 발원지이기도 했으니 의(義)와 예(藝)의 고장이란 말을 들어 마땅하리라.

정오 무렵. 버스는 고창읍에 도착했다. 첫 방문지인 고택은 월산리에 있었다. 3백여 평 대지 위에 들어앉은 사랑채와 안채는 당당한 모습이었다. 화강암 주춧돌에 아름드리 기둥, 그리고 괴목을 사용한 마루 등은 그 옛날 천석꾼 지주집안으로서의 부귀와 세도가 어땠는지를 가늠하기에 충분했다. 본래는 행랑채와 부속건물 등도 있었다는데 헐려 없어진 점이 아쉽게 느껴진다.

커피를 마시며 숨을 고른 일행은 점심을 들기 위해 고창에서 유명하다는 한식점 조양관으로 향했다. 3대째 70년의 전통을 잇고 있다던가. 내온 음식은 하나같이 정갈했고 맛도 뛰어나 혀에 감겨왔다. 처음 먹어본 복분자표고버섯탕, 이름을 알 수 없는 젓갈 등…이 글을 쓰면서도 군침이 돈다.

오후 2시. 버스는 고창읍 죽림리로 향한다. 고인돌을 보기 위해서다. 청동기시대의 대표적 유물인 고인돌은 우리나라 전역에 3만여 기가 분포되어 있다. 전북에 있는 것은 2천 600여 기, 그 가운데 64%에 해당하는 1665기가 바로 이곳 고창에 군집되어 있는 것이다. 형식도 다양해서 바둑판 모양의 남방식, 탁자모양의 북방식, 뚜껑돌만 있는 개석식 등이 골고루 갖춰져 있어 고인돌 변천사를 규명하는데 귀중한 자료가 되고 있단다. 2000년 12월 유네스코가 고창의 고인돌을 세계문화유산으로 등재시킨 것은 이런 점들의 가치를 높이 평가한 때문일 것이다.

야산 밑자락에 널려 있는 고인돌. 그 돌들을 멀리서 볼 때는 별다른 느낌을 갖지 못한다. 마치나 무너진 돌산에서 굴러 떨어진 잡석 같이 보이니까. 정작 감동을 느끼는 것은 좀 더 고인돌 앞으로 다가갈 때다. 1톤에서 300톤에 이르는 고인돌들이 무더기로 버텨 앉은 모습을 보면 입이 딱 벌어진다. 그리고 묻고 싶어진다. "누가 왜 이 무거운 돌들을 여기에 옮겼으며 땀 흘려 다듬었을까. 엄청난 공력과 희생은 그렇다 치고, 그들이 간절히 소망했던 것은 무엇이었는가. 그 소망은 이루어졌을까?" 그러나 고인돌은 침묵으로 일관할 뿐 아무 대답이 없었다.

오후 3시 10분. 이제는 도솔암의 마애불과 그 위쪽의 도솔천 내원궁을 방문할 차례다. 오르는 길이 평탄치 않은 데다 전에도 방문했던 탓인지 손사래를 치며 빠지는 동우들이 많았다. 마애불과 내원궁을 오르고 내리는 돌계단 주변에는 꽃무릇이 볼만 했는데, 시기를 놓친 탓인지 아무 흔적도 찾을 수 없었다.

높이 13미터, 보물 1200호인 마애불은 예나 다름없이 결가부좌의 자세로 그가 여는 낙원의 세계가 언제인가를 셈하는 듯했고, 내원궁의 지장보살은 두건을 두른 모습으로 고통 받는 중생을 구제하는 방법이 무엇인가를 천착하는 모습이었다. 뒤돌아 건너편을 보니 천마봉이 우뚝하고 왼쪽 저 너머로는 사자바위가 아스라하다. 언젠가는 저들 봉우리도 오를 테지.

이러구러 시간은 벌써 5시가 가까워 온다. 입동 뒤의 해가 좀 짧은가. 돌아갈 길이 바쁘게 된 것이다. 선운사 방문은 건너뛰기로 하고 서둘러 귀경길에 오른다. 하지만, 서둔다고 전세버스가 날아갈 수는 없을 터. 이때를 위해 준비한 듯 산클럽은 바삐 움직여 소주와 맥주를 내놓는다. 닭튀김과 홍어무침은 안주로 하라면서.

술에는 가락이 따라야 제격인 법, 전세버스 안은 홀연 노래방 분위기로 바뀐다. 이미 산행은 끝냈겠다. 술도 몇 잔 했겠다. 그 상황 그 상태에서의 노래가 어땠겠나. 그렇잖아도 기계 볼륨이 올라가 있는 판인데 목청껏 노래를 불러 젖히니 귀는 멍멍하고 머리도 띵해 온다. 하지만 누구 하나 불평불만이 없었다. 오히려 웃음과 박수가 끊이지 않는다. 웬 점수는 그리 높게 나오던지. 이날 등장한 노래는 백마강, 월남의 달밤, 고향 역, 숨어 우는 바람소리 등 트로트가 주였지만, 노래실력들은 하나같이 수준급이었다.

사회를 맡은 최명우 동우(동우회보 편집위원)는 일일이 좌석을 찾아다니며 희망 곡을 받아 화면에 연결하고 부른 노래를 평가하는 등 1인 3역의 진행으로 수고가 여간 아니다. 즉석에서 이루어진 노래방은 오늘의 산행과 더불어 40명 동우들의 정의(情誼)를 더욱 도탑게 하는 촉매제 역할을 했으리라. 죽전휴게소였던가. 오랜만에 먹어보는 우동은 별미였다. 이제는 대미를 장식할 차례. 오늘 모임을 주관한 산클럽의 성낙오 회장이 마이크를 잡는다. “서울에서 출발할 때 여러분께 약속의 말씀을 드렸습니다. 눈과 입 그리고 귀를 즐겁게 해 드리겠다고요. 여러분, 어떠셨습니까? 세 가지 다 즐거우셨습니까?” 여부가 있나. 우리는 유치원 원생들인 양 모두 입을 모아 큰 소리로 대답했다. “네, 다 즐거웠습니다!”

아, 참! 잊을 뻔 했네. 내년에는 신광연 동우(전 전주지사 기자)가 산행을 주선하겠단다. 다시 한 번 감사의 박수를 보낸다.

2015. 01

아나운서 동우회(東友會)

-그 생성과 소멸

1980년 11월 30일.

동아방송(DBS)은 새벽 5시부터 밤 12시까지 8부에 걸친 특집 고별 방송을 끝으로 막을 내렸다. 지난 14일에 신문협회, 방송협회, 통신협회가 채택한 이른바 '건전 언론 육성과 창달을 위한 결의'에 따라서였다. 자유결정 형식을 취한 이 조치로 동아방송과 동양방송, 군산의 서해방송, 광주의 전일방송, 대구의 한국FM은 KBS에 통합됐고, 신아일보는 경향신문에 흡수됐다. 또 일도일사(一道一社)의 원칙에 따라 지방신문들이 통폐합 됐는가 하면, 6개 통신사도 1개 대형 민영통신사로 바뀌는 등 세계 언론사에서도 그 유례를 찾을 수 없는 언론통폐합조치가 일어난 것이다.

물론, 통폐합의 표면상 이유는 있었다. '언론의 공익성에 배치되는 언론구조를 자율적으로 개편해서 민주언론을 창달하고, 국민언론 흥륭(興隆)의 바탕을 굳건히 하자'는 것이었다. 그러나 실제로는 제4공화국이 1979년 10월 26일의 비상사태로 와해되면서, 새 집권세력으로 등장한 신군부가 언론을 장악하기 위해 취한 강압적 통제조치에 다름 아니었다.

어쨌든, 1963년 4월 25일. 동아일보의 창간이념인 민족주의 민주주의 문화주의를 더욱 폭넓게 그리고 구체적으로 나타내기 위해 개국한 동아방송은 문을 닫고 말았다. 신속하고 공정한 뉴스와 날카로운 논평, 그리고 수준 높은 교양프로그램과 건전하고 유익한 오락프로그램으로 청취자들의 사랑과 아낌을 받아온 'DBS 동아'의 방송전파가 끊어진 것이다. 중파 792KHz(킬로헤르츠), 호출부호 HLKJ로 뭇 전파매체들의 사표 격이던 동아방송은 민주적 여론형성과 국민문화의 향상이라는 소명을 다하지 못한 채 개국 17년 7개월 만에, 그것도 자의가 아닌 타의로 청취자 곁을 떠나게 된 것이다. 언제 어느 때 방송정파(放送停波)가 회복되리라는 기약도 없이….

1980년 12월 1일 오전 9시. 동아방송에 몸담고 일했던 243명은 동아일보사 임직원들의 전송을 받으며 KBS행 버스에 올랐다. 주고받은 말이라고는 그저 "수고 많으셨습니다." "안녕히 계세요." "건강하십쇼." 등 의례적인 인사들뿐이었다. 우울하고 침통한 분위기는 출발지인 광화문에서 그랬듯이 도착지인 여의도에서도 매한가지였다. 누구 하나 말을 꺼내는 이도 없는 침묵 속에 얼굴들은 핼쑥하고 수심에 차있어 보였다.

'외인부대'. 그랬다. 국적(局籍)이 다른 동아방송 출신들은 대부분이 용병 취급을 받으면서 발령받은 부서로 뿔뿔이 헤어졌다. 동아방송은 라디오 단일매체로만 운영해 온데다 수의 열세로 개인의 방송능력과 관계없이 적잖은 홀대를 받으며 근무해야 했다. 직급이나 호봉 등 에서부당한 대우를 받은 것은 물론이고 진급하기가 좀처럼 어려웠던 점이 이를 증명한다.

나에게 배속된 부서는 방송심의실이었다. 1968년 12월부터 동아방송에서 10년 간 아나운서로 근무하다 1, 2년 편성부와 심의부에서 근무한 경력을 반영한 때문으로 생각된다. 방송심의실이란 각 채널에서 송출되는 중요 프로그램을 방송 전에 또는 방송 후에 모니터한 뒤 잘잘못을 짚어 심의・평가하는 부서로, 나는 라디오 쪽이 아닌 TV, 그것도 오락 중심의 프로그램을 송출하는 2TV를 맡게 됐다. 비교적 나이가 젊은데다 무난히 감당할 수 있으리라고 판단하여 특별히 배당했다는 얘기를 뒤에 들었다. 그러나 TV 메커니즘에 깜깜한 입장에서는 여간 곤혹스러운 게 아니었다. 곁눈질해 배우랴 전문서적 구입해 읽으랴 모니터하랴 평가서 작성하랴 밤낮을 가리지 않고 정신이 없었다. 주말이나 휴일도 없었다. 토요일과 일요일 또는 공휴일은 더 바빴다. 그도 그럴 것이 그런 날은 인기 있는 오락프로그램이 집중적으로 편성되기 때문이었다.

무슨 수가 없을까. 이러다간 건강도 해치려니와 직장인으로서도 장래가 막막할 것 같은 예감이 들었다. 동아방송에서 KBS로 옮긴지 한 달 보름 만에 네덜란드 초청 방송연수에 5개월 간 참여하고, 1983년 성곡언론문화재단이 선발한 해외유학생 선발시험에 합격, 1년 동안 홍콩대학교에서 중국어를 익힌 것은 바로 다람쥐 쳇바퀴 돌듯한 삶에 변화를 주려는 안간힘이었을 게다.

세월은 살(矢)같이 빠른 것. 유학을 마친 뒤 부서도 옮기고 88올림픽을 치르고 나니 동아방송이 문을 닫은 지도 벌써 10년이 다가오지 않는가. 문득 옛 직장 아나운서실의 선배 동료 후배가 떠오르면서 근황이 궁금했다. 과부 사정은 과부가 잘 안다는 옛 속담도 있잖은가. 비록 본의 아니게 적(籍)을 옮겨 괄시를 받고 있어도 옛 식구들을 만난다면 외로움과 서러움도 반감되리라는 생각이 든 것이다. 그래, 모임을 갖도록 하자. 하여, 다음과 같은 글을 주소가 확인된 아나운서 모두에게 띄우게 된 것이다.

동아방송 아나운서 회원 제위

우리들 의지와는 하등 관계없이 DBS가 정파된 지도 벌써 9년이 가까워 옵니다.

정파 9년.

언어를 조탁(彫琢)해 문화를 창달하고, 꿈을 키워 자아를 풍요롭게 하던 우리들의 일터 동아방송은 이제 어디에도 존재하지 않습니다. 모였던 우리도 폴란드의 망명지폐인 양 뿔뿔이 흩어졌습니다.

물론 개인에 따라서는 '동아'를 떠난 사유가 단지 정파 때문만이 아니라는 점을 모르지 않습니다. 그러나, '동우'로 묶였던 옛날의 우리가 지금 어디에서 무엇을 하건, 분명하고도 확실한 사실은 DBS의 실종이요, 궤멸입니다. 모체가 없기에 적어도 '동아'라는 이름으로서는 단 한 사람의 후배도 기대할 수 없습니다.

1963년부터 1980년까지 호출부호 HLKJ로 한국 방송사에 굵은 획을 긋고 오디오 전파매체의 기린아였음을 누구도 부인하지 못했던 DBS. 그 DBS의 아나운서실이 배출했던 88명 언어의 연금술사들은 영예로운 대물림도 끝까지 잇지 못한 채 허상으로만 남아 있습니다. 역사의 굴절이 몰고 온 결과가 당혹스러울 뿐입니다.

그동안 정말로 격조했던 우리. 동서남북 사면팔방으로 흩어진 DBS 아나운서 온 가족이 한 자리에 모였으면 하는 바람이 간절하여 아래와 같이 조촐한 자리를 마련했습니다.

세월이 안겨준 주름살로 우리들의 외관은 변했을지라도 우정만은 퇴색하지 않았음을 다시 만나 확인합시다.

감사합니다.

1989. 8. 30

DBS 아나운서 친목회 준비 책

제6기생 황 유 성 배

졸저 《저녁 놀 푸른 꿈》(학고방, 2008. 10. 20)에서는 모임을 혼자 구상하고 실행에 옮긴 이유를 이렇게 밝히고 있다.

> 당초에는 모임의 구상을 선배 아나운서들에게 전하고 바람직한 추진 방향을 모색할 계획이었다. 그러나 저마다 분망한 방송생활에 느긋한 협의를 갖기가 어려웠고, 시간이 지체할 경우 죽도 밥도 안 될 터이니 혼자서 단독으로 처리하는 게 낫겠다는 판단을 하기에 이른 것이다.

솔직한 나의 고백이다. 그렇지 않고서야 이미 아나운서실을 떠난 내가, 그것도 조직의 상부 위치에 있는 것도 아닌 입장에서 얼마나 중뿔나고 시건방진 노릇인가. 모임을 만든답시고 설친다는 게.

만나기로 한 9월 8일. 오후 7시를 전후해서 옛 동아방송의 아나운서출신들은 여의도 라이프 쇼핑센터 5층에 자리 잡은 중국요리점 '홍보석'에 모습을 나타내기 시작했다. 얼마나 보고 싶은 얼굴들인가. 얼마나 그리던 모습들인가. 가장 화사하고 품위 있는 옷차림에 우아한 화장 그리고 밝고 환한 얼굴로 '홍보석'을 찾은 동방송의 아나운서들. 그네들은 만나자마자 악수하고 포옹하며 감동 넘치는 해후의 기쁨을 나누며 들떠 있었다. 참석한 아나운서의 수는 32명. 해외에 거주하거나 퇴사 이후 소식이 돈절된 사람들을 빼고는 거의 참석한 셈이었다.

이날 전영우 선배님(전 동아방송 부국장이자 당시의 KBS 아나운서 실장)은 모임의 명칭을 '아나운서 동우회(東友會)'로 정하자고 제의, 만장일치의 가결을 보았다. 다만 동우회는 동우회(同友會)와 분별할 수 있도록 한자를 병용하기로 했다. 집행부로는 회장에 전영우 선배님, 총무 직은 6기생인 나 황유성이 맡기로 했다. 테이블마다에는 기쁨이 넘쳐흘렀고 연달아 폭소가 터져 나왔다. 비록 마음 저 밑바닥에는 정파와 폐국에 대한 울분이 서리고 분노가 꿈틀대고 있을망정….

매년 한 차례씩 모임을 갖기로 한 '아나운서 동우회(東友會)'는 그 후 회원들의 요청에 따라 1년에 네 차례 분기별로 만날 것을 합의 결정했다. 한해 한차례의 모임으로서는 성에 차지 않은 때문이었을 것이다. 여성 아나운서들을 알뜰하게 챙길 목적으로 1기생 한순옥 아나운서가 부회장직을 맡게 된 것도 이때쯤으로 기억한다.

조직이 점차 뼈대를 갖춰가면서 단순 참가비 이외에 기부금도 늘어나기 시작했다. 동아방송이 문을 닫기 전 유수한 개인회사로 전직한 한경희 선배를 비롯해서, KBS를 떠나 민영방송에서 근무하던 1기생 우제근 선배, 그리고 퇴직 후 한국시청각교실을 자영한 4기생 조동오 선배 등이 간혹 기부함으로써 식탁을 윤택하게 만들기도 했다.

그런데 언제부터인지는 확실치 않으나 참석인원이 차츰 줄기 시작하는 것이었다. 특히 여성 아나운서들의 참여는 가뭄에 콩 나기 식으로 몇 사람 정도를 헤아리다가 그나마도 칼로 무쪽을 자르듯 참석하지 않았다. 왜 그런지 사유를 세세히 알아보기도 전인데, 참여율 저하는 전염병같이 남성 아나운서들로 옮겨 붙는 현상이 일어난 것이다. 하기야 그동안 작고한 아나운서가 좀 많았나. 이규영 선배를 비롯해서 1기생만 해도 이화영, 천재영 아나운서가 별세했고 5기생 송재원, 7기생 김덕렴, 9기생 김광진도 이승을 등졌으니 남성 아나운서들의 참석률 저하는 당연했다.

이렇듯 저간의 변화를 감안해서 '아나운서 동우회'는 새로운 방법을 모색했다. 무력한 모습으로 시들어가는 모임에 활력을 불어넣을

양으로…. 우선 취한 조치가 회장단의 교체였다. 1기생 우제근 선배를 회장으로 추대하고, 12기생 최윤락을 총무로 앉힌 것이다. 새 집행부는 회합 참석률을 떨어뜨리는 문제 가운데 하나로 회원들 간의 영령차이가 너무 크다는 점에 주목하고, 주니어보다는 시니어를 중심으로 모임을 규합하는 것이 더 바람직하다고 여긴 듯하다. 그러나 그건 또 그것대로의 문제점과 애로가 많아 참석률은 여전히 지지부진했다. 당시 내 경우도 뇌경색으로 입원해 있는 입장이어서 모임보다는 병마와 싸우는 것이 더 중요하고 절실했다.

2008년이었던가. 결국 제2기 집행부는 스스로 퇴진하고 제3기 회장단이 등장한다. 회장단이 바뀐다 해서 반드시 여건이 개선되는 것은 아닐 것이다. 다만 애써 만든 '아나운서 동우회(東友會)'를 이대로 놔둘 수 없다는 생각들인데다, 회장인 우제근 선배도 건강이 좋지 않아 회장단 개편은 어쩔 수 없는 상황이 되고 만 것이다. 이래서 3기 회장에는 황유성인 내가, 총무는 9기생 여성 아나운서인 김연진이 맡게 되었다.

조직사회라는 것이 으레 그렇지 않은가. 처음에는 환상적인 단짝이고, 모임의 호프라며 칭찬과 기대가 적지 않았다. 모임의 심부름꾼 역할을 맡은 회장단도 "아나운서 동우회의 르네상스를 이루겠노라"고 자신에 넘쳐 있었다. 무엇보다 만나는 장소를 강남으로 바꿨다. 강남에 사는 회원들이 많기 때문이다. 둘째, 저녁시간 모임을 낮으로 옮겼다. 연로한 남성회원과 아직도 집안 살림에 매달려 있는 여성회원들을 고려한 이유다. 셋째, 가끔은 실내가 아닌 실외에서 모임을 갖는 등 분위기를 쇄신하며, 넷째, 회원명부를 새로 작성해 회원들에게 배포하고, 연세가 지긋한 선배들께는 문자메시지에 그치지 않고 회합 하루 전이나 이틀 전 회장이 직접 전화를 걸어 모임의 강소 시간 등을 리마인드해 드리기로 했다. 모임을 본때 있게 이끌어보려는 안간힘이었을 것이다.

하지만, 이 모든 노력에도 눈에 띄는 실효를 거두지 못했다. 아픈 사람은 왜 그렇게 많을까. 다리를 다치거나 허리가 삐끗해서 움쩍거리기 어렵다는 회원, 어지럼증이 심해 바깥출입이 곤란하다는 회원, 하필이면 만나는 날이 병원에 가기로 예약된 날짜라는 등 불참의 이유도 각양각색이었다. 그때마다 나는 이 모임이 얼마 안 가서 종을 칠 것 같다는 예감에 가슴이 아팠다.

몇 년 전 모임에서는 단 두 사람이 만나 밥과 술을 먹고 마신 적이 있었다. 단 두 사람만의 아나운서 동우회라니! 그것도 모임일까. 목젖 뒤로 넘기는 밥알은 모래알 같았고, 향기로운 술은 씁쓰레했다.

하필 특이한 예를 들었다면 미안하고 죄송하다. 그러나 참석회원 수가 열 명을 넘은 예는 거의 없었다. 요즘 들어 더욱 그랬다. 불참자의 경우도 그럴 것이다. 일일이 불참사유를 밝힌다는 것도 얼마나 피곤하고 괴로울 것인가.

"모임이, 동방송의 아나운서 모임이 이런 식으로 굴러가서는 안 된다. 도대체 있을 수 있는 일인가." 해서, 언젠가는 후배 몇 사람에게 내 개인사정을 둘러대고 회장직을 맡아달라고 간청한 적이 있었다. 그것도 여러 번에 걸쳐서…. 그러나 그들은 뭔가 듣지 못할 얘기라도 들은 양 손사래를 치며 거절하곤 했다. 그렇게 끌어 온 세월이 10년도 넘는다. 모임의 지속여부를 확실히 매듭지어야 한다는 생각이 들었다.

그래도 이 중요한 일을 어찌 혼자서 결정하랴. 총무와 상의를 마친 뒤 초대회장이신 전영우 교수님께 전화를 드렸다. 전후 상황을 다 들으신 뒤 교수님께서 말씀하신다.

"해산할 밖에 없을 것 같군. 그동안 수고 많았어. 그런데 왜 이렇게 마음이 허전하고 짠하지?"

2018년 12월 21일. 금요일 오후 1시 지하철 압구정역 부근의 한식점 '오대산'에서는 여러 팀들이 이 방 저 방 자리를 차지한 채 송년모임을 갖고 있었다. 아나운서 동우회도 그 중의 하나였다. 일찌감치 예약한 탓에 가장 번듯하고 아늑한 방을 선택받은 것까지는 좋았지만, 인원이 빈약해 여간 민망하지 않았다. 홍기욱, 조동오 두 선배와 9기생 정철의 그리고 총무인 김연진과 회장인 내가 전부였다. 화도 나고 부끄럽기도 했다.

아나운서. 그들은 누구였던가. 찬란할 정도로 훌륭해서 제 정신으로는 감히 대면조차 할 수 없었던 존재, 이 나라 전파미디어를 선도하는 주인공으로서 방송과 언론에서 각광을 받고, 대중으로부터는 박수갈채를 받아온 그들이 아닌가. 그 빛나고 훌륭한 모습 다 어디로 갔기에, 아니 숨어버렸기에 이 곳 송년 자리에서 볼 수 없을까.

그날 저녁 나는 곰곰 생각 끝에 메시지를 띄워 '아나운서 동우회(東友會)'의 해산소식을 알렸다. 먹먹한 가슴으로 문자를 더듬자니 손은 떨리고 눈에는 절로 눈물이 맺혔다.

> 존경하는 아나운서 동우회(東友會) 회원 여러분,
>
> 그간 건강하시고 가내 두루 평안하셨는지요. 기해년(己亥年)도 어느새 두 달이 훌쩍 지나가고 내일 모레면 경칩을 맞습니다. 세월이 얼마나 빠른지 혼미(昏迷)스러울 지경입니다.
>
> 저는 지금 아주 참담한 기분으로 이 글을 쓰고 있습니다. 그것

은 바로 우리 모임의 해산(解散)이라는, 매우 바람직하지 못한 소식을 전해 드려야 하기 때문입니다.

잘 아시는 대로 본회는 1989년 9월 8일에 창립, 방송정파로 흩어진 동아방송 아나운서들의 분노와 아쉬움을 삭이고 친교를 두터이 하는 가교로서의 역할을 다하고자 출범했습니다. 하지만, 30년의 세월이 흘러간 지금, 우리 모임은 크게 달라지고 말았습니다. 작고(作故) 병고(病故) 또는 해외 이주와 연락두절 등으로 참석회원의 수는 한 손가락에 꼽을 만큼 조직이 왜소해진 것입니다. 이를 두고야 어찌 '아나운서 동우회(東友會)'라고 부를 수 있겠습니까. 스스로 부끄럽고 안타까울 뿐입니다. 거창한 이름으로 모임을 지탱하기 어려울진대, 해산의 길이 타당하다고 본 이유입니다.

존경하는 선배 회원님과 사랑하는 동료·후배 회원 여러분,

모임의 해산소식을 하필이면 제가 회장으로 있을 때 전하게 되어 유감이지만, 오히려 다행스러운 일인지 모릅니다. 자격 없던 제가 혼자 발의(發意) 결성한 모임을 제 스스로 허무는 격이 됐으니 결자해지(結者解之)의 책무는 다 한 셈이니까요. 그래도, 그래도 말입니다. 아나운서라는 길을 함께 걸었던 선배 동료 후배들이 바로 이 시간 더욱 그리워지는 것은 왜일까요.

동아방송의 전파가 사라진 뒤 품위와 교양 그리고 방송능력이 탁월했던 DBS 동아방송의 아나운서들은 산지사방으로 흩어지고 말았습니다. 그들이 각자 제 갈 길을 갔듯, '아나운서 동우회'도 바야흐로 사라지려 합니다. 아니, 이미 사라졌습니다. 그러나 모임은 소멸됐어도 우리들의 우정까지 사라져서야 되겠습니까.

앞으로 회원님들 더욱 강녕하시고 가정에도 만복이 내리시기를 기원 드리며 고별인사에 갈음합니다. 그동안 여러모로 적극 협조해 주신데 대해 거듭 감사의 말씀 드립니다.

안녕히 계십시오

2019년 3월 1일
아나운서 동우회(東友會)
총무 김연진
회장 황유성 배상

– DBS 동아방송을 빛낸 얼굴들 –
(개국멤버, 기별 또는 입사순)

전영우 한경희 이규영 김주환 김인권 홍기욱 김남호 성선경 최귀영
윤미자 원창호 천재영 우제근 김동건 이화영 한순옥 최충자 신선자
최승일 박종세 원예종 민중기 최문정 김유진 맹경원 박광희 이동운
전순식 최희정 김인옥 조동오 김정은 서정숙 송재원 윤소자 나동규
노순옥 황유성 박정희 김기경 최경자 황은순 김덕렴 이선미 김영회
이경자 박창옥 강영희 조돈승 홍명진 임수진 유계실 한현수 김광진
정철의 김연진 최남경 맹경순 이재민 이혜경 황윤미 오성근 조나옥
유영옥 우지은 송명신 홍승애 현 옥 이미경 임선희 최윤락 양은숙
김정희 손석기 전윤표 이규석 박정서 이미선 김진순 김은정 채수일
송지헌 김신환 박용선 이숙영 임옥자 함명혜 나정희

(이상 88명)

2019. 03

군수공(郡守公) 시향 참례기

필자는 2016년부터 ≪죽암회보≫라는 소식지(消息誌)를 발간해 오고 있다. 죽암(竹庵)은 창원 황 씨 군수공파의 9세조인 휘 윤중(允中) 공의 호다. 따라서 죽암회보란 그의 후손들이 친목과 발전을 도모하기 위해 구성한 종친모임의 소식지라 할 것이다.

'군수공 시향…' 을 포함, 아래의 글 3편은 회보 창간호와 속간호에 실렸던 글들이다. 내용을 보건대 특정 성씨만이 아니라 일반 독자들에게도 참고가 되리라 생각하여 이 에세이집에 전재한다.

엊저녁 늦게 잠자리에 들었는데도 깨어보니 새벽 네 시 언저리다. 생각난 듯 창문을 열고 하늘을 쳐다본다. 어제와 그제 비가 계속 내렸으니 오늘도 혹 날이 궂지는 않을까. 한데, 하늘 저쪽으로 별 몇 개가 보인다. 다행이 아닐 수 없다. "한 시간쯤 더 잘까" 하다가 생각을 바꾼다. 샤워 하고 신문 보며 밥 몇 술을 뜨고 나면 연락받은 7시 30분이 얼추 될 것 같기 때문이다.

오늘은 4월 25일,

음력으로는 3월 10일로 군수공(郡守公) 시향을 모시는 날이다. 날씨 걱정을 하고 아침에 수선을 피운 것은 바로 그 때문이다. 행선지는 전라북도 정읍. 시제를 올리는 시각은 12시이지만 고속도로의 상황을 고려해서 조금은 서두를 필요가 있었던 것이다. 게다가 오늘 군수공 시제에는 전주 군산 김제지역의 종친들도 참석할 텐데 늦으면 얼마나 민망스럽고 결례가 될 것인가.

군수공이란 창원 황 씨 휘(諱) 충준(忠俊)을 시조로 하는 세계(世系)에서 8세조가 되시는 휘 원(瑗)을 가리킨다. 자(字)가 수온(守溫)인 휘 원 공은 1534년(이조 중종) 9월 19일에 태어난 분으로 통정대부(通政大夫) 행(行) 평창군수(平昌郡守)를 지내신 분이다. 향년 82세. 슬하에 해중(海中) 수중(水中) 윤중(允中) 여중(汝中) 태중(兌中) 시중(時中) 등 여섯 아드님을 두셨다. 추증된 품계와 관직은 자헌대부(資憲大夫) 병조판서였다.

아버님 되시는 7세조 휘 우경(禹卿)은 자(字)가 창옹(昌翁), 호(號)는 송암(松庵)이시다. 조산대부(朝散大夫) 행 신계현령(新溪縣令)을 지내셨고, 돌아가신 뒤에는 자헌대부(資憲大夫) 호조판서(戶曹判書)에 증직되셨다. 이승에서 누리신 연치(年齒)는 78세. 슬하에 다섯 아드님을 두셨는데 넷째가 바로 군수공인 휘 원(瑗)이시다. 오늘 시향에 참여하는 사람들은 군수 공의 셋째 아드님인 휘 윤중의 후손들이다. 세계(世系)를 간략히 정리하면 7세조 휘 우경→ 8세조 휘 원→ 9세조 휘 윤중(호 죽암)이 되므로 죽암종친회 소속 종원들의 계파는 자연스레 '창원 황 씨 현령공 제4자 군수공파'로 불리는 것이다.

창원 황 씨 시중공파(侍中公派)를 하나하나 따져보면 계파가 자그마치 27개나 된다. 이 가운데 세 분의 7세조이신 순경(舜卿) 우경(禹卿) 탕경(湯卿)에서 비롯된 계파가 열여덟이나 되니 놀랍다. 계파가 많다는 것은 조직의 다양성 차별성 진취성 등의 장점이 있는 반면, 조직 간의 반목 갈등 불화 알력 등 단점·결점도 많게 마련이다.

종친회의 경우 어느 집안을 가릴 것 없이 친목이나 화합 혹은 상부상조를 가장 으뜸가는 가치로 여기는 이유일 터다.

기다리던 전세버스가 월드컵경기장 남문 건너편에 도착한 시각이 오전 7시 50분. 출발지 금촌에서 탑승한 회원들을 포함해서 시향 참례 인원은 모두 28명이었다. 2016년, 군수공 합동 시향을 시작한 이래 가장 많은 숫자다. 선잠을 잔 탓에 피곤을 느끼는 사람도 없지 않으련만, 하나같이 밝고 환한 표정들, 바쁘고 복잡한 일상에서 벗어나 소풍 길에 나선 모습이 이러하리라.

가다 서다를 되풀이 하던 전세버스는 고속도로에 들어서자 속도를 내기 시작한다. 곡우(穀雨)를 지낸 산야는 연두색 푸른빛으로 상큼하다. 하물며 연 이틀에 걸쳐 비를 흠뻑 받아들인 뒤끝임에랴. 이제 곧 입하(立夏)를 맞음에 산과 들의 초목들은 더욱 푸르게 변할 것이다.

오늘 일정은 시제 후 점심식사가 이어지고 고찰 금산사를 잠시 들를 것이란다. 귀로에 죽전휴게소에서 가볍게 저녁식사를 마치면 시제 일정이 모두 끝나는 셈이다.

전세버스는 고속도로를 벗어나 국도를 달리더니 오전 11시 40분 정읍시 오정동으로 접어든다. 군수공 묘소에 거의 다 온 것이다. 묘소에서는 정읍 현지의 종친 네 분을 비롯해 전주 김제 군산 등지에서 온 제관들이 제상(祭床)을 마련하고 우리를 기다리고 있었다. 향을 사르고 술잔을 올린 뒤 부복하여 독축(讀祝)에 귀를 기울인다.

휘 원께서 돌아가신지 어언 403년, 비록 육신은 진토(塵土) 되신지 오래여도 혼백은 분명 우리 창원 황 씨 군수공파 문중을 지켜보시며 두루 화목과 발전을 음우(陰佑)해 주실 것이다.

오늘 시향은 이곳 정읍의 종친이 초헌관을 맡고, 아헌관과 종헌관은 죽암대종중과 대종중의 작은 모임인 송암회 회장들이 담당한 가운데 정중하고도 엄숙하게 진행되었다. 복잡한 절차를 생략해서인가. 준비한 것에 비하면 너무 짧은 시간에 쉽게 끝낸 것이 아쉽지만, 숨 가삐 돌아가는 현실을 조상님께서도 이해해 주시리라 믿는다.

제관들이 계절(階節) 앞에 앉는다. 음복하기 위해서다. 군수공께서 흔쾌(欣快)히 자셨을 술 한 잔을 목젖너머로 넘긴다. 온 몸에 열기가 퍼져나간다. 닫힌 마음이 풀리면서 기분도 날아갈 듯 상쾌해진다. 닥친 어려운 일이 있다면 그마저도 덩달아 순조로이 풀릴 것 같다.

문득 묘소 주변을 둘러본다. 남향받이에 모신 군수공 묘는 전방과 좌우 공간이 환하게 트인 데다 11그루의 노송으로 둘러싸여 있어 풍수상 좋은 자리임이 틀림없어 보인다. 하지만, 이 묘는 지금까지 세 차례나 자리를 옮긴 이력을 갖고 있다. 지금도 묘소 바로 옆을 KTX가 지나고 있기 때문에 언제 또 천묘할지 모르는 상황이다. 이곳저곳을 옮겨 다니시는 파조(派祖)의 입장이 민망하고 송구스럽다.

군수공 묘소 아래쪽에는 일직선으로 3개의 다른 묘가 자리를 잡고 있다. 그 가운데 첫 번째가 큰아드님 휘 해중(海中)의 묘다. 장악원(掌樂院) 정(正)을 지내신 것으로 비문은 전하고 있다. 그런데도 이렇다 할 석물도 보이지 않은 채 표석만 눈에 띄니 허전함을 느끼게 한다.

정읍 시내의 '정읍 한우'에서 점심을 들고 금산사에 도착한 시각이 오후 2시 10분이었다. 전북 김제시 금산면 모악산에 자리한 금산사는 서기 599년(백제 법왕 원년)에 세워졌다고 한다. 766년(신라 혜공왕 2년) 진표율사가 중창, 대 가람으로 발전했다. 그러나 1598년 정유재란 때 왜병의 방화로 80여 동의 건물과 40여의 암자가 불타 없어지는 화를 입었다. 현재 남아있는 대부분의 건물들은 1601년(선조 34년) 수문대사가 재건을 시작한 뒤 30여 년에 걸쳐 완공한 것들이다.

금산사에는 국보 62호인 미륵전을 비롯해서 보물로 지정된 육각다층석탑, 당간지주, 오층석탑, 석등, 노주(露柱) 등 문화재가 많아 방문객의 눈을 즐겁게 만든다.

필자는 20년 전 겨울에 금산사를 방문한 적이 있다. 당시 KBS는 김제에 해외용 송신탑을 관리 운영하는 부서(김제송신소)를 두고 있었는데, 공무로 왔다가 귀사하면서 '호남 제1경 금산사'를 찾은 것이다. 지금의 일주문이 그 때는 없었고 길도 정비되지 않았으나 때마침 내린 함박눈으로 호젓함과 신비로움 속에 '모악산 금산사'를 둘러봤던 기억이 새롭다.

얼핏 시계를 보니 3시 30분. 서울로 돌아갈 때가 된 것이다. 연둣빛으로 물들인 모악산을 뒤로 하고 차에 오른다. 타이트한 일정을 보냈음에도 피로를 느낄 수 없는 것은 오늘 하루가 뜻있고 보람찼기 때문일 것이다. 군수공 할아버지, 내년에 다시 뵙겠습니다.

안녕히 계십시오!

2018. 04

죽암(竹庵)묘역을 찾아

무더운 날씨다.

경기 파주지역의 오늘 낮 최고기온은 31도. 내리쬐는 땡볕과 지열로 체감온도는 더욱 덥게 느껴진다. 나무그늘이라도 있으면 잠시 땀을 식히련만 그런 나무나 그늘은 눈에 띄지 않는다. 파주읍 연풍리와 광탄읍 방축리를 잇는 도로에서 벗어나 골목길과 고즈넉한 산길을 걸은 지 10분가량 지났을까. 길 왼쪽으로 장방형의 작은 표지석 하나가 보인다.

까마귀 돌에는 '창원 황 씨 군수공파 묘역'이라 새겨 있다. 화살표가 가리키는 대로 왼쪽 오솔길로 접어든다. 몇 걸음 떼자마자 11시 방향에서 묘역이 나타난다.

전체 면적은 990㎡. 높지도 낮지도 않은 푸른 산들이 병풍인양 묘역을 둘러싸고 있다. 그리고 툭 터진 전방, 누가 봐도 명당임이 분명하다. 지명도 아름다운 연풍읍(延豊邑)의 산수곡(山水谷), 그 기슭 남향받이에 창원 황 씨의 9세조인 휘 윤중(允中) 공이 영면하고 계시다.

휘 윤중 공, 그는 어떤 분인가.

1578년(선조 11년)에 출생하신 공께서는 비교적 늦은 나이인 28세(1606) 때 진사에 합격하셨음에도 통정대부(通政大夫) 장악원 정(掌樂院正)을 지낸 분이다. 장악원이란 예조(禮曹)에 속해 있으면서 음악 전

반을 관장해 오던 주요 정부기관을 가리킨다. 이 막중한 임무를 수행하던 부서에서 공께서는 정3품인 정(正)의 벼슬을 지낸 것이다.

본래 공의 묘소는 광탄읍 방축리 산 53의 5에 있었다. 그러나 2013년 9월, 이 묘소의 위치가 파주읍 연풍리 산 16-4로 바뀐다. 국토관리부의 지방도로 확충계획에 따른 부득이한 선택이었다. 비록 고개 너머로 자리가 달라지기는 했지만, 오히려 전화위복이라는 생각이 든다. 먼젓번 묘소는 도로변이어서 차량이 달리는 소리로 여간 시끄럽지 않았고 먼지 또한 끊일 새 없었다. 하지만 현재는 아늑하고 쾌적할뿐더러 새소리까지 들리니 만족스럽다. 문득 새로운 묘 자리를 물색하기위해 몇몇 종중 회원들과 함께 산수곡 여기저기를 헤매던 때가 떠오른다. 이곳 묘역에는 휘 윤중 공 이외에도 오랜 동안 4면8방에 산재해 있던 8분의 선조들, 그리고 작고하신 종원들이 모셔져 있어 종중 묘역으로서의 가치와 품위를 더하고 있다.

경사가 15도쯤 되는 묘역은 네 개의 계단 형태로 꾸며져 있다. 맨 위 제1단에는 죽암(竹庵) 황윤중 공과 정부인(貞夫人) 한양 조(趙)씨를 모셔 예를 갖췄다. 봉분 좌우에는 망주석이 우뚝하다. 그 앞쪽의 무인석에는 오랜 세월 탓으로 청태(靑苔)가 올라 있음을 본다. 전면 중앙에는 이 묘역을 잡귀로부터 보호해 주는 장명등이 자리 잡고 있다.

다시 한번 비문을 살핀다. 공께서는 충의와 청렴으로 봉직하시다가 1632년(인조 10년) 55세의 나이로 돌아가셨다고 한다. 증직된 품계와 직위는 자헌대부(資憲大夫) 이조판서. 생전의 장악원 정이 얼마나 무게 있는 벼슬이었는지를 짐작하게 한다.

당시의 음악이란 오늘과 같이 웃고 떠들며 즐기는 오락으로서의 존재가 아니었다. 인간을 교화시키고 예도를 갖추게 하는 매개수단이었던 것이다. 이 대단한 일을 9세조인 윤중 공께서 해 내신 것이다.

공의 아버님 휘 원(瑗)은 통정대부 행(行) 평창군수를 지낸 뒤 자헌대부 병조판서에 증직된 분이다. 할아버지이신 휘 우경(禹卿)께서는 조산대부(朝散大夫) 행 신계현령(新溪縣令)을 지내셨고, 작고하신 뒤에는 자헌대부 호조판서에 증직되셨다.

두 번째 단에는 왼쪽으로부터 10세조인 휘 즐(瀄)과 유인(孺人) 전주 이 씨, 역시 10세조인 통정대부 휘 급(汲)과 숙부인 광산 김 씨, 11세조인 절충장군 휘 도일(道一)과 숙부인(淑夫人) 청송 심 씨 및 숙부인 파평 윤 씨, 12세조인 가선대부(嘉善大夫) 휘 추(錘)와 정부인 창녕 성(成) 씨, 그리고 맨 오른 쪽에 12세조이신 휘 유형(有衡)과 정부인 연일 정(鄭) 씨가 함께 모셔져 있다. 단의 좌우 끝에는 부드럽고 온화한 자태의 문인석이 자리 잡고 있다.

세 번째 단에서 먼저 눈에 잡히는 것은 숭모제단 비(碑)다. 이 비에는 10세조부터 13세조까지의 일곱 분 선조들의 이름이 간략한 이력과 함께 새겨져 있다. 바로 옆으로는 동지중추부사(同知中樞府事)를 지내신 13세조 휘 명하(明河)와 정부인 창녕 조(曹) 씨, 역시 13세조로 가선대부 동지중추부사이셨던 휘 창하(昌河)와 정부인 김해 김 씨, 그리고 13세조로 가선대부 동지중추부사에 증직되신 휘 성하(成河)와 정부인 전주 이 씨가 모셔져 있다.

이번엔 묘역 맨 아랫단의 봉안묘쪽으로 자리를 옮겨본다. 네모꼴의 봉안묘 4기(基)가 보인다. 각 기는 2.4m × 3.3m의 크기. 한 개 기에 36개의 납골함(전후면 16기 + 좌우면 20기)을 넣을 수 있다. 따라서 4기 전체가 수용할 납골함의 수는 총 144개가 되는 셈이다. 새롭게 죽암묘역을 조성함으로써 먼 윗대의 조상을 깍듯이 모셨을 뿐 아니라, 봉안 묘를 추가로 설치함으로써 저 아래 후손들의 영혼까지 다독일 수 있게 했으니 얼마나 효율적이고 바람직한가.

봉안묘 조성을 두고 반대하거나 미온적 자세를 보인 회원도 없지 않았음을 기억한다. 그러나 끝내 관철시킨 점은 이제 되돌아봐도 아주 잘한 일인 것 같다.

불생불멸(不生不滅). 불가(佛家)에서 이르는 말이다. 생겨나지도 않고 죽어 없어지지도 않는 진여(眞如)의 경지를 가리킨다. 예가 적합한지는 모르나, 어떤 사람이 춤을 기가 막히게 잘 춘다고 하자. 그러나 그 춤 솜씨는 이전부터 준비해 왔던 것이 어느 특정한 계기에 나타났을 뿐이라는 것이다. 요즘 흔히 쓰는 말로 DNA같은 것이라면 이해가 되지 않을까.

그렇다면 400여 년 전 장악원에서 정의 벼슬을 지내신 윤중 할아버님으로부터 나는 어떤 DNA를 물려받았을까. 내 첫 직장이 방송국이었고 10년간 아나운서로 봉직했으니 장악원의 주요 임무와 전혀 무관하다고는 볼 수 없겠다. 어디 그뿐이랴. 아들은 오리지널 LP판 1만 장을 보유한 음악 애호가이고, 두 딸 역시 하나는 성악가로 다른 하나는 작곡가로 활약하고 있으니 죽암 공의 DNA를 철저히 그리고 구체적으로 물려받았다고 봐야 될 것 같다.

처음 죽암묘역을 꾸밀 때는 잔디가 제대로 자랄지 몰라 걱정이 많았었다. 하지만 지금은 6월의 땡볕더위를 아랑곳하지 않은 채 무성히 잘 자라고 있다. 아카시아는 언제 어떻게 씨를 퍼뜨려 저리 싹을 틔우는 걸까. 보는 대로 몇 개를 뿌리째 뽑아 버린다. 묘역은 설치도 중요하지만 관리도 못지않게 중요하다는 생각이다. 모쪼록

'창원 황 씨 군수공파 종중묘역'이 잘 관리되어 조상님들의 근심을 덜어드리고, 그 후손들 모두에게도 흠뻑 축복이 내려진다면 얼마나 좋을까보냐.

찜통더위가 미안해서인가. 한줄기 시원한 바람이 불어 땀을 걷어간다.

2016. 06

황신(黃愼 · 1560~1617)

선조 때 강직한 성품과 올바른 품행을 지닌 관리가 있었으니 그가 바로 황신(黃愼)이다. 그는 어려서부터 세속에 물들지 않았을 뿐더러, 후에 관직을 수행하면서도 언제나 떳떳하고 당당했다. 그러기에 황신은 선조와 광해군의 신망을 두텁게 받았고, 백성들로부터는 칭송이 자자했다. 그가 이승을 떠난 지 400년이 지난 지금, 아직도 많은 사람들이 추포 황신을 추앙하는 이유일 터다.

황신의 자는 사숙(思叔), 호는 추포(秋浦)다. 일찍이 대 학자인 성혼(成渾)과 이이(李珥)로부터 학문을 익혔다. 1582년(선조 15) 사마시(司馬試 · 조선시대 생원과 진사를 뽑던 과거시험)를 거쳐 1588년 알성문과에 장원으로 급제했다. 호조와 병조의 좌랑(佐郎 · 6조의 정6품 관직으로 중간 행정실무자)을 역임했다.

1589년에는 정언(正言 · 조선시대 사간원의 정6품 관리)으로서 정여립(鄭汝立)의 옥사 때 대신들이 바른말을 하지 않음을 논박했다가 이듬해 벽촌의 현감으로 좌천되기도 했다.

1591년에 건저(建儲 · 왕의 자리를 물려받을 왕세자나 황태자를 정하는 일) 문제가 일어나자 정철(鄭澈)의 일파로 몰려 파직 당한다. 1592년에 다시 기용된 황신은 지평(持平 · 조선시대 사헌부의 정5품 관직)이 되어 세자인 광해군을 따라 남하, 체찰사(體察使 · 국가 비상시에 군대를 지휘

하던 관리)의 종사관(관군영의 우두머리를 보좌하던 관리)을 지냈다.

1596년, 황신은 변방 백성들의 불만과 불평을 달래고 억제하는 방안을 건의함으로써 일약 절충장군(折衝將軍 · 조선시대 정3품 당상관의 무관 품계)이 된다. 같은 해 그는 명(明)나라의 사신 심유경(沈惟敬)을 따라 일본을 다녀온다. 귀국 후 그는 일본의 재침 가능성이 높다고 생각했을 뿐 아니라, 이에 대한 준비가 있어야 됨을 강조했다. 풍신수길(豊臣秀吉 · 도요토미 히데요시)에 대해서는 부정적 시각을 나타냈을 뿐더러, 그의 집권이 오래 가지 않을 것이라고 예견했다.

그 해 말, 황신은 선조를 알현한 자리에서 대마도(對馬島 · 쓰시마)가 조선침략의 결정적 역할을 했음을 인정하고 대마도 정벌의 필요성을 강조했다. 그가 전라도 관차사로 있을 때 올렸던 상소문의 내용은 이렇다.

> 대마도는 우리나라와 가장 가까운 곳에 위치하여 전부터 우리의 혜택을 받아온 지 오래입니다. 그런데 임진왜란은 실제로 이 적들이 끌어들인 것이니, 비록 풍신수길의 머리는 못 베었으나 대마도의 적을 모조리 쓸어버림으로써 울분을 조금이나마 씻어야 할 것입니다. 신이 지난해 사명을 받고 왜국을 오갈 때 이 섬을 경유하면서 그곳 산천의 형세를 살펴 잘 기억하고 있습니다.
>
> 이 섬의 주위는 수 백리에 불과할 뿐으로 중간에 배를 정박시킬 곳은 많습니다. 육로는 험하고 좁지만, 사방에서 넘어 들어갈 수 있습니다. 이른바 부중(府中)이란 곳은 바로 의지(義智)와 조신(調臣)들이 거처하는 곳으로 인가가 겨우 3백여 호에 불과합니다. 그 밖의 풍기(豊崎) 좌호(佐護) 인위(仁位) 여량(與良) 이내(伊奈) 등 8부(部)는 1백여 호에 불과하므로 장정들을 모조리 뽑는다 해도 1천명이 안 될 것입니다. 그러므로 만약 절강(浙江)의 7~8천 병력을 선

발해 우리 주사와 함께 바다를 건너가 습격한다면 적들은 필시 무너질 것이니, 이른바 세찬 천둥소리에 미쳐 귀를 막지 못하는 격이 될 것입니다.

이 섬은 성곽이나 책루(柵壘 · 적의 침략을 막고자 세운 보루)도 없으며 산성이 좁은데다 식수마저 여의치 못하므로 반드시 오래 버티지 못하고 손을 들 것입니다.

이에 덧붙여 황신은 적들이 구원병을 원한다 해도 지리적 여건과 기상문제로 쉽지 않을 뿐 아니라, 이렇듯 좋은 기회를 놓칠 경우에 받게 될 여러 가지 피해를 기술하고 있다.

그의 건의는 당시 일본과의 관계가 여의치 않아 더 이상 진전되지 않았지만, 선조가 말했듯이 '본래 우리 땅'이었던 대마도를 되찾을 수 있는 좋은 기회를 잃은 것만 같아 아쉽다.

황신은 성리학적 시각으로 일본을 이적시하였고, 조선이 일본보다 상위에 있다고 생각하기도 했지만, 일본을 긍정적으로 본 측면도 없지 않았다. 예를 들어 일본풍속의 간결함과 일본인의 장점도 인정했다. 특히 농민에 대한 배려가 높은 것에 감명을 받았고, 일본의 영토가 조선에 비해 협소하다는 인식이 잘못된 것임을 지적하기도 했다.

황신은 그 후 가선대부(嘉善大夫 · 조선조 종2품 문 · 무관의 품계)로 승진하고 위유사(慰諭使) 찬획사(贊劃使 · 지방군의 조련과 군사업무 감독을 위해 중앙에서 임시로 파견한 관원)를 거쳐 전라도관찰사가 되었다. 이어 공조와 호조의 참판 한성부의 우윤(右尹 · 종2품 관리) 대사간(大司諫 · 사간원의 정3품 관리)이 되어 인재를 등용하고 기강을 확립하는데 많은 노력을 기울였다.

1602년 사신으로 명나라에 갔을 때 정인홍의 탄핵을 받고 사직당해 강화에 돌아갔다가 1610년(광해군 2) 이덕형(李德馨)과 함께 명나라에 다녀와서 공조·호조판서를 지냈다.

1613년 계축옥사(癸丑獄事) 때 옹진에 유배되어 그곳에서 별세하니 향년 55세였다. 우의정에 추증(追贈)되고 공주의 창강서원(滄江書院)에 그의 영정과 위패가 봉안되어 있다. 시호는 문민(文敏)이다. 저서에 ≪추포집≫ ≪대학강어≫ ≪일본왕환일기(日本往還日記)≫가 있다.

돌이켜보니 추포 황신은 실로 파란만장한 삶을 살아온 것 같다. 하지만 그때마다 그는 실의하거나 좌절하지 않고 부도옹(不倒翁)같이 일어나기를 거듭했다는 점이다. 자기 자신보다는 나라와 백성을 위해 헌신 봉사한 그를 생각할라치면 괜스레 부끄러워진다. 추포보다 더 많은 삶을 살아온 입장에서는 더더욱 그렇다. 그분의 명복을 기원 드린다.

2019. 01

모란꽃 피는 뜰

2019. 10. 23. 1판 1쇄 인쇄
2019. 10. 31. 1판 1쇄 발행

지은이 황유성
발행인 김미화 **발행처** 인터북스
주소 서울시 은평구 연서로20길 11 **전화** 02.356.9903 **팩스** 02.6959.8234
이메일 interbooks@naver.com **홈페이지** hakgobang.co.kr **출판등록** 제2008-000040호
ISBN 978-89-94138-65-7 03810 **정가** 17,000원

이 도서의 국립중앙도서관 출판예정도서목록(CIP)은 서지정보유통지원시스템 홈페이지(http://seoji.nl.go.kr)와 국가자료공동목록시스템(http://www.nl.go.kr/kolisnet)에서 이용하실 수 있습니다. (CIP제어번호 : CIP2019042087)